Rolf Uesseler

Die 68er:

„Macht kaputt, was Euch kaputt macht!"

APO, Marx und freie Liebe

Originalausgabe

WILHELM HEYNE VERLAG
MÜNCHEN

HEYNE SACHBUCH
19/564

Redaktion: Julia Bauer, Christine Proske
Konzeption und Realisation: Christine Proske
(Adriadne Buchkonzeption, München)

Copyright © 1998 by Wilhelm Heyne Verlag GmbH & Co. KG,
München
Printed in Germany 1998
Umschlagillustration: Bilderdienst Süddeutscher Verlag, München
Umschlaggestaltung: Atelier Adolf Bachmann, Reischach
Technische Betreuung: Sibylle Hartl
Satz: ew print & medien service gmbh, Würzburg
Druck und Verarbeitung: Ebner Ulm

ISBN 3-453-13185-1

Inhalt

Vorwort

Selten hat etwas in der Bundesrepublik die Gemüter so erhitzt wie die Studentenrevolte von 1968. Und zwar sowohl auf seiten der Akteure wie auch auf seiten derer, gegen die sie sich richtete, die ihre Zielscheibe abgaben. Noch heute geraten alle in Erregung, wenn die Sprache auf die Ereignisse von damals kommt. Das Thema des Buches bringt es also schon mit sich, daß der Inhalt der folgenden Seiten nicht auf ungeteilten Beifall stoßen kann. Weder bei denen, die eine Gedenk- oder Festtagsschrift zur Studentenbewegung erwarten, noch bei denen, die eine mehr oder weniger böswillige Abrechnung mit diesen Jahren wünschen. All das findet bereits regelmäßig zu den Jahrestagen von 1968 statt.

Die Haltung der ehemaligen Akteure von 1968 umfaßt dabei verschiedene Spielarten: die gemeinsame Erinnerung an alte Zeiten, die an Soldaten- oder Heimattreffen erinnernde Nostalgie mit umgekehrten Vorzeichen beziehungsweise das resignierte Abwinken, die enttäuschte Innenschau oder die an Don Quichotte gemahnende »Trotz-alledem«-Haltung derer, die sich nicht haben unterkriegen lassen. Auf der anderen Seite wird man dagegen nicht müde, mit Häme darauf hinzuweisen, daß man das Scheitern der 68er schon immer vorausgesagt habe. Nach wie vor rechnen manche Gruppierungen jegliche Fehlentwicklung der Gesellschaft dem »Feind von gestern« an, und das entweder mit erstaunlich ungebrochenem Haß oder mit einer großväterlichen Attitüde, die auch den Aufmüpfigen von gestern ein paar positive Absichten zuschreibt.

Wie gesagt, die Intention dieses Buches ist es nicht, in diesen Jahrmarkt der Eitelkeiten oder enttäuschten Lieben einzugreifen. Es ist ein Beitrag, der dabei helfen soll, einen Ausschnitt bundesdeutscher Nachkriegsgeschichte mit aufzuklären und die damaligen Ereignisse auch aus heutiger Sicht zu verstehen.

Einleitung

»Aber da gibt es eine hohe, weißgestrichene Gartenmauer, die schreit förmlich nach einem Spruch. Wir schreiben was drauf, das macht alles klar: Macht kaputt, was euch kaputt macht. Macht kaputt, was euch kaputt macht, wiederholte Ullrich langsam, mit steigender Wut betonend.

Genau, sagte er, das ist es. Also los.«

Uwe Timm (aus seinem Roman: Heißer Sommer)

1968: Heftige Proteste der Studenten erschüttern die Bundesrepublik Deutschland. Die jungen Leute üben eine bis dahin ungekannte, erbarmungslose Kritik an dem Staat, in dem sie aufgewachsen sind. Um die Ereignisse dieser Jahre wirklich zu verstehen und nachvollziehen zu können, muß man die Verhältnisse kennen, die damals in Staat, Gesellschaft und vor allem im Alltag der Bundesrepublik herrschten.

Heute verfügt nur noch ungefähr die Hälfte der deutschen Bevölkerung über eigene Erinnerungen an die Zeit Anfang/Mitte der 60er Jahre. Die damaligen Studentinnen und Studenten sind mittlerweile über 50, manche haben bereits die Pensionsgrenze erreicht und sind selber Großmütter und Großväter geworden. Zu den Zeiten ihres Protestes war Deutschland ein geteiltes Land, in dem zwei Staaten, die BRD und die DDR, sich nicht nur ideologisch mit allen erdenklichen legalen und illegalen Mitteln bekämpften. Eingebettet war dieser Konflikt in den Ost-West-Gegensatz, der in erster Linie ein Kampf der Systeme war: Auf der einen Seite stand das kapitalistische System, das sich »freier Westen« nannte, auf der anderen Seite ein bürokratisierter »Parteienstaat«, der sich selbst mit dem Begriff »real existierender Sozialismus« titulierte, weil es in ihm keine Privatwirtschaft gab. Und der Graben zwischen diesen beiden Systemen ging sehr viel tiefer, als die offizielle Politik es erahnen ließ. Wer zwischen die Fronten geriet, hatte keine Chancen mehr, gehört zu werden: Man stand entweder hier oder da, dazwischen existierte nichts. Der Haß auf das andere, das Unverständnis für den anderen gehörte nicht nur zum Weltbild, sondern war in weniger als zwei Jahrzehnten nach dem Ende des Zweiten Weltkrieges zur ideellen Existenzgrundlage der Menschen und der Institutionen geworden. Die Mechanismen stimmten auf beiden Seiten völlig überein. Nur der ideologische Kleister, der als Rechtfertigung darüber gegossen wurde, hatte eine extrem unterschiedliche Färbung und Konsistenz. Was hier war, war gut; was dort existierte, war abgrundtief schlecht, böse und menschenfeindlich. Für die einen war der »Sozialismus« eine menschenverachtende Diktatur, für die anderen war der »Kapitalismus« der Prototyp des Ausbeutungssystems der Menschheit schlechthin, dem alle Übel dieser Welt zugeschrieben wurden. Jegliches Rütteln an diesen stereotypen Grundmustern galt auf beiden Seiten als Sakrileg und wurde mit sozialer Ächtung verfolgt oder sogar mit Schlimmerem geahndet. Obwohl in der Wahl der Mittel Unterschiede zwischen den Systemen herrschten, waren Ziel und Zweck der Sanktionsmechanismen dieselben: zum Schweigen bringen und ausschalten.

In diesen »geschlossenen Gesellschaften« hatten sich die Menschen diesseits und jenseits des Eisernen Vorhangs beziehungsweise des »Antifaschistischen Schutzwalls« biedermeierlich eingerichtet. In beiden Teilen Deutschlands herrschte ein penetranter kleinbürgerlicher Mief, ebenso wie in Italien, dem anderen »Frontstaat« Europas. Doch je weiter man sich von der »Demarkationslinie« entfernte, um so mehr verschwand diese drückende Atmosphäre. So entstand in den 60er Jahren der Eindruck, daß man jenseits der Grenzen, in Frankreich, England oder den USA frischere und freiere Luft atmen könnte. Und gegen jene verkrusteten Gesellschaften, die sich die Weltkriegs-Generationen in den 50er Jahren aufgebaut hatten, rebellierte die Nachkriegsgeneration in den 60er Jahren. Die Verhältnisse waren ihnen längst zu eng geworden.

Die Studentenbewegung der 60er Jahre stellt eine Zäsur in der Geschichte der meisten westlichen Länder dar. Ausgehend von den USA, erfaßte sie bald fast ganz Westeuropa und erreichte auf der anderen Seite des Pazifiks auch Japan. Die Anlässe, die die Studenten zum Protest trieben, waren nicht überall dieselben, und auch die Bedingungen, unter denen sie ihr Aufbegehren zum Ausdruck brachten, unterschieden sich stark voneinander. Dies zeitigte notwendigerweise Auswirkungen auf die jeweiligen Strategien und auf die Formen, in denen die junge Generation ihrem Unmut Ausdruck verlieh. Zwar gab es einige Grundmuster, wie beispielsweise »Sit-ins« beziehungsweise »Go-ins«, die von amerikanischen Universitäten übernommen wurden, oder öffentliche Demonstrationen, die man den Organisationen der Arbeiterbewegung abgeschaut hatte, doch im Spezifischen variierten die Mittel des Protests von Land zu Land. Gemeinsam war ihnen allerdings das Angriffsziel: Die Studenten und ihre Revolten richteten sich allesamt gegen die bestehenden Gesellschaften.

Dieser Umstand legt für viele Interpreten den Schluß nahe, daß es sich bei der Studentenbewegung der 60er Jahre um einen immer wieder zu beobachtenden »Generationenkonflikt« gehandelt hat, der in diesem Fall nur etwas heftiger ausgefallen war. Doch warum er sich in seiner Intensität von anderen Jugendbewegungen unterschied, darauf bleiben sie die Antwort schuldig. Kein Wunder, denn es handelte sich bei dem Protest der 68er-Generation eben nicht um den bloßen Konflikt zwischen »Vätern und Söhnen«.

Auch die Charakterisierung als »zweijährige Straßenparty« (DER SPIEGEL) geht nicht nur an der Sache vorbei, sondern ist obendrein noch zynisch. Zwar mögen die Ereignisse Ende der 60er Jahre Nachgeborenen wie eine riesige Fete erscheinen, wenn sie das in den Redaktionsstuben der Massenmedien selektierte Bildmaterial betrachten, doch Bilder deuten sich eben nicht selbst. Sie sind Schnappschüsse, Momentaufnahmen von einem weitaus komplexeren Geschehen. »Zwei Jahre lang hatte die Party gedauert, acht Jahre lang wurde aufgeräumt, spätestens nach dem deutschen Herbst von 1977 herrschte wieder Ruhe im Land.« (DER SPIEGEL) Letzteres ist richtig: Danach herrschte Friedhofsruhe. Das »deutsche Nachrichtenmagazin« ist sich treu geblieben – auch 30 Jahre danach. Schon damals hängte es die Verantwortung für die Toten (der Studentenbewegung) nicht denjenigen an, die geschossen und geknüppelt hatten, sondern den Zurückgebliebenen und den Opfern. »Provozierter Selbstmord« hätte als Überschrift den Tenor der Berichterstattung besser getroffen, doch dazu fehlte den Herren in den Schreibstuben nahe der Mönckebergstraße in der Hamburger Innenstadt wahrscheinlich der Mut, denn die »Revoluzzer« von der Universität hinter dem Dammtor waren ja nicht so weit von ihnen entfernt.

Die 68er haben weder eine Kulturrevolution in Gang gesetzt, noch lag dies je in ihrer Absicht. Ihre Bewegung wurde zwar stark politisiert – aber eine tatsächliche politische Bewegung waren die 68er zu keinem Zeitpunkt. Sie sind keine eigenständige politische Kraft oder gar Partei in der BRD geworden: Das hätte auch nicht in ihr Selbstbild gepaßt. Sie sind an dieser Aufgabe also nicht gescheitert, wie das immer noch einige Experten nahelegen. Auch die Behauptung, die Studenten hätten 1968 den revolutionären Sturz des Kapitalismus herbeiführen wollen, gehört in den Bereich der Legenden. Ihre von außen so apostrophierte »revolutionäre Vorhut«, der »Sozialistische Deutsche Studentenbund« (SDS), hielt es 1968 ja noch nicht einmal für realistisch, den Springer-

Konzern unter öffentliche Kontrolle zu stellen oder gar zu enteignen. Vom Sturz des Kapitalismus konnte also keine Rede sein.

Die Studentenbewegung von 1968 war zuallererst ein gesellschaftspolitisches Experiment. Und die Protagonisten brachen dieses Experiment nur unfreiwillig ab. In erster Linie wurde es mut- und böswillig zerstört; es wurde vorsätzlich und mit Hilfe der höchsten Stellen in Staat und Gesellschaft von außen zerschlagen. An den Folgen leidet die Bundesrepublik noch heute, und sei es nur aus dem Grund, daß man nicht eine ganze Generation der zukünftigen Elite nahezu geschlossen ausgrenzen, abschrecken und in die Resignation, Apathie oder Verzweiflung treiben kann, ohne daß dies Konsequenzen hätte. Die negativen Folgen haben in der BRD heute die einen mehr, die anderen etwas weniger zu tragen. Unter den Parteien traf es die CDU/CSU und die FDP schwächer als die SPD, die Gewerkschaften mehr als die Unternehmerverbände, die Lohnabhängigen stärker als die Privilegierten des Besitzbürgertums. Aber alle wirkten vor über einem Vierteljahrhundert an der Zerschlagung mit, sie zogen – mit Ausnahme einzelner Persönlichkeiten – damals alle am gleichen Strang.

In den Gesellschaften der Länder, die hinter dem sogenannten Eisernen Vorhang lagen, verlief die Entwicklung etwas anders. Sie haben erst gar keine Studentenbewegung zugelassen, sondern mit Spitzeldiensten und Repressionen die sprießenden Zellen (wie in Polen oder der Tschechoslowakei) gleich im Keim erstickt. In der Folge kam es in diesen Gesellschaften zum völligen Stillstand in ihrer Entwicklung, dann zu einer sich beschleunigenden Regression und schließlich zum völligen Zusammensturz. Das kann nur als späte Rache der Geschichte verstanden werden, denn wenn die damaligen Studenten auch noch nicht viel begriffen hatten, so war ihnen doch folgendes immerhin schon klargeworden: Eine Gesellschaft, die die Kritik an sich selbst unterdrückt, die sich selbst nicht mehr überprüft und in Frage stellt, kommt erst zum Stillstand, dann in eine Wertekrise und ist spätestens in diesem Stadium nicht einmal mehr in der Lage, ihre selbstgestellten Aufgaben zufriedenstellend zu lösen.

Die Bundesrepublik und die meisten westlichen Länder befanden sich Mitte der 60er Jahre in einer Situation, in der auf einmal – aus scheinbar unerfindlichen Gründen – all das nicht mehr funktionieren wollte, was bis dahin so reibungslos geklappt hatte: steigender Wohlstand, Vollbeschäftigung, Abwesenheit von Wirtschaftskrisen, allseits vorhandener moralischer Grundkonsens und somit allgemeine Zufriedenheit und ein verbindendes Wir-Gefühl. Heute ist die Gesellschaft der Bundesrepublik an einem ähnlichen Punkt angelangt, nur mit dem Unterschied, daß die letzten drei Jahrzehnte nicht so golden waren wie die Nachkriegszeit bis Mitte der 60er Jahre.

Die Studentenbewegung von '68 hatte keine Programmatik oder Strategie. Sie brauchte all das auch nicht, weil ihr Anspruch ein gänzlich anderer war. Auch verfügte sie nicht – wie ihre Gegner behaupteten – über eine feste Ideologie (natürlich mit kommunistischer Ausrichtung). Falls überhaupt, dann bildeten sich nach und nach Utopien unterschiedlichster Couleur heraus, die zum großen Teil entweder ins Schwärmerische, ins Dogmatisch-Groteske oder in steriles Epigonentum abglitten. Die Studenten von '68 fühlten sich weder als Weltverbesserer noch als Vollstrecker des Weltgewissens, auch wenn es einige unter ihren so apostrophierten Führern gegeben haben mag, die sich zu Höherem berufen fühlten. Im allgemeinen standen die Studenten von damals mit beiden Beinen fest auf dem Boden der Realität.

Die 68er-Generation stellte in erster Linie Fragen – und zwar berechtigte. Und sie tat dies zu Anfang äußerst schüchtern. Erst als die Studenten von keiner Seite Antworten bekamen, sondern man sie aufgrund ihrer Fragen als aufmüpfig verunglimpfte, wurden ihre Stimmen lauter. Inzwischen hatten sie sich – zum Teil mit der Hilfe etwas aufgeklärterer studentischer Organisationen wie dem Sozialistischen Deutschen Studentenbund (SDS) – selbst Antworten erarbeitet, die jedoch wieder nur zu weiteren Fragen Anlaß gaben. Als die Gesellschaft sie weiterhin ignorierte, wurde ihre Ungeduld immer größer. Doch erst, als die Studenten dem Projekt der Bildungsreform unterworfen werden sollten, das in den herrschenden Kreisen der bundesdeutschen Gesellschaft unter dem Etikett »Formierte Gesellschaft« gehandelt wurde, verstärkte sich ihr Unmut zum Protest.

Als dieses Aufbegehren innerhalb der Universitäten trotz unaufhörlicher Versuche kein Gehör fand, sondern die Hausherren nur dazu veranlaßte, die Staatsmacht um Hilfe zu bitten und die Polizei auf den Campus zu rufen, versuchten die Studenten, sich außerhalb ihrer Ausbildungsstätten Aufmerksamkeit zu verschaffen. Sie trugen ihre Fragen zu den Bürgern auf der Straße. Aber sehr schnell mußten sie feststellen, daß sie auch hier nur auf eine Mauer des Schweigens oder sogar auf offene Feindseligkeit stießen. Nach jeder enttäuschenden Erfahrung zogen sie sich wieder in ihre Seminare und Auditorien zurück, um das Erlebte zu reflektieren, ihre eigenen Fehler zu analysieren und sich Möglichkeiten zur Verbesserung des eigenen Handelns zu überlegen. Und währenddessen blieb die Welt um sie herum nicht stehen, sondern die Umstände verschlechterten sich und der Druck von außen nahm unaufhörlich zu.

Die Studenten von '68 zeichneten im Gegensatz zu anderen Studentengenerationen im wesentlichen drei Dinge aus: Erstens zogen sie sich nicht kleinlaut und geschlagen zurück, als sie nach unzähligen negativen Erfahrungen endgültig begriffen hatten, daß sie sowohl innerhalb wie außerhalb der Universitäten isoliert und auf sich allein gestellt waren: Sie nahmen dies zur Kenntnis und änderten ihr Handeln entsprechend.

Da sie sich nicht vereinnahmen lassen wollten, ihnen aber bewußt war, daß sie nur ein sehr schwaches Glied in der gesellschaftlichen Kette darstellten, entwickelten sie zweitens Aktionsformen, die nach dem Vorbild von David und Goliath auch dem Schwächeren Erfolg versprachen. Die Schwachstelle des Systems waren die Massenmedien, die zwar grundsätzlich die herrschende Meinung transportierten, sich aber noch viel mehr von ihrer Sensationsgier leiten ließen. Da die Studenten dies erkannt hatten, erfanden sie mit enormer Phantasie immer wieder spektakuläre Aktionen, die begierig aufgegriffen wurden. Daß die Inhalte der Anliegen verfälscht wiedergegeben oder negativ kommentiert wurden, war zwar ärgerlich, bestätigte aber andererseits auch das Bild, das sich die Studenten von den Massenmedien der Bundesrepublik gemacht hatten. Diesem Medienspektakel verdankt – nebenbei gesagt – die 68er-Generation ihren größten Ruhm.

Drittens beschränkte die Bewegung sich nicht auf das Theoretisieren, sondern sie entwickelte eine neue Form der Einheit von Theorie und Praxis oder besser gesagt: von Erkenntnis und Aktion. Dieser Vorgang schloß im Gegensatz zu früher die sogenannten Führer mit ein, die – wie die Masse selbst – sowohl Theorien als auch Formen der Aktion produzierten. Zudem waren sie immer an der Spitze der Aktionen zu finden.

Doch noch ein vierter wichtiger Punkt unterschied die 68er von anderen Studentenbewegungen. Sie thematisierten ihren Protest anhand von Problemen, die der bundesdeutschen Gesellschaft allgemein auf den Nägeln brannten, vom größten Teil der im Parlament vertretenen Parteien aber schamhaft ausgeklammert wurden. Die Studenten nahmen zumeist tagespolitische Ereignisse zum Anlaß, ihre eigene Sichtweise der Dinge transparent zu machen. Sie wandten sich also – im Gegensatz zu früheren Studentengenerationen, anderen Interessenverbänden oder Gewerkschaften – nicht mit Gruppen- oder Partikularinteressen an die Öffentlichkeit, sondern ihre Protestformen und -inhalte hatten symbolischen Charak-

ter: Die Studenten beanstandeten die allgemeine gesellschaftspolitische Lage und verwiesen auf Zusammenhänge, für die ihr eigenes Problem nur das Symptom
war.

1

Warum alles begann: Student im Adenauerstaat

Betrachtet man das Bild, das die Massenmedien in unregelmäßigen Abständen über die 68er verbreiten, so gewinnt man den Eindruck, dort habe eine junge Generation von privilegierten Bürgersöhnchen Randale gemacht, die gesellschaftlichen Spielregeln mißachtet und das Ganze auch noch als fröhliches Happening inszeniert. Alles in allem: eine lustige Revolte. Erst als die Gesellschaft sich dieses Treiben am Rande der Legalität nicht mehr gefallen ließ – so die Geschichtsschreibung unserer Medien – und zurückschlug, wurde daraus auf einmal bitterer Ernst. Es kam zur Konfrontation der Studenten mit dem Staat und in der Folge zu Gewalt und Gegengewalt. Erst setzten die Studenten Spruchbänder, dann Steine und Molotowcocktails, dann Kalaschnikows und Sprengsätze ein. Die Polizei benutzte »zur Wiederherstellung von Ruhe und Ordnung« erst Worte, dann Schlagstöcke, dann Wasserwerfer und Tränengas, dann Pistolen, dann...

An dieser Darstellung stimmen zum Teil nicht einmal die Fakten. Doch vor allem gehen sowohl die Beschreibung des Ursache-Wirkungs-Verhältnisses als auch die Schlußfolgerungen an der Realität jener Zeit vorbei. Auch nach über 30 Jahren haben die bundesdeutschen Massenmedien mit dem Phänomen der Studentenrevolte ihre offensichtlichen Schwierigkeiten. Aber das Verhältnis ist auf beiden Seiten gestört. Der Konflikt mit der öffentlichen Meinung, die die Medien zum Ausdruck brachten, mitformten und auch manipulierten, ist ein konstitutiver Bestandteil der Rebellion der 68er. Wie ein roter Faden zieht sich die Auseinandersetzung mit der Presse, im besonderen der »Springer-Presse«, durch die Annalen der Studentenbewegung. Auf die besorgten Fragen der Honoratioren der 60er Jahre, warum die heutige Jugend so rebellisch sei, wußten die Redakteure in den Chefetagen der Pressehäuser eine einfache Antwort: Die FAZ schrieb: »Die Studenten haben keine Achtung mehr. Sie sind im Wohlstand aufgewachsen, aber erkennen die Leistungen derjenigen, die ihn geschaffen haben, nicht mehr an. Sie haben es zu gut gehabt und kennen keine Pflichten mehr und opponieren deshalb gegen jegliche Autorität.« Mit einer etwas anderen Stoßrichtung stellte die FAZ zehn Jahre später diese Frage erneut: »Kaum ein Ereignis hat die westliche Welt und insbesondere die Bundesrepublik so bewegt wie die Protestbewegung der 60er Jahre. Seitdem schwelt die Frage, woher diese plötzliche Entladung gekommen ist, woher denn in den parlamentarisch verfaßten westlichen Staaten die Bereitschaft rühre, mit radikalen Parolen, geballten Fäusten und schließlich sogar mit terroristischen Aktionen gegen Staat und Gesellschaft zu demonstrieren, und wie sicher überhaupt der Boden sei, auf dem diese Staaten und Gesellschaften stehen.« Ein ausgeprägter Hang der 68er zum Dolce vita kann es nicht gewesen sein. Denn wie soziologische Untersuchungen jener Zeit – so zum Beispiel eine vom Berliner Senat in Auftrag gegebene Studie – belegen, waren es gerade die fleißigsten, die pflichtbewußtesten und zum Teil auch die intelligentesten Studenten, die die herrschenden Zustände am heftigsten kritisierten. Intellektuell hochgradig motiviert, hatten sie sich nicht den Schlendrian auf ihre Fahnen geschrieben, sondern sie beanstandeten im Gegenteil die ineffiziente Arbeit des Universitätsbetriebs. Sie kritisierten gerade das geringe Leistungsniveau im Lehrbetrieb der Hochschulen. Die Avantgarde der linken Studenten zeichnete sich eher durch ihren übertriebenen Ehrgeiz aus als durch eine besonders lockere Lebensart.

Der Großteil von ihnen hatte eine strenge, fast asketische Erziehung genossen, die sich an den Begriffen Zucht und Ordnung orientiert hatte. Die meisten mußten einen langen Weg zurücklegen, bis sie die Wurzeln ihrer teilweise offen zu Tage tretenden Verklemmung erkennen und in flotten Sprüchen karikieren konnten.

Aber man lastete den aufbegehrenden Studenten nicht nur Pflichtvergessenheit an. Damals wie heute ist zum Beispiel Ex-Bundeskanzler Helmut Schmidt der Meinung, »die Maßstäbe« hätten sich »im ätzenden Säurebad studentischer Kritik aufgelöst« (in: Die Zeit). Und damals wie heute kann man in der Wochenzeitung Die Zeit nachlesen, daß die »68er-Rebellen die Gemeinschaft auf dem Altar der Gesellschaft geopfert« und »das Fehlen einer moralischen Substanz in der deutschen Gesellschaft zu verantworten« hätten. Aber auch die FAZ, Die Welt und andere Medien verbreiten gerne, daß die 68er den moralischen Grundkonsens, auf dem die Entwicklung der Nachkriegszeit in der Bundesrepublik beruhte, zerstört hätten. Doch was die Gemüter der Vätergeneration am empfindlichsten traf, war der angeblich mangelnde Respekt vor den Autoritäten.

Antiautoritäre Bewegung war denn auch bald das Etikett, das die Medien den Studenten anhängten. Dabei entlehnten sie auch diesen Ausdruck dem studentischen Vokabular. Doch die Presse stellte ihn natürlich in einen anderen Zusammenhang als die Hochschulschriften des SDS. Der Begriff antiautoritär wurde zum Schlagruf der 68er, weil er auf einem theoretischen Gegenkonzept beruhte. Er bezog sich nicht (direkt) auf die konkret herrschenden Autoritäten, auf die lebenden Personen in ihren verschiedenen Funktionen, sondern auf die Theorien der sogenannten Frankfurter Schule um die Soziologen Theodor W. Adorno und Max Horkheimer. Diese waren nach ihrer Zwangsemigration in den 30er Jahren in die USA im Auftrag der amerikanischen Regierung der Frage nachgegangen, wie es dazu kommen konnte, daß das deutsche Volk massenhaft dem Nationalsozialismus anhing: Wieso hatte es nicht gegen den Faschismus im eigenen Land aufbegehrt, sondern statt dessen pflichtbewußt, gehorsam und ergeben unvorstellbare Greueltaten wie die Ermordung von sechs Millionen Juden in Konzentrationslagern und Gaskammern verübt? In der »autoritätsfixierten Persönlichkeit«, im »autoritären Charakter der Deutschen« hatten Adorno und Horkheimer die Ursachen und Motive festgemacht, die das deutsche Volk zu diesem Grauen getrieben hatten.

In der Konsequenz gaben die Amerikaner auch ihre Devise für das Nachkriegsdeutschland aus: Entnazifizierung und Umerziehung. Doch die Entnazifizierung ging durch den bald nach 1945 entstandenen Ost-West-Gegensatz schnell unter. Auch aus der Umerziehung wurde nichts, weil die Mehrheit der Deutschen davon nichts wissen wollte. Das Volk tauchte in den Alltag ab und widmete sich dem Wiederaufbau. Der feste Glaube an die Obrigkeit und an die obrigkeitsstaatliche Ordnung dauerte in beiden deutschen Staaten ungebrochen fort. Noch Mitte der 60er Jahre konnten die Meinungsforscher, unter anderem das Wickert-Institut, berichten, daß auf die Frage, ob die Regierung notwendig in Krisenzeiten mit besonderen Vollmachten ausgestattet werden sollte, 78 Prozent der Beamten mit einem eindeutigen Ja votierten und selbst die Arbeiter mit 71 Prozent nur unwesentlich darunter lagen.

Aus dieser unkritischen und obrigkeitsfreundlichen Bevölkerung drängte über die Universitäten ein bemerkenswerter Nachwuchs in die Chefetagen gesellschaftlicher Machtzentren, in die Justiz und Staatsbürokratie, in das Bildungs-, Sozial- und Gesundheitswesen, in das Militär, die Finanz- und Wirtschaftswelt. Doch die Studenten repräsentierten keineswegs einen Querschnitt durch die Schichten der bundesdeutschen Bevölkerung. Sie waren vielmehr das Ergebnis der Ausleseprozesse und der mangelnden Chancengleichheit in den Schulen. Die zum Abitur führenden Bildungseinrichtungen beziehungsweise Erziehungsinstitute bevölkerten fast ausschließlich die Kinder der Macht- und Funktionseliten.

Noch 1964 besuchten von 100 Kindern höherer Beamten 90 die Gymnasien, von 100 Arbeiterkindern bekamen diese Chance nur fünf.

Zu Beginn ihres Studiums trafen die 68er in ihren älteren Kommilitonen, den Hilfskräften und Assistenten auf Leute aus der Generation Helmut Kohls, Theo Waigels und Eberhard Diepgens. Aus einer soziologischen Untersuchung Frankfurter Wissenschaftler – zu denen auch Jürgen Habermas und Ludwig von Friedeburg gehörten – unter den damaligen Studenten der Johann-Wolfgang-Goethe-Universität geht hervor, daß sich weniger als zehn Prozent der Befragten für die Erhaltung der Demokratie einsetzen würden, und 16 Prozent deklarierten sich sogar als erwiesene Gegner der Demokratie. Jürgen Habermas und seine Kollegen wiesen in ihrer Studie »Student und Politik – Eine soziologische Untersuchung zum politischen Bewußtsein Frankfurter Studenten« nach, daß die Befragten mit »autoritärem Potential« eher aus Elternhäusern mit akademischer Tradition, die Studenten, die sich als erklärte Demokraten verstanden, überwiegend aus solchen ohne akademische Tradition stammten. Aber auch die restlichen 75 Prozent gaben wenig Anlaß zu der Hoffnung, wie die bittere Schlußfolgerungen der Frankfurter Studie vermerkt, daß »die Demokratie im Krisenfall mit den angemessenen der objektiv möglichen Mittel gegen ein Abgleiten in Formen des Obrigkeitsstaates zu sichern« ist.

Denn das Gesellschaftsbild jener 75 Prozent war so geformt, daß sie sich an jede Art staatlicher Gewalt ohne große Mühe und ohne bemerkenswerte Widerstandspotentiale anpaßten. Falls ihnen überhaupt bekannt war, mit welchen Normen politisches Handeln möglich oder praktizierbar war, so standen sie der Wahrnehmung ihrer politischen Rechte als Staatsbürger indifferent gegenüber. Was ihre Pflichten anbetraf, so erlebten sie diese als zwangsläufig übernommen und verinnerlicht, vermittelt durch Elternhaus und Schule, durch gesellschaftliche und staatliche Institutionen. Anstelle aktiver Akzeptanz und echter Identifikation mit gesellschaftspolitischen Normen existierte nur blinde Unterworfenheit. Die in immer neuen Konfliktsituationen (Prüfungen, Examina) aktivierten Strafängste aus der Kindheit und Jugend dieser Studenten verfestigten ihre unterbewußte, fast starre Bindung an die im Laufe ihres Reifungsprozesses immer abstrakter gewordenen Autoritäten.

Es war also nicht verwunderlich, daß diese 75 Prozent – und die Prozentverteilung traf mehr oder weniger auf die gesamte deutsche Studentenschaft zu – sich zu willigen Jasagern und Mitläufern entwickelten. Später zogen sie sich nach der täglichen peniblen Pflichterfüllung im Beruf als Jurist oder Staatsbeamter ins Privatleben zurück. Hier, so waren sie erzogen worden, in der typischen deutschen Innerlichkeit, im Schoße der Familie fanden sie ihre Erfüllung. Das vom Grundgesetz verbriefte Recht und auch die Pflicht zum Widerstand kannten sie nicht, oder ihre ängstliche Scheu und die Furcht vor der potentiellen Gewalt der Institutionen hinderte sie daran, sich organisiert zur Wehr zu setzen.

Eine repräsentative Untersuchung des Allensbacher Instituts für Demoskopie stellte damals fest, daß 45 Prozent aller Bundesbürger – unter der akademischen Beamtenschaft lag der Anteil ungleich höher – die Meinung vertraten, daß der einzelne für die Erhaltung der Freiheit in der Welt gar nichts tun kann. 38 Prozent waren davon überzeugt, daß »die Freiheit in der Welt nur dadurch gerettet werden kann, daß die Menschen sich innerlich ändern«. Und auf diese politisch indifferenten Akademiker und auf Autoritäten fixierten Jasager trafen die jungen 68er nun in den Universitäten, den Horten wissenschaftlicher Freiheit. Doch auch ihnen waren die Verformungen des Charakters und schwaches politisches Bewußtsein nicht gänzlich fremd.

Trotzdem begannen die 68er mit ihren Mitteln des wissenschaftlichen Arbeitens nach den Ursachen zu forschen. Sie suchten nach Veröffentlichungen und Untersuchungen, die zu diesem Themenkreis überzeugende Aussagen machten oder theoretische Ansätze lieferten. So stießen sie auf die Psychoanalyse, auf marxistisch inspirierte Soziologen wie die Frankfurter Professoren Horkheimer und Adorno oder den in den USA verbliebenen Emigranten Herbert Marcuse. Sie entdeckten das Konzept des »autoritären Charakters« und die Existenz einer kleinen studentischen Hochschulgruppe, des SDS, die sich mit diesen Dingen beschäftigte. Doch zwischen dem Auffinden vermeintlicher oder tatsächlicher Ursachen des »autoritären Charakters« und dem Entschluß, sich zur Wehr zu setzen, lag noch ein langer Weg. Und diesen legten die Studenten keineswegs gradlinig zurück. Häufig halfen nur radikale Brüche mit der persönlichen Umgebung und Vergangenheit, um die eingeschlagene

Route beibehalten zu können. Denn zu jener Zeit war Kritik – selbst in der harmlosesten Form – an sich schon ein Sakrileg. Dies galt in besonderem Maße für die Berliner Studenten. Wolfgang Lefevre, einer ihrer »Führer«, beschrieb diesen Umstand 1967 folgendermaßen: »Das Ritual der tapferen, einheitlichen Berliner Bevölkerung machte jede Kritik zum Frevel, den die seit Urzeiten für Sakrilege vorgesehene Sanktion zu treffen hatte: Eliminierung. Dies zeigt die vox populi deutlich, die heute den Studenten Arbeitslager, Verbannung ›nach drüben‹, Vergasen, Erschlagen etc. zudenkt. Die Ziele, die die politischen Institutionen mit und in diesem Ritual verfolgen, mögen heute differenzierter sein als in den 50er Jahren; zweifellos gehört jedoch zur ›Substanz‹ der Politik des etablierten Apparats, die Inhalte dieses Rituals monopolistisch zu steuern und jede Kritik, um so mehr jede Politik, die sich außerhalb des von den Bürokraten manipulierten Rituals stellt, zu unterdrücken.«

Das Vorhaben der Studenten, die Negierung des »autoritären Charakters«, war weder in der persönlichen Praxis leicht einzulösen – schließlich stammten auch die jungen 68er überwiegend aus akademischen Familien – noch auf gesellschaftlicher Ebene einfach zu realisieren. Jedem Mitglied der damaligen Gesellschaft war wohl bewußt, daß höhere Bildung nicht nur ein Privileg darstellte, sondern daß der Besuch von Gymnasien und Hochschulen auch automatisch ein angenehmeres Leben garantierte. Auch die Eltern der aufbegehrenden Studenten kannten diesen Zusammenhang, und sie versuchten mit allen erdenklichen Mitteln und Sanktionen – bis hin zur Entziehung des monatlichen Wechsels –, ihre Kinder an diese Tatsache zu erinnern. Und dieses Bemühen hatte häufig Erfolg.

Dazu kam noch eine zweite unleugbare Tatsache: In der Bundesrepublik der 60er Jahre hatten unpolitische und anpassungsfähige Jugendliche mit autoritärer Einstellung objektiv die besseren Berufschancen. In die Führungsstellen von Staat und Wirtschaft zogen jene ein, die im obrigkeitsstaatlichen Denken geübt waren. Eine Grundhaltung, die das Bewußtsein für bürgerliche Rechte und Pflichten sowie eine demokratische Gesinnung einschloß, stieß also auf den doppelten Widerstand von Elternhaus und Gesellschaft.

Die Bruchlinien begannen schon sehr bald sichtbar zu werden. Der Schritt der jungen 68er vom Privaten zum Politischen sowie die Verknüpfung dieser beiden Begriffe hatte für sie vorhersehbar negative Konsequenzen. Die eigene autoritäre Haltung abzulegen bedeutete in der Folge schlechtere Aufstiegschancen im Beruf und ein unbequemeres Dasein. Das obrigkeitsstaatliche Denken bewußt zu verlernen und substantiell demokratische Verhaltensweisen und Denkformen einzuüben hieß für die Studenten, daß sich die Führungsstellen in Staat, Wirtschaft und Gesellschaft immer weiter von ihnen entfernten. Die besten Chancen hatten diejenigen, die sich in die vorgegebenen Strukturen stromlinienförmig und ohne persönliche Widerstände einpaßten. (Im übrigen – und dies sei vorweggenommen – haben die meisten der 68er, die sich stark engagierten oder in vorderster Front standen, diesen Preis tatsächlich bezahlen müssen, obwohl sie, wie selbst ihre damaligen Professoren bestätigten, zu den Intelligentesten und Begabtesten gehörten. Es ist also kein Wunder, daß diese Elite heute in den bundesrepublikanischen Chefetagen fehlt. Ihren Platz haben vorwiegend die damaligen Jasager und Opportunisten eingenommen – mit all den bekannten und jetzt erst richtig sichtbaren Folgen für die Gesellschaft.)

Während ihres Studiums traten entsprechend noch Anfang/Mitte der 60er Jahre 40 Prozent aller bundesdeutschen Studenten in Verbindungen, Burschenschaften oder Korporationen ein. Hier fanden sie Zuflucht vor der Vereinzelung und entkamen der Einsamkeit des selbständigen Denkens; hier begegnete ihnen schließlich die gefürchtete, aber auch gesuchte personifizierte Autorität. Die hierarchisch geordneten Blut- und Lebensbünde der Verbindungen stellten keineswegs die lästigen Begleiterscheinungen des damaligen Universitätslebens dar, sondern – wie man schon damals in den Frankfurter Beiträgen zur Soziologie nachlesen konnte – sie waren das »legitime Widerspiel einer anachronistisch gewordenen akademischen Lehr- und Arbeitsordnung, die sich auf die patriarchalische Geben-und-Nehmen-Methodik stützte«. Das Ergebnis einer solchen Ordnung besteht darin, daß sie masochistische Charaktere hervorbringt, die, um seelisch weiterleben zu können, ihrerseits wiederholen müssen, was ihnen widerfahren ist. Charaktere also, die unfähig zur Selbstreflexion sind und nicht angstfrei an die Verneinung des Gegebenen oder auch nur an das Infragestellen der herrschenden Strukturen und Ordnungen denken können.

Einsichten in die tatsächlich herrschenden Verhältnisse von Staat und Gesellschaft waren als Fähigkeiten nicht gefragt: Verlangt wurde die Übernahme von Modellen, die auf den Idealen des Wirtschafts- und Bildungsbürgertums beruhten und sich dabei systematisch den realen Bedingungen entzogen. Die zukünftigen Eliten sollten die bundesdeutsche Gesellschaft als harmonisch geordnet begreifen. Darin bestand das ganze Angebot der Schulen und Hochschulen. Laut allgemeinem Konsens gründete diese Gesellschaft zudem auf gegenseitige Rücksichtnahme und dem Fehlen unversöhnlicher Gegensätze. Diese verschleiernde Weltanschauung setzte das bürgerliche Wohl mit dem Wohl der Gesamtgesellschaft gleich; sie propagierte, daß wahre Politik sich nicht mit den Interessen einzelner Gruppen, sondern unmittelbar mit denen des Staates und des Vaterlandes befasse und ausschließlich oder zuallererst am Gemeinwohl, am Wohl der Volksgemeinschaft orientiert sein müsse.

Ein wesentlicher Punkt dieser Weltanschauung bestand in der Ansicht, daß die deutsche Wirtschaft wie eine große Betriebsgemeinschaft funktioniere, in der Arbeiter und Unternehmer Hand in Hand am großen Werk seien. Weiter glaubte man, daß zu dieser Wirtschaftsordnung das Recht auf Streik gehöre, aber Streik und Aussperrung auf jeden Fall der Wirtschaft schadeten und den Feinden der Demokratie helfen würden, denen an einer Störung des Betriebsfriedens gelegen sei, und daß zu viel Freiheit die Einheit und Ordnung des Staates zerstöre. Der Soziologe Sebastian Herkomer kam aufgrund seiner wissenschaftlichen Untersuchungen schon 1965 zu folgendem Schluß: »Die größte Anfälligkeit für die partikulare Interessen verschleiernde Ideologie der ›Gemeinsamkeit‹, des ›Gemeinwohls‹ und der ›Ordnung‹ macht die Identifizierung der Menschen aus den bürgerlichen Schichten unserer Gesellschaft mit der Demokratie deshalb fragwürdig, weil sie einer Entwicklung zum starken Staat, der solche Programmpunkte vertrete und dabei – unter dem Schleier der Legalität – demokratische Grundrechte einschränken würde, schwerlich Widerstand entgegenbringen würden.«[1]

Ausgestattet mit diesen weltanschaulichen Grundmustern, die angeblich aufzeigten, wie widerspruchsfreie wissenschaftliche Modelle funktionierten, und die die Illusion nährten, daß die vorfindbaren Realitäten in diesen Modellen unterzubringen und einzuordnen seien, waren die Absolventen akademischer Bildung geeignet, ihren Platz in der herrschenden Gesellschaftsordnung einzunehmen. So ausgerüstet boten sie die Gewähr, auch als kleines Rädchen in der großen Maschinerie zu funktionieren. Die Tatsache, daß auch diese Ordnung nicht vom Himmel gefallen war, sondern sich aus bestimmten Einzel- und Machtinteressen entwickelt hatte – einschließlich des geltenden Rechts –, sollte ihnen nicht in den Sinn kommen. Und vor allen Dingen sollte ihnen nicht auffallen, daß die geltende Gesellschaftsstruktur lediglich ein veränderbares Produkt in einem historischen Prozeß darstellte.

---

[1] Sebastian Herkomer: Zum politischen Interesse und Bewußtsein der Arbeiter. In: neue kritik Nr. 28, 1965.

Doch als die jungen 68er begannen, diese Zusammenhänge zu durchschauen, fühlten sich die Herrschenden und mit ihnen ihre Eliten bedroht. Es war nicht allein die Kritik, die an und für sich schon ein sicheres Indiz für unbotmäßiges Verhalten darstellte, die die Bundesrepublik bedrohte. Der Zündstoff lag vielmehr in der Art der Kritik: Sie hinterfragte das Bestehende nicht nur, sondern stellte es in seinen historischen Zusammenhang und untersuchte es kritisch auf das Mögliche hin. Die Funktionsträger witterten darin – aus ihrer Sicht möglicherweise nicht ganz zu Unrecht – einen Angriff auf die von ihnen repräsentierte herrschende Ordnung. Schon sehr frühzeitig mobilisierten sie deshalb ihre Ideologie-Organe und ließen von den Chefetagen der Massenmedien zum Angriff gegen diejenigen blasen, die es wagten, die bestehende Ordnung zu hinterfragen. Der Konflikt der 68er mit den Medien kam also nicht zufällig, sondern war in der Sache selbst angelegt.

Im Zeichen der Tradition

Was die 68er zu Beginn ihres Studiums an den bundesdeutschen Universitäten vorfanden – die Masse der Jasager und Opportunisten – war keine zeitbedingte Ausnahme, sondern folgte kontinuierlich aus der politischen Geschichte der deutschen Studentenschaft in den letzten 100 Jahren. Nur vor 1848 hatte es eine fortschrittliche, bürgerlich-republikanische Periode gegeben, die jedoch von den Obrigkeiten in Blut ertränkt worden war.

Seite an Seite mit Bürgern und Handwerksburschen hatten die Studenten auf den Barrikaden in Sachsen und Schlesien, in Berlin/Brandenburg und Hessen, im Rheinland und in Baden gekämpft. Doch die bürgerliche Revolution von 1848/49 scheiterte. Danach orientierte sich die politisch geschlagene und zunehmend verängstigte Studentenschaft um: Der korporierte Reserveleutnant wurde zum Vorbild, preußischer Gehorsam zur Tugend erhoben. Man zog sich auf sich selbst zurück, verabschiedete sich von der großen Politik und glitt zunehmend ins Nationalistische, Chauvinistische, Konservative und später ins Völkische, Reaktionäre, aggressiv Antisemitische ab.

Vorbei waren die Zeiten, in denen studentische Freiwillige gegen die Armeen Napoleons in den Freiheitskriegen (1813–1815) gekämpft hatten und dort auch politisch sozialisiert wurden. Doch gegen die Gefahr, daß sich die Französische Revolution von 1789 als bürgerliche Revolution über ganz Europa ausbreiten könnte, hatten sich die Monarchen dieses Kontinents zur Heiligen Allianz zusammengeschlossen. Der Wiener Kongreß sanktionierte 1815 die Marschroute der Restauration. Der Koblenzer Fürst Metternich, leitender Minister in Österreich, das als Präsidialmacht im Deutschen Bund führend war, gab die Befehle für die einzuschlagende Taktik. Mit dem Wartburgfest am 18. Oktober 1817 demonstrierten die deutschen Studenten, die sich kurz zuvor in Burschenschaften organisiert hatten, ihre Opposition. Als 1819 in Mannheim der konservative Schriftsteller August von Kotzebue, der auch als Konsul für den verhaßten Russischen Zaren arbeitete, von dem revolutionär gesinnten Studenten Karl Ludwig Sand ermordet wurde, setzte Metternich die Karlsbader Beschlüsse durch: Verbot der Burschenschaften, Vorzensur für Zeitungen und alle Schriften unter 20 Druckbogen, Entlassung revolutionär eingestellter Lehrkräfte an den Hochschulen und Überwachung der Universitäten. Ernst Moritz Arndt wurde als Professor in Bonn suspendiert, im gesamten Gebiet des Deutschen Bundes wurden alle »auf Erhaltung der Ruhe und überlieferten Ordnung gerichteten Bestrebungen« verstärkt.

Diese Demagogenverfolgungen hatten massenhafte Berufsverbote zur Folge, konnten jedoch nur für kurze Zeit die republikanisch gesinnten, von den Idealen der Bürgerlichen Freiheiten beseelten Akademiker zum Schweigen bringen. Die Pariser Juli-Revolution von 1830 ließ auch das politische Selbstbewußtsein der deutschen Studenten erneut erstarken. Demonstrativ traten die verbotenen Burschenschaften bei einem traditionellen Volksfest, dem Hambacher Fest, am 27. Mai 1832 in ihren schwarz-rot-goldenen Farben öffentlich auf und boten damit der Obrigkeit klar die Stirn. Erneute Verfolgungen waren die Folge: Schwarz-Rot-Gold durfte nicht mehr getragen werden; wer einen republikanischen Freiheitsbaum aufstellte, wurde mit Kerker bestraft; das Spitzelsystem wurde enorm ausgeweitet, die Zensur noch verschärft. Den effizienter gestalteten Geheimdienstaktivitäten war es wahrscheinlich zuzuschreiben, daß die Frankfurter Studenten, die am 3. April 1833 die dortige Hauptwache – gekleidet in schwarz-rot-goldene Schärpen – stürmten, damit scheiterten, diese Aktion zum Auslöser einer bürgerlichen Revolution in Deutschland umzugestalten. Weitere Repressionen waren überall die Folge, 39mal wurde die Todesstrafe verhängt (und später in lange Haft umgewandelt); Aberhunderte von Studenten wurden bespitzelt, angeklagt, verurteilt – allein das Berliner Kammergericht fällte bis 1836 204mal gegen Studenten das Urteil »schuldig«; sieben Professoren der Universität Göttingen (Göttinger Sieben), darunter die Sprachforscher und Sammler von Volksmärchen, die Gebrüder Grimm, wurden abgesetzt und drei von ihnen sogar unmittelbar des Landes verwiesen. Dennoch kämpften die Studenten und viele ihrer Professoren weiter, setzten sich für die Ideale von Freiheit, Gleichheit, Brüderlichkeit, für Meinungs- und Pressefreiheit und gegen Kleinstaaterei und Fürstenwillkür ein.

1848 kam dann die endgültige Zäsur. »Innerhalb von 35 Jahren«, so faßt es Tilman Fichter zusammen, »war die akademische Jugend trotz der langen Zwischenphasen von Illegalität, Berufsverboten und Bespitzelungen dreimal zum Kampf für die bürgerlichen Freiheiten und die Einheit Deutschlands angetreten und hatte dreimal eine entscheidende Niederlage erlitten«. Danach, ab Mitte des vorigen Jahrhunderts, siedelte sich die deutsche Studentenschaft zunehmend im traditionell rechten Lager an. Im Bismarck-Reich interessierte die einst revolutionären Burschenschaften nur noch die Satisfaktion, der Grundsatz der unbedingten Genugtuung mit der Waffe, der preußisch geprägte und maßgeblich von Heinrich von Treitschke beeinflußte »heldische Nationalismus« und

Turnvater Jahn, der mit seinem unverhohlenen Antisemitismus rasch zum neuen Idol der jungen Akademiker avancierte. An diesem Zustand änderte sich fast ein halbes Jahrhundert lang nichts, außer daß die vaterländisch-nationalistischen Töne immer stärker wurden. Deutschtümelei, Germanisierungsdünkel, Haß auf Frankreich, England und immer wieder auf die Juden wurden in dieser Zeit zu einer brisanten Mischung, die sich in den Köpfen festsetzte. Die Expansionsbestrebungen des Wilhelminischen Obrigkeitsstaates trafen nicht nur auf die volle Unterstützung der Studenten. Auch nahezu alle amtierenden deutschen Professoren standen hinter den kriegerischen Plänen des Kaisers und demonstrierten diese Haltung auch in ihren »wissenschaftlichen« Schriften.

Als der Erste Weltkrieg ausbrach, warfen sich die akademischen Jugendlichen begeistert in die Massenschlachten und starben zumeist elendig. (Allein am 10. November 1914 begingen Tausende von ihnen »kollektiven Selbstmord«, als sie sich bei Langemarck in die Maschinengewehrsalven der englischen Armee warfen.) Diejenigen von ihnen, die den Ersten Weltkrieg überlebten, zahlten den Preis nach der vernichtenden Niederlage mit zumeist unvorstellbarem Elend: Als Kanonenfutter mißbraucht, viele mit Kriegsschäden heimgekehrt, ohne substantielle Mittel, unbrauchbar geworden, drohte ihnen der soziale Abstieg ins Bodenlose. Die horrende Nachkriegsinflation machte es für die meisten unmöglich, die Mittel für ein Studium aufzubringen; der Staat, der die harten Auflagen des Versailler Vertrages als Kriegsverschulder zu tragen hatte, war kaum in der Lage einzuspringen. Über Hunderttausend waren aus den Schützengräben in die Universitäten zurückgekehrt, und mehr als die Hälfte von ihnen vegetierte unter dem Existenzminimum dahin. Sie fühlten sich verraten, im Stich gelassen, ohne wirkliche Zukunft: eine »lost generation«, wie William Faulkner sie jenseits des Atlantiks in seinen Romanen nannte. Doch in Deutschland orteten sie und ihre Professoren die Schuldigen für ihren Zustand nicht in den Kriegstreibern, sondern in der neuen Republik von Weimar.

Ein reaktionärer Aufstand gegen die »Schmach von Versailles« wurde losgetreten. Zwar waren anfangs, gleich nach 1919, die meisten Burschenschaften und Korps noch bereit, als vom Staat anerkannte Organisationen der Deutschen Studentenschaft mit der neuen Republik zusammenzuarbeiten, doch das änderte nichts an ihrem konservativen Bewußtsein und ihren zum Teil reaktionären Verhaltensweisen. Die Verbände der linken oder republikanisch gesinnten Studenten fristeten bis 1933 und erst recht danach nur ein Schattendasein. Selbst die oft monatelangen gemeinsamen Erfahrungen in den Schützengräben hatten die tiefe Kluft nicht überbrücken können. In die Heimat zurückgekehrt, standen sie wieder auf unterschiedlichen Seiten der Barrikaden.

Der Standesdünkel und das Elitedenken hinderte die übergroße Mehrheit der Studenten, die zu über 90 Prozent aus dem Besitz- und Bildungsbürgertum stammte, daran, rational und ohne Scheuklappen über die Ursachen ihrer Misere nachzudenken und zu logischen Erklärungen und Schlußfolgerungen zu gelangen. Durch den Krieg dem wissenschaftlichen Arbeiten entfremdet, ohne Privilegien orientierungslos in der Nachkriegsgesellschaft herumirrend, flohen die Studenten vor sich selbst und der Realität in die Freikorps, in die »Schwarze Reichswehr«, in die Verbände der »Zeitfreiwilligen« und in die »Feme-Organisationen«. Ihrem Selbsthaß machten sie in diesen Verbänden Luft, indem sie Terror gegen Andersdenkende organisierten und durchführten, Einschüchterungen vornahmen und physische Gewalt bis hin zum Mord anwendeten. Schon bald waren sie von politisch und gewerkschaftlich engagierten Arbeitern gefürchtet, die daraufhin ihre Gegenwehr organisierten. Mordend und brandstiftend zogen diese »Schwarzen Terroristen« durch Deutschland, vor allem durch preußisches »Junkerland«. In weniger als drei Jahren, bis 1922, wurden mehr als 350 politische Morde von ihnen verübt. Doch die Taten der »Schwarzen Desperados« fanden selten ein polizeiliches Nachspiel und führten nie zu einer justitiell endgültigen Verurteilung. Die Weimarer Republik war auf dem rechten Auge blind – bestrafte dafür auf der linken Seite um so härter – und trat erst auf den Plan, als ihr Außenminister Walter Rathenau von diesen rechten Terrororganisationen ermordet worden war: Einen der Täter erschoß die Polizei, der andere beging in ihrem Angesicht Selbstmord.

Schon 1923 kündigte die deutsche Studentenschaft den Burgfrieden mit dem Staat von Weimar auf. Bewußt und öffentlich lehnte die Mehrheit der akademischen Jugend die Republik und die Demokratie ab. Die wenigen sozialistischen, liberalen, kommunistischen und sozialdemokratischen Studenten fanden kein Gehör. Frauen waren zu jener Zeit an den Universitäten noch eine verschwindend geringe Minderheit und hatten vor allem darum zu kämpfen, in dieser rein männlichen Domäne überhaupt einigermaßen anerkannt zu werden. Sie wurden systematisch diskriminiert und hatten den ihnen zugewiesenen Platz hinter dem Mann zu akzeptieren. Insgesamt konnten diese Minderheiten nicht verhindern, daß sich unter den Akademikern das »Ruhe-und-Ordnung-Denken«, der Wunsch nach dem autoritären Obrigkeitsstaat, ein aggressiver Antisemitismus und militante Ausländerfeindlichkeit immer mehr verbreiteten.

Ab 1925 praktizierten die studentischen Verbindungen strikt den Grundsatz, nichtarischen Kommilitonen die Aufnahme in ihre Organisationen zu verweigern. Das Land Preußen zog immerhin insofern gewisse Konsequenzen aus der Weigerung der Studenten, geltendes Recht und Verfassungsgebote wie den Gleichheitsgrundsatz anzuerkennen, als sie der Studentenschaft die rechtliche Anerkennung als Vertretungsorgan und auch die Fördermittel entzog. Doch auch dies geschah erst, als drei Viertel der Studenten an preußischen Hochschulen sich in einer Urabstimmung dafür ausgesprochen hatten, nur Arier als Mitglieder in der Studentenschaft zuzulassen, und sich damit offen gegen ein Gesetz des Preußischen Landtags von 1925 aussprachen.

Und der Vormarsch der rechten Verbände wie der rechtsradikalen Korporationen an den deutschen Universitäten hielt an. Bis 1930 hatten sie die absolute Vormachtstellung errungen. Nach der amtlichen Statistik waren im Sommersemester jenen Jahres über 60 Prozent der deutschen Studenten in den stramm reaktionär-nationalistischen Verbänden organisiert, und von diesen gehörten sogar zwei Drittel den waffentragenden Verbindungen an, die im Allgemeinen Deutschen Waffenring, ihrem Dachverband, zusammengeschlossen waren. Nationalistisches, antisemitisches und immer offener faschistisches Gedankengut gehörte – nicht ohne Unterstützung vieler Professoren – zur Basis ihrer geistigen Ausstattung.

Schon im Sommer 1932 hatte der studentische Ableger der NSDAP, der Nationalsozialistische Deutsche Studentenverband, es geschafft, die Führung in der verfaßten Studentenschaft zu übernehmen. Unter seiner Abkürzung NSDStB übernahm er in diesem Jahr Organisation und Regie des 15. Deutschen Studententags, der im Ostpreußischen Königsberg abgehalten wurde. Dort beschlossen die Delegierten, geraume Zeit vor der Machtergreifung Hitlers, mit 155 gegen drei Stimmen bei 24 Enthaltungen, das demokratische Prinzip der studentischen Selbstverwaltung abzuschaffen und es in einer neuen Verfassung durch das »Führerprinzip« zu ersetzen.

Die Mehrheit der deutschen Studenten befand sich ideologisch – und nun auch organisatorisch – schon lange vor 1933 auf dem Weg ins Dritte Reich. Daß sie dazu keinen langen Marsch durch die Institutionen durchzustehen hatte, dafür sorgte das familiäre, politische und universitäre Umfeld. Es gehört in das Reich der vielen Legenden, die nach dem verlorenen Zweiten Weltkrieg genauso Hochkonjunktur hatten wie nach 1919, daß die

Akademiker, unter anderem Studenten und Professoren, in die Hitlerdiktatur hineingeschlittert seien, daß man sie gezwungen habe, mitzumachen oder andernfalls in die innere Emigration zu gehen. Die kleine Gruppe derjenigen, die sich nicht diesem allgemeinen Trend anschloß, bezahlte ihre antifaschistische Haltung mit Diskriminierung, Entfernung aus den Universitäten und in vielen Fällen sogar mit Gefängnisstrafen und Tod. Nur sie dürfen als Opfer der faschistischen Diktatur gelten. Ein Teil der schweigenden Mehrheit wurde zu Mitläufern, aber der größte Teil von ihnen war oder entwickelte sich zu begeisterten Anhängern – unter anderen auch so professorale Geistesgrößen wie der Existenzphilosoph Martin Heidegger – und fungierten als direkte Wegbereiter des Dritten Reiches.

Das akademische Schrifttum, das in den zwölf Jahren des »Tausendjährigen Reiches« verfaßt wurde, straft all die Darstellungen nach 1945 in der Bundesrepublik Lügen, die zu beweisen versuchten, daß hier nur unter der drohenden Fuchtel der Gestapo oder Reichsschrifttumskammer Regimefreundliches zu Papier gebracht worden sei.

Nach dem Zweiten Weltkrieg verhielten sich die deutschen Professoren ähnlich wie nach 1919: Sie zogen sich in ihren Elfenbeinturm zurück, wuschen ihre Hände in Unschuld und beteuerten, selbst unpolitisch zu sein.

Doch wie verhielt sich die deutsche Studentenschaft? Vollzog sie dieses Mal den Bruch mit der Vergangenheit? Zog sie dieses Mal die Lehren aus ihrer Politik, die in die Katastrophe geführt hatte? Setzte sie sich dieses Mal für eine Reform der Universitäten ein? Kämpfte sie für eine Zerschlagung der alten Strukturen, für eine Neubestimmung der Inhalte, für die Entnazifizierung des Lehrkörpers? Für die meisten antifaschistischen Intellektuellen ebenso wie für viele Angehörige der Arbeiterorganisationen konnte die Antwort darauf am Umgang mit den schlagenden Verbindungen abgelesen werden. Würden sie erneut in den Reihen der Studentenschaft geduldet werden?

Diese Frage wurde zugunsten der Tradition entschieden. Die chauvinistische Clique der Alten Herren, die trotz Entnazifizierung erneut in die Macht- und Funktionseliten aufgestiegen oder in ihnen verankert waren, konnte sich durchsetzen. Unterstützt wurde sie dabei von den Studenten, die aus dem Krieg heimgekehrt waren und den Studienbetrieb nicht gefährdet sehen wollten: Sie forderten zügiges Weitermachen. Schon fünf Jahre nach Kriegsende und ein Jahr nach Gründung der Bundesrepublik riefen am 17. Juni 1950 Vertreter von 89 studentischen Verbindungen erneut die Deutsche Burschenschaft ins Leben mit dem Wahlspruch: »Ehre, Freiheit, Vaterland«.

Zwar wurden auch andere studentische Gruppen gegründet – unter anderem rief die SPD den SDS ins Leben, die Christdemokraten den RCDS, die Liberalen den LSD, gesellschaftliche Organisationen die ESG, die Evangelische Studentengemeinde, den GASt, den Gewerkschaftlichen Arbeitskreis der Studenten, den BDIS, Bund deutsch-israelischer Studiengruppen, oder die HSU, Humanistische Studentenunion – doch diese hatten bis in die 60er Jahre einen ähnlich geringen Einfluß wie ihre Vorgänger in der Weimarer Republik. Den Ton an den deutschen Universitäten gaben für fast zwei Jahrzehnte erneut diejenigen an, die in der national-konservativen rechten Tradition standen, die mit der Restauration von 1848 begonnen hatte.

2

Ein Bild der Erstarrung: verkrustete Bildung – statische Gesellschaft

Was die jungen 68er zwischen 1962 und 1965 nicht übersehen konnten, war die Tatsache, daß seitens der herrschenden Kreise in Wirtschaft und Politik an einem neuen Gesellschaftsmodell gebastelt wurde, in dem man auch für sie eine bestimmte Rolle vorsah. Denn viele Anzeichen sprachen bereits dafür – auch wenn dies noch nicht in das allgemeine Bewußtsein durchgesickert war –, daß die goldenen Zeiten des Wirtschaftswunders langsam zu Ende gingen. Der Traum von der nivellierten Mittelstandsgesellschaft oder der klassenlosen Wohlstandsgesellschaft, der die Phantasie so vieler professoraler Soziologenhirne angeregt hatte, begann zu zerbröckeln. Damit Westdeutschland aus der muffigen, stickigen Enge der Wiederaufbauphase ausbrechen und auf die Weltbühne treten konnte, um dort wieder eine angemessene wirtschaftspolitische Rolle zu spielen, mußten die Produktionsprozesse neu organisiert werden. Doch noch wichtiger war: Die Bundesrepublik mußte die bisherigen gesellschaftlichen und politischen Rahmenbedingungen ändern, damit dieses Ziel verwirklicht werden konnte. Andernfalls – dies war sowohl weitblickenden Industriekapitänen und ökonomisch versierten Politikern als auch

Intellektuellen der veröffentlichten Meinung klar – würden nicht nur die Profitraten rapide fallen und die Wachstumsgesellschaft zum Stillstand kommen: Die Arbeitslosigkeit drohte, sich zum Massenphänomen zu entwickeln und die mühsam aufgebaute Loyalität zu diesem Staat in breiten Bevölkerungsschichten zu zerstören. Es galt also drei Dinge zu verwirklichen: Erstens mußte mit Hilfe des Staates die deutsche Wirtschaft für den internationalen Wettbewerb umgebaut und fit gemacht werden; zweitens mußten, natürlich mit tatkräftiger Unterstützung der Politik, die arbeitende Bevölkerung und ihre Organisationen (sprich vor allem die Gewerkschaften) ohne große Widerstände in dieses Projekt einbezogen werden; und drittens – dies war eine lebenswichtige Aufgabe für Parteien, Massenmedien, Kirchen etc. – galt es die Loyalität der Massen zu sichern. Dies war vor allem in der Bundesrepublik – anders als beispielsweise in den USA – deshalb eine wichtige Aufgabe, weil man im Systemvergleich mit der DDR stand und dieser keine offenen Flanken beziehungsweise Einfallstore für sozialpolitische Propaganda liefern durfte.

Für das gesamte Projekt, das sich in diesen Jahren langsam herausschälte, wurde der Name »Formierte Gesellschaft« gewählt. Die Grundzüge und Leitlinien waren von Vordenkern des Bundesverbandes der Deutschen Industrie (BDI), dem mächtigen Zusammenschluß westdeutschen Kapitals, ausgearbeitet worden. Ein Wirtschaftsjournalist namens Rüdiger Altmann verfeinerte und formulierte es aus. Anschließend propagierte Ludwig Erhard es als sein ureigenstes Konzept zunächst auf

CDU-Parteitagen. Erhard, erst Wirtschaftsminister unter Adenauer, dann dessen Nachfolger als Bundeskanzler, galt in der Bundesrepublik als Vater des Wirtschaftswunders.

Ludwig Erhard umriß, verpackt in politischen Mystizismus, die Stoßrichtung des Konzepts folgendermaßen: »Das Ziel dieser Entwicklung, die ›Formierte Gesellschaft‹, ist das Gegenteil einer uniformierten Gesellschaft sozialistischer Prägung oder kollektivistischen Geistes. Sie ist nicht mehr von sozialen Kämpfen geschüttelt und von kulturellen Konflikten zerrissen; sie besteht überhaupt nicht mehr aus kämpfenden Gruppen und Klassen, die einander ausschließende Ziele durchsetzen wollen. Ihrem wahren Wesen nach ist sie vielmehr kooperativ, das heißt auf ein Zusammenwirken aller Gruppen und Klassen ausgerichtet. Das Ergebnis dieser Formierung ist ein vitales Verhältnis zwischen sozialer Stabilität und wirtschaftlicher Dynamik, kurz eine Gesellschaft des dynamischen Ausgleichs.«

Was Ludwig Erhard im März 1965 den versammelten CDU-Größen in Düsseldorf vortrug, bezeichnete der italienische Politologe Lelio Basso als »den ersten geschlossenen Entwurf eines idealen spätkapitalistischen Herrschaftssystems«[1]. Diese Konzeption fand nicht nur den Beifall der CDU, sondern wurde kurze Zeit später zur Grundlage der Regierungspolitik. Und sie blieb es auch dann noch – wenn auch mit anderen Etiketten versehen –, als anderthalb Jahre später die SPD innerhalb der

---

[1] Lelio Basso: Zur Theorie des politischen Konflikts. Frankfurt/Main 1969.

Großen Koalition an der Macht beteiligt war. Da die Grundgedanken in immer neuen Variationen bis in die 90er Jahre wirken und die gesellschaftliche Entwicklung der Bundesrepublik wie des wiedervereinten Deutschland bis heute bestimmen, ist es wichtig, einige Aspekte etwas näher zu beleuchten. Dies geschieht nicht nur aus dem Grund, weil die 68er massiv dagegen Sturm liefen – wenn auch größtenteils vergeblich –, sondern weil dargelegt werden soll, warum sie diese Richtung für falsch hielten und mit dieser Meinung auf ziemlich isolierten Posten standen.

Die Vorstellungen der Manager in den großen Konzernen, daß die industrielle Gesellschaft insgesamt als Großbetrieb angesehen werden sollte, umriß einer ihrer Vordenker, Erik Voegelin, in einem Vortrag mit dem bezeichnenden Titel »Die unternehmerische Verantwortung in unserer Gesellschaftsordnung« folgendermaßen:

»Im Kern des Problems steht die Steigerung des Wohlstandes für alle Mitglieder der Gesellschaft durch die Steigerung der technischen Produktivität und die Rationalisierung des Arbeitsprozesses. Diese Steigerungen sind aus betriebstechnischen Gründen notwendig mit dem Anwachsen der wechselseitigen Abhängigkeit aller Sektoren der Gesellschaft vom sachrationalen Arbeiten in den jeweils anderen Sektoren verbunden. Das Phänomen, das Karl Marx so sehr erregte, nämlich die Abhängigkeit des Industriearbeiters in seiner materiellen Existenz vom Funktionieren eines Betriebs, an dem er kein Eigentumsrecht und über den er keine Kontrolle hat, ist zum allgemeinen Phänomen der Interdependenz geworden, ohne daß dadurch die einzel-betrieblichen Probleme beseitigt wären. Die moderne Industriegesellschaft ist ein Gesamtunternehmen, mit Dispersion der unternehmerischen Initiative auf Personen und Verbände, Industrieunternehmen im engeren Sinne und Gewerkschaften, öffentliche und private Bürokratien, Manager, Werbe-, Informations- und Kommunikationsdienste, Organisationen des Verkehrswesens, Schulsysteme, Organisationen der Forschung durch Universitäten, durch Wirtschaftsunternehmen und auch durch die Regierung, die Gesetzgebung für die Sozial- und Wirtschaftsordnung, die Organisation der Regierung und Parlamente, die internationalen Organisationen und viele ähnliche Einrichtungen. In diesem Sinne haben wir von einer Demokratisierung der Unternehmerfunktion gesprochen. – Das Gesamtunternehmen, genannt Industriegesellschaft, hat jedoch, eben wegen der Dispersion der Unternehmerfunktion, die Eigentümlichkeit, im Ganzen ein Unternehmen ohne Unternehmer zu sein. Es kann nur bestehen, wenn alle zur sachlichen Leistungsfähigkeit erforderlichen unternehmerischen Initiativen freiwillig-kooperativ erbracht werden. Das ist wiederum nur möglich, wenn die zur Kooperation erforderlichen Institutionen der Information, der Kommunikation, der Beratung und des Interessenausgleiches adäquat organisiert sind. Möglich ist es auch nur, wenn niemand, selbst im Falle größerer Meinungsverschiedenheiten, die Kooperation ernstlich verweigert. Vor allem ist es nur möglich, wenn das fundamentale gegenseitige Vertrauen, das auf der gemeinsamen Anerkennung geistiger Ordnung beruht, nicht radikal durch Ideologien und gnostische Verteuflungspsychologie gestört wird. Ganz offenbar erfordert eine Industriegesellschaft für ihr Funktionieren in demokratischer Form von ihren Mitgliedern ein sehr hohes Maß nicht nur von unternehmerischer Initiative, sondern auch von Disziplin der Zusammenarbeit. Sie ist kein soziales Milieu, in dem schrullige Ideen, Käuze und ›Herren im eigenen Haus‹ (hier waren explizit Vorstellungen der rebellierenden Studenten gemeint, Anm. d. Autors) in verantwortlichen Positionen geduldet werden können.« Und er beschließt seinen Vortrag mit einer Drohung an die politisch und gewerkschaftlich Verantwortlichen: »Wenn die Kooperation in demokratischer Form versagt und es zu ernstlichen Störungen des Unternehmens kommt, in deren Gefolge größere Sektoren der Gesellschaft in ihrer materiellen Existenz bedroht sind oder sich bedroht fühlen, besteht die Gefahr, daß dieses Unternehmen sich einen Unternehmer gibt..., daß

Die Stoßrichtung der Ausführungen war klar. Die Wucherungen des Pluralismus sollten beschnitten werden. Die »Formierte Gesellschaft« wurde verstanden als eine Gesellschaft, die sich auf befestigte, am Gemeinwohl orientierte Gruppen stützt, die über ein gesamtgesellschaftliches Bewußtsein verfügen. Sie mußte auf dem freien Zusammenwirken aller Gruppen und Interessen bestehen, die sich gesamtgesellschaftlichen Zielen unterordnen. Ludwig Erhard formulierte es folgendermaßen: »Wir brauchen die verpflichtende Hingabe an das Staatsganze.«[3] Doch das bedeutete nichts anderes als die verpflichtende Unterordnung des Bürgers unter die Obrigkeit, unter den Staat als ein höheres Ganzes, unter das abstrakte Ziel des Gemeinwohls. Dieses durfte freilich nicht aus einer Addition der Interessen der einzelnen existierenden gesellschaftlichen Gruppen bestehen, wie Rüdiger Altmann vor der christlich-sozialen Kollegenschaft eindringlich mahnte: »Die Dynamik der Wirtschaft, die Konzentration auf eine fortdauernde Erhöhung der Leistung und die Nutzbarmachung des technischen und wirtschaftlichen Fortschritts innerhalb der kapitalistischen Wirtschaft darf nicht in die Formierung der Gruppen ein-

---

[2] Eric Voegelin: Demokratie und Industriegesellschaft. Veröffentlichung der Wetter-Raymond-Stiftung Bd. 4.

[3] Ludwig Erhard: Deutsche Wirtschaftspolitik. Der Weg zur sozialen Marktwirtschaft. Frankfurt/Main 1962.

bezogen, ihr nicht untergeordnet werden. Dieser Tendenz liegt die Vorstellung zugrunde, eine umfassende Sozialpolitik solle die Wirtschaft in den Griff bekommen ... Die Strategie des sozialen Ausgleichs in der ›Formierten Gesellschaft‹ muß gerade das vermeiden, muß gerade die Dynamik der Wirtschaft erhalten.« Oder: »Das Sozialsystem der ›Formierten Gesellschaft‹ ist nur zu schaffen, wenn der labile Status quo durchorganisiert und rationalisiert wird, wobei seine Teilhaber ihres Egoismus zu entwöhnen und einer stärkeren Disziplinierung zu unterwerfen sind.«[4]

Die Studenten der 68er-Generation erkannten den hier offen dargelegten Anspruch einer Gruppe, nämlich der Großkonzerne, die Leitlinien der gesellschaftlichen Entwicklung in der Bundesrepublik zu bestimmen. Und es kam für sie darin noch etwas anderes zum Ausdruck. Auch wenn den Arbeitnehmerverbänden oder anderen Organisationen nicht schlechthin das Recht abgesprochen wurde, ihre gesellschaftlichen Interessen zu vertreten, so wurden diese Ansprüche doch in den Rahmen gestellt, den das Funktionieren des gewünschten Systems absteckte und der im übrigen identisch zu sein hatte mit den Interessen der Wirtschaft. Dem Staat kam dabei lediglich die Aufgabe zu, die Stabilität der Gesellschaft zu sichern: »Diese Gesellschaft wird die staatliche Autorität soweit stärken, daß notwendige Reformen und die Festsetzung von Prioritäten bei der Lösung von Gemeinschaftsaufgaben Anerkennung finden und damit

---

[4] Rüdiger Altmann. In: Gesellschaftspolitische Kommentare, 15. Mai, 10/1965.

politisch möglich werden. Die Regierung im Verteilerstaat hat mehr Recht auf Autorität als frühere parlamentarische Regierungen.«[5]

Hatte man einst die Wettbewerbswirtschaft und -politik als Garanten des gesellschaftlichen Wohlstands und als Basis der sozialen Marktwirtschaft gepriesen, so vollzog man jetzt eine ziemlich abrupte Abwendung von diesen Prinzipien. »Nach der Phase des Aufbaus ist das Ziel der nächsten Jahre die Reform der deutschen Demokratie.« (L. Erhard) Und das hieß, daß die Formierung der Gesellschaft »unter dem Gesichtspunkt des allgemeinen Wohls« stand – und zu dessen Realisierung auch »moderner Techniken des Regierens und der politischen Willensbildung« bedurfte (Bundeskanzler Erhard in seiner Regierungserklärung von 1966). Damit vollzog die Exekutive das, was der BDI schon seit längerer Zeit in seinen Jahresberichten gefordert hatte; seine Konzeption wurde im Regierungsprogramm als Weg zum »Wohl der Allgemeinheit« dargestellt. Und, was für die Großkonzerne ebenso wichtig oder noch wichtiger war: Die Parteien und die Exekutive hatten sich ihre Forderung zur Aufgabe gemacht, die lästig gewordenen Relikte liberaler Konkurrenzmodelle aus der Welt zu schaffen, ohne freilich

---

[5] Rüdiger Altmann: Das Erbe Adenauers. Eine Bilanz. München 1963.
  Zu Rüdiger Altmann und den hier vorgetragenen Gedanken siehe auch: Rüdiger Altmann: Die Formierte Gesellschaft beschwört keinen Mythos. In: Handelsblatt Nr. 122, Jg. 21. Ders.: Parlament und Regierung im Verteilerstaat. Die Strategie des Ausgleichs – Interpretation einer Formel = Formierte Gesellschaft. In: Handelsblatt Nr. 123 Jg. 21. Ders: Gesellschaftspolitische Kommentare. Sonderdruck: Formierte Gesellschaft, Heft 3/4. Bonn 1965. Rüdiger Altmann; Johannes Gross: Die neue Gesellschaft. Bemerkungen zum Zeitbewußtsein. Stuttgart 1958.

die Vorrangstellung der Unternehmen in der Gesellschaft zu brechen. Zwar hatte die CDU die Wünsche der Industrie erkannt, aber indem Erhard sie artikulierte, hatte er sich selbst entmachtet, weil ihm das wirtschaftspolitische Instumentarium fehlte. Es blieb in der Folge der Großen Koalition vorbehalten, dieses dirigistische Programm zu realisieren. Die Umdeutung der neuen Bedürfnisse der Wirtschaft, die sich durch enorme Konzentrationsprozesse stark verändert hatte, in Bedürfnisse der Gesellschaft wurde danach unter der sozial-liberalen Koalition fortgeführt.

Für die 68er hatten die geplanten Veränderungen doppelte Auswirkungen: einerseits für sie als Studenten, andererseits als Universitätsabsolventen im zukünftigen Beruf. Weil der Ausstoß der Hochschulen sowohl an wissenschaftlich ausgebildetem Personal sowie auch an Wissen und Forschungsergebnissen erhöht werden sollte und mußte, wuchs der Druck enorm an. Die Studienzeiten sollten verkürzt werden, um in knapperer Zeit mehr akademisch ausgebildete Arbeitskäfte in Industrie und im Dienstleistungsbereich zur Verfügung zu haben; die Studentenmasse sollte bei nahezu konstant bleibendem Lehrpersonal wachsen, was die Studien- und Lernbedingungen drastisch verschlechterte; der Lernstoff sollte gestrafft, spezifiziert und vergrößert werden, was den Prüfungsdruck verschärfte. Als wissenschaftlich-technische Intelligenz sollten die Studienabgänger in der Wirtschaft dafür sorgen, daß in wachsendem Maße Wissen in Technologie umgesetzt wurde, um es auf diese Weise für den Produktionsprozeß direkt nutzbar zu machen.

Aus dieser unmittelbaren Einbindung in den ökonomischen Wachstumsprozeß folgte jedoch nicht nur eine neue Funktion, sondern auch ein neuer sozialer Status: der des akademischen Arbeitnehmers. Der typische »white collar worker« sollte sich vom Arbeiter im Blaumann, dem »blue collar worker«, eigentlich nur noch durch seine höhere Position in der betrieblichen Hierarchie und seinem wesentlich höheren Verdienst unterscheiden. Dies bedeutete auch den Abschied von der Tradition, nach der der Universitätsabsolvent bisher automatisch Aufnahme in die gesellschaftlichen Eliten gefunden hatte.

Aber es waren nicht die Aussichten des sozialen oder gesellschaftlichen Abstiegs, die die 68er störten, sondern die Tatsache, daß ungefragt über ihre Zukunft verfügt wurde. Nicht der drohende Verlust der Privilegien, deren Abschaffung sie ja selbst forderten, machte sie rebellisch, sondern die Tatsache, daß ein paar Hundert Personen aus Wirtschaft und Politik über sie bestimmten, als seien sie bloße Zinnsoldaten in einem Planspiel oder verschiebbare maschinelle Produktionseinheiten in einem Betrieb. Sie prangerten den ungerechtfertigten Anspruch der Besitzenden und ihrer politischen Vertreter an, bestimmen zu können, wie die Menschen sich in dieser Gesellschaft zu verhalten und ihre berufliche Zukunft zu planen hätten. Die Realisierung dieses Vorhabens sollte zumindest nicht ohne studentische Gegenwehr umgesetzt werden.

Die Studenten bestanden darauf, daß die bundesrepublikanische Gesellschaft auf dem Grundgesetz basierte, das die »freie Entfaltung der Subjekte« garantiere. Die hier festgeschriebenen Rechte des einzelnen dürften nicht einfach durch die Macht des Faktischen oder des wirtschaftlich Stärkeren ausgehebelt werden.

Doch wie schnell und unreflektiert die politisch und institutionell für Forschung und akademische Ausbildung zuständigen Gremien bereit waren, die Ziele der Regierung umzusetzen, zeigte sich in den »Richtlinien des Wissenschaftsrats«, der im Mai 1966 mit einer »Neuordnung des Studiums« auf den Plan trat und im Juli 1967 seine Vorstellungen zur »Entwicklung der Hochschulen« veröffentlichte. Wie verhältnismäßig brav, harmlos und gesellschaftspolitisch teilweise sogar naiv der Verband der Deutschen Studentenschaft (VDS) darauf reagierte, zeigt seine Stellungnahme zu diesen »Empfehlungen« des Rates.

Anzumerken ist noch, daß viele Studenten, vor allem im SDS, zu diesem Zeitpunkt schon wesentlich radikaler dachten. Der VDS, als Dachorgan der verfaßten Studentenschaft, spiegelte jedoch das bis dahin erreichte Durchschnittsbewußtsein der Studierenden wider. Es gilt auch vorauszuschicken, daß es im Laufe der Auseinandersetzungen nicht bei diesen braven Tönen blieb. Denn die Studenten mußten bald feststellen, daß es die Gegenseite in der Universität und der Politik gar nicht interessierte, was sie an sachlich begründeten Argumenten vorbrachten, sondern daß diese stur auf ihrer einmal eingeschlagenen Marschroute weitermarschierte. Während einer Vollversammlung an der Freien Universität Berlin drückte es ein damaliger Student der Germanistik, der heutige Schriftsteller Peter Schneider, folgendermaßen aus: »Wir haben ruhig und ordentlich eine Universitätsreform gefordert, obwohl wir herausgefunden haben, daß wir gegen die Universitätsverfassung reden können, so viel und so lange wir wollen, ohne daß sich ein Aktendeckel hebt; aber daß wir nur gegen die baupolizeilichen Bestimmungen zu verstoßen brauchen, um den ganzen Universitätsaufbau ins Wanken zu bringen. Da sind wir auf den Gedanken gekommen, daß wir erst den Rasen zerstören müssen, bevor wir die Lügen über Vietnam zerstören können, daß wir erst die Hausordnung brechen müssen, bevor wir die Universitätsordnung brechen können. Da haben wir es endlich gefressen, daß wir gegen Prüfungen, in denen man nur das Fürchten, gegen Seminare, in denen man nur das Nachschlagen lernt – daß wir gegen den ganzen alten Plunder am Sachlichsten argumentieren, wenn wir aufhören zu argumentieren und uns hier in dem Hausflur auf den Fußboden setzen.«[6]

Die Kritik des VDS an den Empfehlungen des Wissenschaftrats wurde in 23 Punkten unter dem Titel »Vergangenheitsbewältigung als Zukunftsversäumnis« veröffentlicht. Unter Punkt drei heißt es:

»Daß die Empfehlungen des Wissenschaftsrats nicht geeignet sind, Maßnahmen über die bessere Auslastung der bestehenden Einrichtungen einzu-

---

6 Peter Schneider: Redebeitrag auf einer FU-Vollversammlung. Wieder abgedruckt in: Der Spiegel Nr. 23, 1997.

leiten; nicht geeignet sind, als Richtlinien für den notwendigen Ausbau von Hochschulen herangezogen zu werden; nicht geeignet sind, der lange geforderten Reform der Struktur des Lehrkörpers und der Hochschule zum Durchbruch zu verhelfen; nicht geeignet sind, durch eine konsequente Förderung aller Studierfähigen den Ausbildungsstand der Gesamtgesellschaft so zu verbessern, daß er den Anforderungen einer demokratischen Gesellschaft gerecht werden kann«. Nachdem der VDS in den Punkten vier und fünf Widersprüche in den Gutachten des Wissenschaftsrats aufgedeckt hatte, kommt er in Punkt sechs zu der Feststellung: »Der Wissenschaftsrat hört damit endgültig auf, Schrittmacher einer expansiven Bildungspolitik zu sein. Dies, obwohl er im ersten Teil der Empfehlungen feststellen muß, daß seine 1960 vorgelegte Vorausschätzung über die Entwicklung der Studentenzahlen zu niedrig und damit falsch war; daß der Bau neuer Universitäten keine nennenswerte Entlastung gebracht hat und auch nicht bringen wird, weil er nicht im erforderlichen Maße vorangetrieben wurde und wird; daß sich der Andrang zu den Hochschulen bis 1980 weiterhin verstärken wird, so daß mit einer Verdoppelung der gegenwärtigen Studentenzahlen auf circa 600 000 gerechnet werden muß.« In Punkt sieben heißt es: »Lakonisch stellt der Wissenschaftsrat fest, daß ›die Ausbildungsmöglichkeiten nicht

genügen und Studienbeschränkungen nicht zu vermeiden‹ sein werden.« Und weiter: »Der Wissenschaftsrat schlägt statt eines wirksamen Ausbaus
der Hochschulen einen Abbau der Studentenzahlen vor; dafür nennt er zwei für ihn entscheidende
Gründe: 1. Nachwuchsmangel; 2. Erhaltung der
wissenschaftlichen Qualität.« Als Erwiderung auf
das Argument Nachwuchsmangel führt der VDS
dann aus: »Der Wissenschaftsrat behauptet, daß
kein ausreichender wissenschaftlicher Nachwuchs
vorhanden sei, um die benötigten Stellen zu besetzen. Als Beweis dafür legt er Statistiken über
die Entwicklung der Habilitationen und Promotio-
nen zwischen 1960 und 1965/66 vor. Der Nachweis des Nachwuchsmangels gelingt ihm aber anhand des überholten Kriteriums Habilitation nur in
den Fächern Germanistik, Anglistik, Romanistik und
Wirtschaftswissenschaften. Der Wissenschaftsrat
hat bei seinen Berechnungen nicht berücksichtigt,
daß außer in den technischen auch in den übrigen
Wissenschaften Nicht-Habilitierte berufen werden
können (sonst hätte er kaum zu dem Schluß kommen können, daß zu wenig Nachwuchskräfte vorhanden seien); daß durch den – zumindest zwischen den Zeilen – geforderten Verzicht auf das
Habilitationsverfahren die Zahl der geeigneten
Lehrpersonen rasch vermehrt werden könnte.«
Der VDS vertritt daher in Punkt elf »die Auffassung,
daß der erste Ausgangspunkt der Überlegungen

des Wissenschaftsrats – die schlechte Nachwuchslage verbiete eine Kapazitätserweiterung – nicht haltbar ist«. Was das Argument der Erhaltung der wissenschaftlichen Qualität anbetrifft, so geht der VDS darauf folgendermaßen ein: »Den zweiten Ausgangspunkt seiner Überlegungen ... nimmt der Wissenschaftsrat selbst wenig ernst, wie das folgende Beispiel zeigt: Auf den Seiten 64 und 65 stellt der Wissenschaftsrat mit Nachdruck fest, daß gerade die Ausbildung der Lehrer, die ihrerseits für die Ausbildung der nächsten Generation von Studienanfängern verantwortlich sind, unter der Überfüllung der Fakultäten leiden muß; daher sei gerade in diesen Massenfächern die Beschränkung der Studentenzahlen besonders akut: ›Dem drohenden circulus vitiosus – mangelhafte Ausbildung der künftigen Lehrer, nicht hinreichende Vorbildung der künftigen Studenten durch diese Lehrer in den Schulen – muß mit allen Mitteln gewehrt werden.‹ Auf Seite 108 meint er hingegen: ›Aus bildungspolitischen Gründen wird es nicht überall angängig sein, die Zahl der zuzulassenden Studienbewerber zu beschränken. Besonders im Bereich der für die Ausbildung von Lehrern an Gymnasien wichtigen Disziplinen ist eine drastische Einschränkung der Studienanfänger aus Gründen des anhaltenden Bedarfs an Absolventen nicht vertretbar‹.« Und weiter: »Auch die Feststellung des Wissenschaftsrats, daß ›das Fehlen einer der Habilitation äquivalenten Einrichtung die stürmische Entwicklung der Wissenschaft in anderen Ländern in keiner Weise beeinträchtigt‹ hat, macht die Unhaltbarkeit seiner Befürchtungen deutlich. Der Wissenschaftsrat orientiert sich in seinen Berechnungen nicht an den Möglichkeiten von morgen, sondern an den Versäumnissen von gestern. Ein großer Mangel der vorliegenden Empfehlungen des Wissenschaftsrats liegt im Fehlen jeglicher Vorschläge zur Reform der überholten Struktur der Hochschulen. Folgt man dem Berechnungsmodell des Wissenschaftsrats bei der Feststellung der Kapazitäten, so offenbart sich schon allein an der Methode dessen Festhalten an dem hierarchischen Aufbau der Hochschulen: Als Grundeinheit und Maßstab für jede weitere Berechnung wird der Lehrstuhl eingesetzt. ... Diese Modellschematik bewegt sich eindeutig von oben nach unten, sie orientiert sich ausschließlich am traditionellen Aufbau der Hochschulen und läßt vor allem den Gesichtspunkt der Nachfrage nach Studienplätzen vollkommen unberücksichtigt. Die Hochschulen haben für den Wissenschaftsrat in erster Linie die Aufgabe der Forschung; dies wird im Empfehlungsteil Sonderforschungsbereiche besonders deutlich: von 16 Druckseiten widmet der Wissenschaftsrat der Lehre 14 lapidare Zeilen, in denen er lediglich feststellt, daß die Lehre in den Sonderforschungsbereichen problematisch ist.«

Der VDS stellt dann zusammenfassend fest: »1. Der Wissenschaftsrat hat seine Behauptung, das Fehlen von Nachwuchskräften erlaube keinen weiteren Ausbau der Hochschulen, nicht glaubhaft begründet. 2. Die Gefahr eines Qualitätsverlustes der wissenschaftlichen Ausbildung in den Hochschulen hat der Wissenschaftsrat beschworen, jedoch nicht überzeugend belegt. Der VDS hätte vom Wissenschaftsrat erwartet, daß er bildungspolitisch derart weitreichende Empfehlungen, wie Numerus clausus und Ausbau- und Planungsstop der wissenschaftlichen Hochschulen bis 1970 mit wissenschaftlicher Gründlichkeit und Redlichkeit erstellt. Das ist nicht geschehen.«[7]

Zum Verständnis nachzutragen bleibt, daß der 1957 gegründete Wissenschaftsrat, dessen Aufgabe darin bestand, »Gesamtpläne für die Förderung der Wissenschaft« zu erarbeiten, kein Gremium der deutschen Universitäten war, sondern eine gemischte Kommission aus Professoren, Ministerialbeamten und Persönlichkeiten des öffentlichen Lebens. Den 16 von Professoren gewählten Professoren standen 17 Regierungsbeamte zur Seite, und das »öffentliche Leben« wurde von sechs Persönlichkeiten repräsentiert, die allesamt aus den Chefetagen deutscher

---

[7] Verband Deutscher Studentenschaft (Hrsg.): Der Wissenschaftsrat orientiert sich nicht an den Möglichkeiten von morgen, sondern an den Versäumnissen von gestern. In: Information aus der Studentenschaft (Sonderausgabe), 22.9.1967.

Konzerne stammten (darunter BASF, Thyssen, Bosch und Siemens). Es ist bezeichnend für jene Zeit, daß Wirtschaft mit Unternehmen gleichgesetzt wurde und daß diese Unternehmen, die für jeden offensichtlich ihre Partikularinteressen verfolgten, das »öffentliche Leben« repräsentierten, wenn über die Planung und Mittelvergabe von und für die Wissenschaft entschieden wurde. Die Feststellung der 68er, »nicht die Öffentlichkeit ist hier repräsentiert, sondern ein knappes Hundert Großkapitalisten«, traf daher den Kern der Sache.

3

Morsche Obrigkeit: Demokratielüge und hilfloser Antifaschismus

Die Art und Weise, wie die Pläne zur »Formierten Gesellschaft« zustande gekommen waren und wie sie in die Praxis umgesetzt werden sollten und zum Teil auch wurden, machte die 68er für die Zwischentöne im Herrschaftsgefüge der Bundesrepublik hellhörig. Auch sie waren mit der offiziellen Ideologie des Kalten Krieges und des Wirtschaftswunders aufgewachsen, und man hatte ihnen beigebracht, daß Macht und Herrschaft in der Demokratie keine Rolle mehr spielen, sondern sich auf Konzepte beziehen, die der Vergangenheit angehören. Es galt die offizielle Meinung, daß in einer verwirklichten sozialen Marktwirtschaft das Recht des Stärkeren, der Sozialdarwinismus, abgeschafft sei und jeder den Platz in der Gesellschaft einnehmen könne, der seinen Fähigkeiten entspreche. Die Erbbarkeit von Macht und Privilegien schien gebrochen – alles zum Wohl des gesellschaftlichen Ganzen. Doch dieses bewußt in Harmoniekategorien festgehaltene und gut verschnürte Ordnungsdenken wurde den Studenten zunehmend suspekt und hielt ihrer kritischen Analyse nicht stand. Zwar hatten zahlenmäßig kleine hochschulpolitische Gruppen wie der SDS diese Ideologie schon seit ihrer Gründung

1946 theoretisch immer bekämpft, doch ihr Einfluß war – wie schon erwähnt – im Adenauerstaat äußerst gering.

Sehr schnell stellten die kritischen Studenten fest, daß sie mit Denkkategorien arbeiteten, die auf sehr schönen und scheinbar widerspruchsfreien Modellen beruhten, die aber mit der sie umgebenden Realität wenig zu tun hatten. Was sie – zum Teil mit tatkräftiger Unterstützung und unter Anleitung des SDS – entdeckten, als sie sich der Entschleierung der tatsächlich herrschenden Verhältnisse zuwandten, kam einer großen Desillusionierung gleich. Doch es blieb nicht bei der enttäuschenden und enttäuschten Feststellung, daß alles ganz anders war, als man ihnen in Schule, Elternhaus und öffentlichen Medien vorgegaukelt hatte. In der Folge widmeten sie sich der Aufarbeitung der tatsächlichen Zustände einschließlich ihrer Situation als Studenten oder im weiteren Sinne als Staatsbürger.

Worauf sie zwangsläufig zuerst stießen, war das Konzept der Demokratie und die Rolle, die Parlament und Parteien darin spielten. Zwangsläufig deshalb, weil die 1959 eingeführte Wiederbewaffnung mit dem allmählichen Erstarken militärischen und militaristischen Denkens jetzt auch auf sie durchschlug und weil die nach offizieller Version längst verschwundenen »Nazis« und »Schwarzhemden« überall in der Gesellschaft bis in die höchsten Etagen und in die Spitzen staatlicher Institutionen hinein wieder stolz ihr Haupt zeigten. Zudem sollte eine eventuelle mangelnde Massenloyalität mit Zwangsmaßnahmen beantwortet werden, wofür der Staat schon seit Jahren mit den »Notstandsgesetzen« versuchte, eine rechtliche Grundlage zu schaffen. Nicht zuletzt sollte die »Opposition« – zumindest formal im Parlament als letztes Relikt verblieben – gänzlich aus der bundesrepublikanischen Wirklichkeit verschwinden, denn die SPD drängte planmäßig aus dieser Rolle heraus und in die »Große Koalition« hinein, die dann auch am 1. Dezember 1966 Wirklichkeit wurde.

Im Parlament, so konnten die Studenten dem Grundgesetz entnehmen, kommt die demokratische Willensbildung zu ihrem Abschluß, der Bundestag ist beziehungsweise soll »die repräsentative Stätte der Umformung der öffentlichen Meinung in politischen Gesamtwillen sein«. Das Parlament, so steht dort, sei die Vertretung des deutschen Volkes und die in ihm stattfindenden Aussprachen und Debatten sollten dem Bürger die wirkliche politische Lage verdeutlichen und an das Gewissen des Volkes appellieren, ohne sich »vom politischen Wollen des Volkes zu lösen«. Nur wenn das Parlament, so die offizielle Lesart, einen entscheidenden Platz im Machtgefüge habe, würde die Demokratie der Gefahr entgehen, zum Obrigkeitsstaat zu werden.

Zwar vernahmen die 68er diese Botschaft, doch fehlte ihnen der Glaube daran. Sie waren bereit, der Überlegung Ernst Fränkels zu folgen. Dieser meinte, daß das Gemeinwohl »die Resultante darstelle, die sich jeweils aus dem Parallelogramm der ökonomischen, sozialen, politischen und ideologischen Kräfte einer Nation dann ergibt, wenn ein Ausgleich angestrebt und erreicht wird, der objektiv den Mindestanforderungen einer gerechten Sozialordnung entspringt und subjektiv von keiner maßgeblichen Gruppe als Vergewaltigung empfunden wird«. Doch in der Realität konnten sie nicht erkennen, daß die »Mindestanforderungen einer gerechten Sozialordnung« eingehalten wurden, und ihnen waren außerdem viele Menschen bekannt, die sich »vergewaltigt« vorkamen. Beobachten konnten sie allerdings das genaue Gegenteil: Die »Sachgesetzlichkeit« der Wirtschaftsprozesse setzte sich durch, und alles wurde darauf abgestimmt, ohne störenden Einfluß von außen die Planung der Marktwirtschaft zu betreiben. Das Ziel dieses Vorgehens bestand in dem ständigen Wachstum des Sozialprodukts und der Maximierung der Gewinnraten. Anders ausgedrückt: Nicht die Demokratisierung der Gesellschaft stand auf der Tagesordnung, sondern die Sicherung der Wachstumsgesellschaft unter der Leitung der Konzerne. Damit die Bürger an diesem Ziel tatkräftig mitwirkten, wurde es als Allgemeinwohl ausgegeben. Und wie war es angesichts dieser Tendenzen um die Volksvertretung, das höchste Organ, bestellt?

Selbst unter den Beobachtern, die man kaum linker Ideologien verdächtigen konnte, bestand weitgehende Einigkeit darüber, daß der Widerspruch zwischen der verfassungsrechtlichen Stellung des Bundestags – das höchste gesetzgebende Kontrollorgan der Regierung zu sein und vor allem eine Plattform für grundsätzliche politische Debatten und Entscheidungen zu bilden – und seiner tatsächlichen Ohnmacht offen hervortrat. So wurden in den ersten drei Wahlperioden des Bundestags von Regierungsseite 1319 Gesetzesentwürfe vorgelegt und davon 1108 verabschiedet. Der Bundesrat brachte

54 Entwürfe ein, von denen 21 verabschiedet wurden; der Bundestag selbst aber legte 822 vor, von denen 347 Annahme fanden. Der scheinbar hohe Anteil der Parlamentsinitiativen relativiert sich jedoch, wenn man allein die Zahl der verabschiedeten Gesetze betrachtet: 75 Prozent beruhten auf den Entwürfen der Bundesregierung und nur 23 Prozent hatten ihren Ursprung in der gesetzgebenden Volksvertretung. Für die Entwürfe der Exekutive ergab sich also eine Erfolgsquote von 84 Prozent, für die Vorschläge des Bundestags dagegen von nur 42 Prozent. Dabei berücksichtigen diese Zahlen noch nicht einmal, daß die Initiativen, die aus den Reihen der Regierungsparteien hervorgingen, ebenfalls von der Ministerialbürokratie ausgearbeitet worden waren.

So konnte es denn auch nicht sonderlich verwundern, daß nach einer internen Statistik des BDI dieser rund 83 Prozent seiner Eingaben direkt an die Ministerien, jedoch nur acht Prozent an den Bundestag und Bundesrat adressiert hatte. Die meisten wichtigen Entscheidungen vollzogen sich neben dem Parlament. Gert Schäfer erzählte in seiner Schrift »Aufgaben einer Parlamentsreform« den damaligen Ablauf folgendermaßen: »Die Bundesregierung läßt einen Entwurf ausarbeiten, als Referentenentwurf geht er den Fachverbänden zu, es beginnt die öffentliche Diskussion. Der Bundestag ist nicht beteiligt. Die Regierung befaßt sich dann mit dem Resultat der öffentlichen Aussprache; das Ergebnis ist ein Gesetzentwurf, der dem Bundestag zugeleitet wird.« Ein damaliger Abgeordneter drückte das so aus: »Wir sind völlig in der Hand der Ministerialbeamten. Wenn es sich um loyale Beamte handelt, dann ist die Sache gut. Aber ich möchte doch einmal klarmachen, daß man heutzutage als sogenannter Gesetzgeber, als Legislative, in so hoch qualifizierten und differenzierten Materien, wie es hier der Fall ist, einfach aufgeschmissen ist ohne die Hilfe der Verwaltung.«[1] Die Schlußfolgerung lag also nahe: Wenn das Parlament seine Tätigkeit weitgehend in die Ausschüsse, Fraktionen und Arbeitskreise verlagert und sich so der Öffentlichkeit entzieht, dann degradiert es sich selbst zu einem kryptobürokratischen Kollegialorgan und erklärt die eigenen Auswahlprinzipien zur Farce. Ein damaliger CDU-Abgeordneter beschrieb den Ablauf denn auch mit den Worten: »Die Regierung setzt sich über die Ministerialbürokratie mit den betroffenen Interessenverbänden zusammen und vereinbart mit ihnen einen Gesetzestext. Diesen ausgehandelten Gesetzestext legt sie dann dem Bundestag vor und erwartet von ihm, daß er das Abkommen einfach ratifiziert, ohne auch nur ein Wort daran zu ändern, als ob es ein Handelsvertrag mit einer auswärtigen Macht wäre.«[2]

Die Koalitionsfraktionen, die in den Ausschüssen über die Mehrheit verfügten, übten verständlicherweise selten Kritik an der Regierung, die aus ihren Reihen hervorgegangen war. Zudem verfügten die Koalitionsparteien nicht nur über bessere Informationen, sondern besaßen

---

[1] Helmut Schmidt: Rede vor dem Bundestag am 23.3.1955.
[2] Zit. nach Klaus Kroger: Staat und Verbände. In: Aus Politik und Zeitgeschichte. Bonn 1966. Siehe auch: Friedrich Schäfer: Vorschläge zu einer Parlamentsreform. In: Aus Politik und Zeitgeschichte. Beilage zur Wochenzeitung Das Parlament 1/67 vom 4.1.1967.

auch ein Übergewicht in den Massenmedien, wodurch die informierende Funktion, die ja als wichtige Aufgabe des Parlaments bezeichnet wurde, entsprechend verkümmerte. Oder, wie es ein damaliger CDU-Abgeordneter, der anonym bleiben wollte, ausdrückte: »Die Abgeordneten hinken dem Prozeß der Meinungsbildung nach, anstatt ihm voranzugehen. Das hohe Haus überging die wichtigsten politischen Ereignisse der letzten Jahre entweder mit verlegener Sprachlosigkeit oder mit wortreichen Erklärungen; debattiert wurde nicht.«[3]

Die Folge: Die Chefs des Regierungskabinetts konzentrierten alle Macht auf sich, und die politische Auseinandersetzung verkam zu einem Rededuell zwischen den Fraktionsführern. Da zur Aufrechterhaltung des parlamentarischen Regierungssystems die Fraktionsdisziplin für unerläßlich und notwendig erklärt wurde, konnten die Fraktionschefs die Abgeordneten wie Marionetten behandeln. Da es die einzelnen Abgeordneten angesichts dieser Lage nur als Experten in der Hierarchie zu etwas brachten, vergrößerte sich die Macht der Spezialisten immer mehr. Der Publizist Johannes Gross schrieb: »Der Bundestag wird Parlament genannt, aber er versteht sich nicht so. ... Die meisten Abgeordneten fühlen sich als Fachleute einer bestimmten Sparte der Gesetzgebung, und sie sind es auch oft; als Parlamentarier im überlieferten Verstande fühlen sie sich nicht.«[4] Nur ein geringer Prozentsatz der Abgeordneten nahm im Plenum

---

[3] Siehe Handelsblatt vom 5.10.1965.
[4] Johannes Gross: Die Deutschen. Frankfurt/Main 1967.

zu mehr als einem Thema – nämlich ihrem Spezialgebiet – Stellung. »Mit Ausnahme grundsätzlicher politischer Fragen bestimmen die Experten weitgehend den politischen Willen der Fraktionen und auf diesem Wege auch der Parteien«[5], beurteilte Ulrich Lohmar die damalige Situation. Und daraus folgte: Die Industrievertreter entschieden über Fragen der Wirtschaft, die Juristen über Fragen der Rechtsreformen, die Bauern und Bauernvertreter über landwirtschaftliche Fragen. Der erste Schritt – so sah es Rolf Dahrendorf – »zur Bildung einer autoritären Oligarchie« war getan: Experten dachten an die Schule und nicht an die Kinder, dachten an die Justiz und nicht an die, die vor Gericht standen, »an die Eisenbahn und nicht an die Reisenden, an den Krieg und nicht an die Opfer«[6]. Spezialisten artikulierten weitgehend unkontrolliert die Interessen dieser Gruppen und setzten sie durch. Ein kleiner Kreis von Abgeordneten, der mit überdurchschnittlich hohen Machtbefugnissen ausgestattet war, bildete den harten Kern, der dann auch Einfluß auf die Gesetzgebungsarbeit der Fraktion nahm. Wer ›nur‹ Abgeordneter und Parteimitglied war, besaß keine Chance, in den Machtkern vorzustoßen, nur diejenigen konnten aufsteigen, die auch von Interessengruppen gefördert wurden. Nicht ganz zu Unrecht wurde von der parlamentarischen »Drei-Klassen-Gesellschaft« gesprochen, die sich erstens aus der Gruppe der Vertreter der

---

[5] Ulrich Lohmar: Innerparteiliche Demokratie. Eine Untersuchung der Verfassungswirklichkeit politischer Parteien in der Bundesrepublik. Stuttgart 1963.
[6] Rolf Dahrendorf: Gesellschaft und Demokratie. München 1968.

Interessenverbände im Bundestag, zweitens aus der engeren Fraktionsführung und schließlich drittens aus dem Fußvolk unter den Abgeordneten zusammensetze.

Dieses an sich schon negative Bild von der Funktion und Macht der Volksvertreter verdüsterte sich noch mehr, wenn man das Selbstverständnis der mächtigen Ministerialbürokratie betrachtete. Unter den Technokraten der Bürokratie und ihren Ideologen in den Machtzentren sah man das Parlament lediglich als einen funktionslosen Appendix der Herrschaftsordnung an. Sie waren der Meinung, daß sie den Anforderungen eines modernen Leistungsstaates viel besser gerecht wurden als ein Parlament, weil dessen Abgeordnete sich in ihren Kenntnissen der gesetzlich zu regelnden Materien nur in den seltensten Fällen mit ihnen messen konnten. Diese faktische Verlagerung der Gesetzgebungsmacht auf die Bürokratie veranlaßte einen der führenden Juristen der damaligen Bundesregierung, Friedrich Münch, dazu, darin eine Tendenz zur »Exekutivelite mit Gesetzgebungsrecht« zu erkennen: »Wenn wir angesichts der Verfassungen der supranationalen Gemeinschaften unterstellen wollen, hier seien die Erkenntnisse der Staatslehre verwertet und die Folgerungen aus der bisherigen Geschichte des parlamentarischen Systems und der modernen Demokratie überhaupt gezogen, dann müssen wir im modernen Staat keine parlamentarische Demokratie mehr sehen, sondern den Absolutismus einer Exekutivelite, die nur sehr stark rechtsstaatlich gebunden ist. Diese Exekutivelite hat auch das Gesetzgebungsrecht ... Da wäre also doch die Frage, ob wir im modernen Staat nicht schon eine Tendenz zur Exekutivelite haben, die nur noch rechtsstaatlich gebunden ist – jedenfalls eine Formel für den Staat, die hinter den aktuellen Formeln steht und an deren Stelle treten könnte, wenn wir mit der parlamentarischen Demokratie wieder einmal scheitern sollten.«[7] Und nicht nur die Zyniker unter den politischen Beobachtern der damaligen Zeit waren der Meinung, ohne Parlament würde die Bundesrepublik genauso gut funktionieren und es würde nur deshalb nicht abgeschafft, um die Bürger in dem Glauben zu lassen, sie besäßen in ihrem Parlament noch eine wirkungsvolle Mitwirkungs- und Kontrollinstanz.

Unter diesen Umständen war es nicht weit hergeholt, wenn sich in den Machteliten von Politik und Wirtschaft die Auffassung verbreitete, daß nur geordnete, straff gegliederte Autoritätsverhältnisse in der Lage seien, die pluralistische Gesellschaft mit ihren vielfältigen Interessengruppen vor dem Zerfall zu bewahren. Die politischen Repräsentanten – vor allem das obere Drittel der »Drei-Klassen-Gesellschaft« – ließen dabei in ihren Äußerungen keinen Zweifel daran, daß sie die Garanten dieser Ordnung waren. »Es gibt Eliten auch in demokratischen Gesellschaften«, so ein Credo von Helmut Schmidt, »aber die beruhen auf Leistung ... Nur durch Leistung kann man ins Establishment aufsteigen.«[8] Implizit kommt darin zum Ausdruck, daß nur derjenige sachge-

---

[7] Friedrich Münch. In: Veröffentlichungen der Vereinigung der deutschen Staatsrechtler Heft 16, Berlin 1958.

[8] Zit. nach Urs Jaeggi: Macht und Herrschaft in der Bundesrepublik. Frankfurt/Main 1969.

recht kritisieren kann, der selbst in der kritisierten Institution tätig ist oder sich darin betätigt hat – und auch hier wieder nur derjenige, der selbst eine »Leistung« vorweisen kann. Ähnlich argumentierte der frühere CDU-Minister Gerhard Schröder: »In unserem Staat bestimmt sich der Platz, den der einzelne in der Gemeinschaft einnimmt, allein nach seinen Leistungen.« Was der Begriff Leistung beinhaltete, erläuterte Schröder nicht. Aber die gesellschaftlichen Werte, nach denen sich die Leistungsträger auszurichten hätten, benannte er explizit: »Bürgertum heißt Ordnung, Pflichtbewußtsein, Verantwortungsgefühl.«[9] Und auch der Vorgänger Helmut Kohls an der Spitze der CDU, Rainer Barzel, hob die Notwendigkeit geordneter Autoritätsverhältnisse hervor, wenn er sagte: »Die Achtung der Institutionen, das Sichtbarmachen von Amt und Dienst müssen, wie ich meine, ebenso betont werden wie die Überlegenheit des Rechtes und der staatlichen Objektivität gegenüber jedweder gesellschaftlichen Macht und die Sinnhaftigkeit und gerechte Verteilung aller verlangten Opfer.«[10] Das immer wieder auftauchende Leitmotiv in Äußerungen von Regierungspolitikern, vor allem aus den Reihen der CDU/CSU, war, daß es Autorität geben müsse, weil sie die Gesellschaft vor dem Zerfall rette.

Der damalige Bundestagspräsident Eugen Gerstenmeier war ein besonders harter Repräsentant dieser Geistesrichtung. Er drückte häufig öffentlich aus, was ande-

---

[9] Ebd.

[10] Rainer Barzel: Referat vor dem Bundesparteiausschuß der CDU vom 12.6.1962. In: 22. Parteitag der CDU. Dortmund 1962.

re nur hinter verschlossenen Türen zu sagen wagten: »Auch ich bin Demokrat. Aber auch in einer Demokratie muß man dem Staat gehorchen.« Die Autoritäten würden dafür sorgen, so sein Credo, daß eine schlechte Gesellschaft nicht durch kritische Elemente zersetzt werde. Daher müsse man sie auch gegen zu intensive Kritik abschirmen. Denn: »Gefährlich ist der geistige Angriff auf die Substanz unserer Gesellschaftsordnung. Ziele dieses Angriffs sind dabei vorwiegend alle Grundlagen der Autorität, ob diese nun personeller oder sachlicher Natur seien.« Träger dieser Autorität, die den Staat stütze, seien die dafür prädestinierten und ausgebildeten Eliten. »Ein erstes starkes Bedenken gegen sie wird gewöhnlich aus der Gleichheit aller vor dem Gesetz abgeleitet, die ein Grundrecht unserer demokratischen Verfassung ist.«[11] Aber, so assistierte der CDU-Minister Gerhard Schröder, »es ist wichtig, diesen Satz richtig zu verstehen: Die Menschen sind nicht gleich; entscheidend ist, daß für alle das Gesetz gleichmäßig gilt.«[12] Und Rüdiger Altmann steuerte hierzu noch folgende Einschätzung bei: »Die Demokratie anerkennt nur die Gleichheit und Freiheit aller. Aber nicht alle können herrschen. Den Massen fehlt Sachkenntnis und Urteilskraft.«[13] Gerstenmeier führt diese Gedanken dann weiter: »Nicht überholter Patriarchalismus spiegelt sich wider, sondern eines der Geheimnisse, das auch den modernen industriellen Großstaat vor

---

[11] Eugen Gerstenmeier: Wider die Ächtung der Autorität. In: Festgabe für Carlo Schmid zum 65. Geburtstag. Tübingen 1962.

[12] Zit. nach Urs Jaeggi, a. a. O.

[13] Rüdiger Altmann: Das Erbe Adenauers. Eine Bilanz. München 1963.

der Vermassung, Entmenschlichung und Verödung bewahren kann.«[14]

Und welchen Platz nahmen in diesem Konzept diejenigen ein, die sich der Autorität zu unterwerfen hatten? »In der Demokratie ist der Untertan nicht nur dem Namen nach abgeschafft. Es hat wenig Sinn, die Bürger, die mit ihrem Stimmzettel in letzter Instanz über Parlament und Regierung entscheiden, weiterhin als Untertanen zu bezeichnen. Obrigkeit kann vielleicht nicht von sich sagen, daß sie von Gottes Gnaden sei. Aber die Obrigkeit in der Demokratie, also der Bundespräsident, Bundestag und Regierung, samt allen Länder- und Gemeindeorganen, kann geltend machen, daß sie nicht nur mit Gottes Zulassung, sondern auch legitim ihres Amtes waltet. Dieser ›autorisierten Autorität‹ schulden alle Bürger, jung oder alt, Gehorsam, Ehrerbietung und wenn möglich auch Liebe.«[15] (Eugen Gerstenmaier) Die Haltung der SPD zu dieser Zeit – mögen auch nicht alle Parteimitglieder sie geteilt haben – drückte der spätere Kanzler Helmut Schmidt aus: »Über Autorität redet man nicht – schon gar nicht nachträglich –, sondern man übt die am Orte, wenn es noch Zeit ist, aus.«[16]

Der Begriff Autorität war also fest in ein Konzept konservativen Denkens eingebunden, auf das sich nicht nur die CDU/CSU berief. Der damalige geschäftsführende Bundesvorsitzende der CDU, Josef Herrmann Dufhues, machte denn auch wiederholt deutlich, daß seine Partei,

---

[14] Ebd.
[15] Ebd.
[16] Zit. nach Urs Jaeggi, a. a. O.

im Gegensatz zu allen anderen, keine »ideologische«, sondern eine Weltanschauungspartei sei. »Die CDU ist entstanden als Antwort auf die Herausforderung einer geschichtlichen Situation, ohne alle Krücken, wie sie die Pseudo-Wissenschaft und der Glaubensersatz einer Ideologie anbietet.« Die CDU sei »eine Partei der christlichen Existenz in der Welt, nicht eine Partei des ideologischen Dogmatismus«. Denn da »das Christentum keine Ideologie« sei, sei »die Partei auch nie eine ideologische Partei gewesen und nie zur Realisierung einer vorgegebenen Theorie« angetreten. Obwohl Ideologen und Utopisten beanspruchen würden, »im Besitz der Wahrheit über Mensch und Welt zu sein«, fehle ihnen aber die dafür notwendige Erkenntnisquelle, über die die christliche Weltanschauung verfüge: die »Offenbarung«. Einen vergleichbaren Wahrheitsanspruch könnten auch »wohlmeinende« Ideologen nicht erheben, da sie eben nicht über eine solche Erkenntnisquelle verfügten, sondern sich vielmehr auf »Wissenschaft« berufen würden. »Konservativ sein« sei nach diesen Vorstellungen »nicht ein Hängen an dem, was gestern war, sondern ein Leben aus dem, was immer gilt«[17]. Und dazu gehörten Vorstellungen, die in unterschiedlichem Kontext immer wieder auftauchen: Tradition, Familie, Heimat, Volk, Autorität, Nation, Wachstum, Natur, Sein, Dauer, Organismus, Leben und Ewigkeit. Schon 1962 hatten Persönlichkeiten aus Wissenschaft, Politik, Wirtschaft und Publizistik, unter an-

---

[17] Joseph Hermann Dufhues: Christen in der Demokratie. Die CDU als Weltanschauungspartei. In: Die politische Meinung Heft 96, 1964.

derem Armin Mohler, Golo Mann, Hans-Joachim von Meerkatz und Hans Zehrer die Grundlinien konservativen Denkens festgelegt.

Eine davon beschrieb Golo Mann folgendermaßen: »Der Mensch ist nicht so zuverlässig, gut und vernünftig, wie die Revolutionäre glauben. Folglich bedarf es der Autorität, die ihn stützt und leitet. Autorität ist nicht dasselbe wie Macht. Macht kann tun, was sie will. Autorität ist gebunden sowohl wie bindend; gebunden durch Geschichte und Überlieferung, Verfassung und Gesetz, Religion und Naturrecht.«[18] Und Hans Zehrer, ehemaliger Chefredakteur der Zeitung DIE WELT sowie Mentor und darüber hinaus ein persönlicher Freund von Axel Springer, meinte zu diesem Thema: Der Konservative »wird auch vor dem Wort autoritär nicht zurückschrecken, namentlich dann, wenn es sich als einziger Widerpart zu dem von unten aufsteigenden Begriff totalitär anbieten sollte. Er wird immer eine führende und verantwortliche Schicht unterstützen, so weit diese ihre Werte von oben und ihre Bestätigung nicht von unten sucht und sich gemein macht.«[19]

Diese Zitate bildeten die Kernargumente des damaligen Konservatismus, und sie waren Ansatzpunkt und Legitimation konservativen Denkens in der Bundesrepublik. Der autoritäre Staat stellte das erklärte Ziel der konservativen Politik in Deutschland dar, und er war mit einer Theorie über elitäre Vorstellungen gepaart. Die angeführ-

---

[18] Golo Mann: Konservative Politik und konservative Charaktere. In: Der Monat Heft 165, 14. Jg.

[19] Hans Zehrer: Heute wieder zukunftsträchtig. Ein Brief. In: Der Monat Heft 166, 14. Jg.

ten Gedanken von Mann und Zehrer mit ihrer Apologie der Autorität zeigen die immanente Neigung zum Elitedenken, mit der sie die Autorität von oben legitimieren wollten. Ganz im Sinne der herrschenden Ordnung versuchten sie, mit dieser Konzeption nachzuweisen, daß es keine Autorität »von unten« geben könne: »Es kann nicht die Masse ihren politischen Willen durch Beauftragte ausüben lassen. Dies ist bloße Machtdelegierung. Wahre Autorität hingegen ist nicht delegierbar, sie kann vielmehr nur durch außer- und übermenschliche Instanzen legitimiert werden.«[20]

Angesichts dieser realen Tendenzen, die auf eine weitgehende Entleerung des Parlamentarismus hinausliefen, bemühten sich einige wenige Parlamentarier und Wissenschaftler, den Einfluß des Parlaments zu vergrößern. Sie waren jedoch davon überzeugt, daß eine pure Parlamentsreform dafür nicht ausreichen würde. Denn solange das gesamte Streben darin bestehe, die Gesellschaft darauf auszurichten, ständig die Wachstumsraten des Bruttosozialprodukts zu erhöhen, und alle anderen Ziele dem unterzuordnen seien, solange bleibe die Krise des Parlamentarismus bestehen. Und sie vertraten auch die Meinung, daß ein Abgleiten der parlamentarischen Demokratie in ein autoritäres, nur noch formal demokratisches Regime nur dann zu verhindern wäre, wenn es gelänge, sie zu einer Demokratie im substantiellen, eigentlichen Sinne zu machen. »Eine Demo-

---

[20] Kurt Lenk: Konservativismus. In: Kurt Lenk u. a.: Der bürgerliche Staat der Gegenwart. Reinbek 1972.

kratie im substantiellen Sinn aber setzt zweierlei voraus: Publizität des politischen Prozesses und mündige Staatsbürger, die diesen Prozeß begreifen.«[21] Beides war in der Bundesrepublik der damaligen Zeit nur in Ansätzen vorhanden. Von einer »politisch fungierenden Öffentlichkeit« (Jürgen Habermas) konnte in der Bundesrepublik kaum noch gesprochen werden. Das ständige Bemühen der politischen Machtelite, die wahren politischen Sachverhalte, Tendenzen und Absichten zu verschleiern, setzte eine manipulierte Öffentlichkeit an die Stelle echter Publizität. Und dies wiederum verwehrte es dem Mann von der Straße, zum wahrhaft mündigen Staatsbürger zu werden. Da ihm angemessene Kategorien politischen Denkens fehlten, vermochte er es nicht, so Habermas, den »Schleier der manipulativen Publizität« zu lüften und so seine wahre Interessenlage zu durchschauen.

Studentenbewegung und Faschismus

Das Problem des Faschismus, die zwölf Jahre Hitlerdiktatur waren für die jungen 68er in mehrerlei Hinsicht noch kein abgeschlossenes Kapitel. Zum einen wagten sich ehemalige Nationalsozialisten Mitte der 60er Jahre wieder an die Öffentlichkeit und brachten über die Partei NPD alte wie neue Anhänger des Hakenkreuzes in die Kommunal- und Länderparlamente. Das Problem des Fa-

---

[21] Walter Euchner: Zur Lage des Parlamentarismus. In: G. Schäfer, C. Nedelmann (Hrsg.): Der CDU Staat. Frankfurt/Main 1969.

schismus verfolgte die Studenten zum anderen, weil sie im Ausland kaum etwas dagegen tun konnten, als Deutsche identifiziert und mit den Greueln in Verbindung gebracht zu werden, die die Deutschen überall bei ihren Nachbarn verübt hatten – im skandinavischen Norden, im Westen und Südwesten, im Osten wie Südosten. Ablehnung schlug ihnen deshalb entgegen, weil sie Deutsche waren. Nun sahen die jungen Studenten nicht so recht ein, warum sie für die Sünden ihrer Väter büßen sollten. Doch war es für sie unerträglich, wenn ihre Elterngeneration so tat, als hätte sie mit alledem nichts zu tun gehabt, als ginge sie die Vergangenheit nichts mehr an. Die Alten stellten die Vergangenheit als ein Kapitel dar, um das sich die Jüngeren kümmern könnten, wenn sie es aus selbstzerstörerischem Masochismus heraus unbedingt wollten, das für sie selbst aber abgeschlossen sei. Auf diese unverholene Haltung stießen die 68er nicht nur auf der Straße und in der Politik, in den Hörsälen und Institutionen. Auch in Justiz und Wirtschaft saßen die anscheinend zum Biedermann geläuterten Brandstifter als Autoritäten, die jetzt wieder das tun konnten, was ihren Vorstellungen entsprechend zum »Wohl des Volkes« erforderlich war.

Zum dritten war das Kapitel des Faschismus für die Studenten noch nicht abgeschlossen, weil sie eine eigenartige Erfahrung machen mußten: Sobald sie an die Vergangenheit rührten, indem sie aufzeigten, daß der im Grundgesetz verankerte Geist des Antifaschismus nicht mit der gesellschaftlichen Realität übereinstimmte, stießen sie auf unerhörten und nicht für möglich gehaltenen Widerstand. Man verbot ihnen, in diesem Zusammenhang kritisch das Selbstverständnis der gesellschaftlich Tonangebenden zu hinterfragen. Aber nicht nur das: Als die Studenten auf ihren Vergleichen zwischen Vergangenheit und Gegenwart beharrten und ihre Ergebnisse schließlich auch mit provozierenden Methoden und Aktionen veröffentlichten, kehrte sich das Verhältnis von Kläger und Angeklagtem um: Der junge Erwachsene, dem man zuvor noch die »Gnade der späten Geburt« zugestanden hatte, wurde nun zum Faschisten, zum »Linksfaschisten« gestempelt. Die »alten Herren« und ihre Zöglinge beanspruchten, die Gemeinschaft der Demokraten zu stellen, und verbannten daraus die fragenden Elemente. Die bestehende Gesellschaft galt in ihren Augen als demokratisch, allein schon weil sie sich so nannte, und jeden, der diese Macht des Faktischen nicht anerkannte, schlossen sie als »Anti-Demokraten« von ihr aus. Dieses Denken verkörperte in der Öffentlichkeit niemand so deutlich und prägnant wie der vielfache Bundesminister und CSU-Vorsitzende Franz Josef Strauß. Bei verschiedenen Gelegenheiten ließ er so markige Sprüche los wie »Wem es bei uns hier im Bundesgebiet nicht paßt, der kann ja hinübergehen in die Sowjetzone«[22]; »Wer bei uns lebt, soll sein Land nicht schlecht machen. Wenn er es hier unerträglich findet, wem es hier nicht paßt, der kann 'rausgehen aus Deutschland. Es wird sich dann herausstellen, ob es für diese Literaten außerhalb der Bun-

---

[22] Zit. in: Die Welt. Berlin 13.2.1964. Rede anläßlich des Aschermittwochtreffens der CSU in Vilshofen am 12.2.1964.

desrepublik noch ein Land gibt, wo sie mit ihren geistigen, halbgeistigen und ungeistigen Produkten mehr verdienen können als hier«[23] oder »Hier geht es längst nicht mehr um die Ausübung demokratischer Rechte. Im Vergleich zu den wirklichen Methoden und Zielen dieser organisierten Bande politischer Landstreicher ist der Name ›Außerparlamentarische Opposition‹ noch eine erhabene Ehrenbezeichnung. Es ist der kalte berechnende Haß gegen Recht, Gesittung und Ordnung, es ist der Neid der Asozialen, die Zerstörungswut total negativer Elemente, die ihre kriminelle Einstellung zur Gesellschaft mit politischen Motiven tarnen.[24] ... diese Ho-Chi-Minh-Rufer, Mao-Mao-Rufer, diese Anhänger der Anarchie, diese Prediger der Revolution richten unser Vaterland zugrunde...«[25]

Die protestierenden Studenten waren in seinen Augen Rechtsbrecher, ihre »Terroraktionen« ein öffentliches Ärgernis. Daher forderte Strauß den Innen- und Kultusminister dazu auf, alles zu tun, um die öffentliche Sicherheit und Ordnung in Deutschland aufrechtzuerhalten. Ansonsten, so beschwor er drohend, wüchse der Rechtsradikalismus(!) in Deutschland wieder. Die Demokratie brauche nun eine starke und zuverlässige Regierung und eine tatkräftige Mitarbeit der Bürger, denn: »Die Sorte von Antifaschisten hat sich die Kristallnacht zum Dauerprogramm gemacht, indem sie Aktionen gegen Sachen und auch gegen Personen im höheren Interesse als in Frage kommend legitimiert.«[26]

---

[23] Zit. in: Rheinische Post. Düsseldorf 16.9.1965.
[24] Zit. in: Der Spiegel. Hamburg 28.7.1969.
[25] Aus einer Wahlrede in Niederbayern, ZDF, 1.9.1969.
[26] In: Bayernkurier, München 19.7.1969.

4

»Unter den Talaren der Muff von tausend Jahren«: die Krise der Universitäten

Der Aufstand der Studenten in den Jahren 1967/68 kam für viele völlig überraschend. Selbst viele Alt-Linke, die sich seit Jahren theoretisch und auch praktisch für eine gesellschaftliche Veränderung eingesetzt hatten, konnten sich den plötzlichen Umschwung im Verhalten der akademischen Jugend nicht erklären. Trotzdem erhielt sie Unterstützung von kritischen Kirchenleuten, linksliberalen Intellektuellen sowie humanistisch gesinnten Publizisten und Wissenschaftlern. Gemeinsam mit diesen protestierte die APO unter anderem gegen die Einführung der Bundeswehr, die Atombombe und das Godesberger Programm. Letzteres bezahlten einige sogar mit dem Ausschluß aus der SPD.

Spektakuläre Veränderungen, die einen solchen Aufstand gerechtfertigt oder begründet hätten, konnten in der Bundesrepublik weder Beobachter von rechts noch Sympathisanten von links ausmachen. Etwas grundsätzlich Neues war nicht passiert. Die sich verschlechternden Studienbedingungen wurden schon seit Jahren angeprangert. So waren Bildungsmisere, Forschungsrückstand und Nachwuchsmangel bereits Thema von populärwissenschaftlichen Büchern und ausführlichen Gutachten von Kommissionen gewesen. Die Immobilität und Ineffizienz der Ordinarien an den Universitäten wurden auf den Korridoren der Landtage ebenso diskutiert wie in den Chefetagen der Industriekonzerne. Alle wichtigen Themen, die in der 68er-Bewegung den größten Raum einnahmen, hatten bereits andere gesellschaftliche Gruppen und Gruppierungen, Intellektuelle, Publizisten, Künstler und auch Kabarettisten in die Debatte geworfen: Die Kritik am Vietnamkrieg erfanden die 68er ebenso wenig wie die Opposition gegen die »Notstandsgesetze«, die bis zur Mitte der 60er Jahre den erbittertsten Widerstand in den Gewerkschaften fanden. Die besorgniserregende Konzentrationsbewegung auf dem Medienmarkt, die in der annähernden Monopolstellung des Springer-Konzerns kulminierte, war ebenfalls schon zum gesellschaftspolitischen Problem geworden, bevor die 68er sie auf ihre Fahnen schrieben. Auch der seit Ende der 50er Jahre vor allem von Herbert Wehner betriebene »lange Marsch« in die »Große Koalition« hatte innerhalb der SPD längst seine vehementen Kritiker gefunden, bevor die 68er dagegen ihre Stimme erhoben.

Die fünf großen Themen, die in den Aktionen der 68er eine Hauptrolle spielten – nämlich »Spinger-Presse und Öffentlichkeit«, »Studienreform und Ordinarienuniversität«, »Vietnamkrieg«, »Notstandsgesetze« und »Große Koalition« – waren allesamt nichts Neues. Keines dieser Probleme haben die 68er originär entdeckt.

Dieser Umstand erschwert heute das Verständnis für das Ausbrechen der Revolte. Und schon damals blieb es für linke wie rechte Beobachter überraschend und un-

begreiflich. Die Verständnisschwierigkeiten hängen einmal damit zusammen, daß es sich bei Studenten um
Kopfarbeiter handelt, die ihre Erkenntnisse und die Anlässe ihres Handelns nicht unmittelbar aus den Lebens-
verhältnissen und den damit verbundenen Problemlagen
ziehen. Sie gewinnen ihre Einsichten über die Realität nur
in vermittelter Form, und zwar primär über abstrakte
Konzepte der wissenschaftlichen Analyse. Die Realität –
und das galt für die 68er weit stärker als für die Studenten der nachfolgenden Fernsehgenerationen – erfuhren
sie auf dem Umweg über Bücher, die diese beschrieben
und analysierten. Die übergroße Masse der 68er hatte
nie eine Fabrik von innen gesehen. Die Lebensbedingungen der werktätigen Bevölkerung kannte sie bestenfalls
aus Straßenbahnfahrten durch die Arbeiterviertel. Ähnli-
ches galt für Pressehäuser, Parteizentralen und Industriekonzerne. Sie sprachen zwar von Klassenjustiz, aber Ge-
richtssäle und Richter lernten sie zumeist erst kennen, als
sie selber wegen »Demonstrationsverbot« oder »Widerstand gegen die Staatsgewalt« angeklagt wurden. Ihr
Wissen über die Realität bezogen sie aus Abhandlungen
und wissenschaftlichen Schriften. In diesem Umstand
lagen einerseits die Begrenztheit ihrer Erkenntnisse und
andererseits die Stärke ihres Urteilens begründet: Sie
mußten nicht Teil der Hierarchien sein, um deren Funktions-
mechanismus mit ziemlicher Exaktheit zu beschreiben;
sie mußten nicht vor Ort sein, um die unhaltbare völker-
rechtliche Begründung für das militärische Eingreifen der
USA in Vietnam anzuprangern. Ihre Stärke lag gerade
darin, daß sie sich die Realität über die wissenschaftliche

Literatur ins Haus holen konnten, egal ob es sich dabei um komplexe Wirtschaftsprozesse oder die erbarmungswürdigen Lebensbedingungen von Heimkindern handelte. Sofern die wissenschaftlichen Untersuchungen und Theorien, die sie studierten, richtig waren, versetzten sie die Studenten in die Lage, sachkundig und kompetent über diese Probleme zu reden. Der entscheidende Punkt war also folgender: Die 68er begannen nach und nach den Lehrstoff, der ihnen angeboten wurde, nicht mehr nur als Handwerkszeug für einen späteren Beruf zu begreifen. Sie betrachteten ihn vielmehr zuerst als Erkenntnisquelle, um ihre eigene Situation zu durchschauen und ihre Umwelt zu verstehen, und später als Waffe, um die als unsozial, undemokratisch und unmoralisch empfundenen Zustände anzuprangern.

Immer häufiger tauchte in den Auseinandersetzungen vor allem der Jahre 1965 bis 1968 die Forderung auf, die Studenten sollten studieren und nicht demonstrieren. Dieser Satz wurde häufig in polemischer Absicht vorgebracht und von den Massenmedien als Kampfansage weitertransportiert. Auch viele Professoren teilten die Auffassung, daß die Studenten »aufhören sollten, ihre Nase in Angelegenheiten zu stecken, die sie nichts angingen und von denen sie nichts verstünden« (DIE ZEIT). Selbst viele wohlmeinende und den Studenten gegenüber durchaus nicht feindlich gesinnte Bürger teilten diese Ansicht, die 68er würden sich mehr mit den Klassenkampfparolen und dem Schreiben von Flugblättern beschäftigen, als ihrer eigentlichen Aufgabe nachzukommen, nämlich beispielsweise das menschliche Skelett zu studieren oder Gesetzestexte zu büffeln. Auch diesen war schwer verständlich zu machen, daß das eine mit dem anderen zusammenhing, daß die 68er über das Einfordern von Gerechtigkeit nicht die Beschäftigung mit der Rechtsprechung des Bundesverfassungsgerichtes vergaßen – häufig allein schon aus dem einzigen Grund, weil Prüfungen oder Hausarbeiten anstanden.

Wie die Studentenschaft über die von ihnen als unberechtigt empfundene Kampfparole der Gegenseite »Studieren statt Demonstrieren« dachte, geht aus einem Artikel hervor, den die Studenten der FU Berlin damals dazu verfaßten. Unter dem Titel »Warum wir nicht nur studieren« war er als Antwort auf die Fragen gedacht, die aus der Öffentlichkeit kamen und entsprechend auch an diese gerichtet. Die Studenten schrieben folgendes:

»Immer mehr Studentinnen und Studenten diskutieren an ihren Arbeitsplätzen den Krieg in Vietnam, studieren nach ›Feierabend‹ die Berichte über die Verhältnisse in Persien, beschäftigen sich mit dem Zustand ihrer eigenen Gesellschaft. Sie haben die Fragen der Napalmverbrannten, der Gefolterten, der Menschen in der Tretmühle achtstündiger Akkord- und Büroarbeit zu ihren eigenen Fragen gemacht und suchen sie selbst zu beantworten. Warum? In den Vorlesungen und Prüfungen der Universität müssen sie hören und aufsagen, was auf diese Fragen keine oder falsche Antworten gibt.

So zerstören ihre Fragen eine bestimmte Form der Arbeitsteilung, die ihre Personen in Privatleute, Studierende und Staatsbürger zerteilt. Das ist eine Unordentlichkeit, solange diese Form der Arbeitsteilung allgemein gilt. Nach deren Maßnahmen sind sie schlecht berechenbar. Niemand weiß, welche Schlüsse sie aus ihren Überlegungen noch ziehen werden. Wie kam es zu dieser Unordentlichkeit?

Vor einigen Jahren begannen Studenten, geplagt von unvernünftigen Prüfungsordnungen und der Erfahrung, daß viele ihrer Fragen weniger an der Sachkenntnis der Professoren als vielmehr an der Autorität der Lehrstuhlinhaber scheiterten, die Universität mit den Mitteln der Wissenschaft zu untersuchen.

Sie entdeckten an ihren Arbeitsplätze deren gesellschaftliche Bedingungen und forschten ihnen nach. Daraus lernten sie, daß die Fähigkeit zu studieren nicht von Natur aus auf nur fünf Prozent der Arbeiterkinder beschränkt ist; daß die Fähigkeit zu forschen und zu lehren nicht notwendig erworben wird durch die Fähigkeit, viele Jahre des Lebens einem Professor dienstbar zu sein. Sie lernten auch, daß die Zahl der Bücher und Bibliotheksplätze, der Universitäten und Lehrer nicht zufällig zu gering ist; daß Studiengänge und -inhalte nicht zufällig so sind, wie sie sind. Sie entdeckten neu deren Abhängigkeit von politischen

Entscheidungen über die Verwendung der Arbeitskräfte der Gesellschaft, die Abhängigkeiten davon, wer zu welchen Zwecken diese Entscheidungen trifft.

Diese Untersuchungen wurden nicht zum privaten Vorteil angestellt. Die Ergebnisse wurden in zahlreichen Diskussionen mitgeteilt und geprüft. Aus ihnen wurden die Vorschläge zur Hochschul- und Studienreform gemacht. Im Verlauf ihrer Erarbeitung und Aufnahme begannen die daran beteiligten Studentinnen und Studenten selbst Einfluß zu nehmen auf die Bedingungen, unter denen sie studierten.

Was sie kritisierten, trat als Antwort auf ihre Kritik nur noch deutlicher hervor: die Lehrenden fragten weniger nach den Gründen der Kritik und drohten mehr mit Disziplinarstrafen gegen ›Rädelsführer‹. ...

Wen erstaunt es, wenn es diese kritisch fragenden Bürger der Universität beunruhigt, mit welcher Begriffslosigkeit die Universität dem Verhältnis der ökonomisch und militärisch hochgerüsteten Staaten des Westens und des Ostens zu den Völkern der Dritten Welt begegnet. In Diskussionen, Resolutionen und Demonstrationen protestierten sie dagegen, daß im Namen ihrer Freiheit und mit den Mitteln ihrer Wissenschaft Unterdrückung und Unmündigkeit dieser Völker aufrechterhalten werden. Sie zeigen, daß die Aufrechterhaltung der Herrschaft nur über ihre Köpfe und Leiber hinweg möglich ist.

Aus der Untersuchung unserer eigenen Lage wissen wir: das mächtige, aber nur im Namen weniger gültige Interesse an der Aufrechterhaltung der bestehenden Verteilung des Reichtums und der bestehenden Verfügungsgewalt über die Arbeitskraft der Gesellschaft macht vor der Autonomie der Universität und der Person nicht halt; sorgt zum Beispiel dafür, daß nur fünf Prozent der Arbeiterkinder studieren. Wir haben gelernt: lassen wir uns gefangen halten in den Gehäusen zugewiesener Rollen, dann zählen unsere besten Argumente wenig gegen jenes Interesse. Beharren wir auf dem Recht der pursuit of happiness, dem Recht, glücklich zu leben, dann müssen wir diese Rollenteilung selbst aufheben und unsere Argumente mit dem Einsatz unserer ungeteilten Personen stützen. Daraus mögen diejenigen, die es mit uns zu tun haben, lernen: wer uns als Studierende oder Staatsbürger oder Privatleute betrachtet, der sieht von vornherein zu kurz. Wer von den studentischen Beisitzern in den Disziplinarausschüssen verlangt, gegen ihr Gewissen wenigstens zu amtieren, begreift diese Studenten nicht als einheitliche Personen, sondern als Funktionsträger, die sich bei Strafe höherer Gewalt Normen zu unterwerfen haben. Wir aber sind in Verantwortung vor denen, für die wir studieren, gezwungen, ge-

> rade diese Trennung zwischen studentischen und sonstigen Angelegenheiten in Frage zu stellen und öffentlicher, praktischer, von unserer Wissenschaft angeleiteter Kritik auszusetzen.«[1]

Die Krise der Universitäten war spätestens ab Mitte der 60er Jahre einer breiten Öffentlichkeit deutlich geworden. Das lag nicht zuletzt daran, daß die Diskussion um den Bildungsnotstand im Bundestagswahlkampf thematisiert worden war. Vorher hatte sich kein Mensch für die Situation an den Hochschulen interessiert, und Reformbemühungen waren eher schöngeistige Themen von Akademikern für Akademiker gewesen, die nicht einmal die zuständigen Beamten in den Kultusbürokratien zur Kenntnis nahmen, geschweige denn eine breitere Öffentlichkeit. Dies änderte sich jedoch schlagartig, als die Industrieverbände wachsenden Output an wissenschaftlich ausgebildetem Personal forderten. Was akademischen Reformern in fast zwei Jahrzehnten nicht gelungen war, schafften wenige Bundestagsabgeordnete, zumeist aus den Reihen der CDU/CSU, die eng mit den Großkonzernen der Wirtschaft verbunden waren. Was sie vortrugen, schien so einleuchtend, daß niemand auf die Idee kam, die Forderungen im Grundsatz in Frage zu stellen. Man diskutierte allenfalls darüber, auf welche Weise das Ausbildungssystem den ökonomischen Erfordernissen angepaßt werden mußte. Die Formel war simpel: Die

---

[1] In: Der Tagesspiegel, Berlin 5.7.1967.

Bundesrepublik sei in eine Wachstumskrise geraten, und deren Behebung erfordere die konzentrierte Anstrengung aller Bürger. Die Ursachen der Krise lägen in der mangelnden Technologie und könnten nur durch eine systematische Erhöhung der Produktivität der Arbeitskräfte bewältigt werden. Das bedeute jedoch auch die Verbesserung der Qualifikationsstruktur und einen Mehrbedarf an wissenschaftlich ausgebildeten Arbeitnehmern. Daß es davon bisher noch zu wenige gäbe, läge daran, daß die Hochschulen zu wenige produzierten. Diese Ineffizienz der Universitäten sei bedingt durch zu lange Studienzeiten. Entsprechend brauche man eine Bildungsreform, damit das Wachstum weitergehen und der Wohlstand der Bevölkerung für die Zukunft gesichert werden könne. Der damalige Forschungsminister Gerhard Stoltenberg drückte das folgendermaßen aus: »Parallel zu dem schnellen Ausbau der Hochschulen muß auch eine erhebliche Vergrößerung der Zahl der Hochschullehrer durch ein verbessertes Habilitationsverfahren und vor allem eine modernere Praxis erreicht werden. . . . Zu einer Wissenschaftspolitik in der Bundesrepublik Deutschland ist aber nicht nur eine enge Partnerschaft zwischen dem Bund und den elf Ländern notwendig. Ebenso wichtig ist die Partnerschaft mit der Wissenschaft selbst, wobei man in die Förderung der wissenschaftlichen Forschung die Förderung der technischen Entwicklung mit einbeziehen muß. Und schließlich – vor allem bei der Förderung der technischen Entwicklung – muß sich die Partnerschaft auch auf die Wirtschaft erstrekken. . . . Ohne eine gesunde Wirtschaft und richtige Wirtschaftspolitik gibt es keinen Fortschritt für die Wissenschaft. Ohne einen entscheidenden Fortschritt der Wissenschaft und ihrer Förderung gibt es morgen keine leistungsfähige Wirtschaft, keine gesunde Sozialordnung.«[2]

Geschickt wurde also von den Politikern der CDU/CSU-FDP-Regierung eine Forderung der Wirtschaftskonzerne in ein soziales Anliegen verpackt, das die Gleichheit aller garantieren sollte. So verbreiteten sie, der Sinn dieser Bildungsreform bestünde darin, die allerbreitesten Schichten des deutschen Volkes entsprechend ihren Fähigkeiten und Leistungen der höheren Bildung zuzuführen. Vor diesem Hintergrund mußte jeglicher Widerstand an den Universitäten – ob von Studenten oder Professoren – gegen die Forderung, ihre Leistungen auf die ökonomische Notwendigkeit auszurichten, entweder als engstirnig und fortschrittsfeindlich ausgelegt werden oder gleich auf aggressives Unverständnis stoßen.

Den wachsenden Druck staatlicher und gesellschaftlicher Instanzen und der Öffentlichkeit spürten die Selbstverwaltungsorgane der Hochschulen, in denen die Professoren den Ton angaben, beständig. Angeheizt durch gezielte Kritik von Politikern und Verbandsmitgliedern war in der Öffentlichkeit der Eindruck entstanden, daß in den teueren, von Steuergeldern bezahlten sogenannten Tempeln der Wissenschaft nur Chaos, Mißwirtschaft und kleinkariertes Kompetenzgerangel herrsche. Die staatlichen Autoritäten irritierte es nämlich, daß sie wegen der

[2] In: Bulletin des Presse- und Informationsamtes der Bundesregierung Nr. 19/20. Bonn 1966.

grundgesetzlich verbürgten Freiheit der Wissenschaft nur indirekt auf die Universitäten Druck ausüben konnten, ihre Reform anzunehmen. Der CDU-Politiker Hans Dichgans beispielsweise, der die Bildungsreformdebatte wesentlich mit losgetreten hatte, kritisierte Professoren und ihre Universitätsgremien in aggressiver Weise: »Offenbar gibt es keine Autorität, die einen Professor daran hindert, Doktorarbeiten fünf Jahre unzensiert liegen zu lassen. Die Fakultät mag das noch so sehr mißbilligen: Es nutzt ihr nichts, solange der Professor nicht bereit ist, sich zu fügen. Das erfordert Eingriffsmöglichkeiten des Staates, über deren Gestaltung noch zu reden sein wird.«[3]

Vor allem ging es Staat und Wirtschaft darum, die Entscheidungsmechanismen an den Hochschulen zu verändern, damit sie ihre Vorstellungen von einem höheren Output an Akademikern mit einer ihnen genehmen Qualifikation durchsetzen konnten. Besprechungen und wissenschaftlicher Austausch an den Universitäten wurden in der Öffentlichkeit bald nur noch als Geheimberatungen (von und für Fachleute) abqualifiziert. Dazu noch einmal Hans Dichgans: »Dieses archaische System des liberum veto ist die Ursache der Schwierigkeiten, die diese Gremien haben. Sie liegen weder an mangelndem guten Willen noch an der mangelnden Einsicht, sondern am System. Eine Vielzahl von vielköpfigen Gremien, deren Zusammensetzung ständig wechselt und die jeden einzelnen Widerspruch zunächst durch mühsame Verhandlungen ausräumen müssen, ist offenbar nicht in der

---

[3] Hans Dichgans: Erst mit dreißig im Beruf? Stuttgart 1965.

Lage, die heutigen Organisationsaufgaben so rasch zu lösen, wie die Geschwindigkeit der Entwicklung das erfordert. ... Die Entscheidungen verlagern sich aus dem politischen Bereich in Geheimberatungen von Fachleuten spezieller Bereiche, die sich immer mehr aufsplittern und verkleinern.«[4]

Die Hochschulen mit der Alleinherrschaft der Ordinarien standen vor folgender Situation: Einerseits sollten sie mit positiven Reglements und Vorschriften ein intensiveres und zügigeres Studium und eine schnellere Produktion von Absolventen garantieren und andererseits durch negative Reglements die störende politische Tätigkeit der Studenten unterbinden. Bewältigten sie diese Aufgabe nicht, dann – so die logische Schlußfolgerung – war auch nicht mehr einzusehen, warum die Ordinarien in den Universitäten weiterhin alleine das Sagen haben sollten.

Mit der Forderung von Wirtschaft, Politik und Öffentlichkeit nach Studien- und Hochschulreform stand für die Professoren also ihre Allmacht auf dem Spiel. Sie waren deshalb enorm bemüht, nach außen hin den Eindruck zu erwecken, als stünde alles zum besten. Und falls doch etwas nicht so laufen sollte wie erwartet, so schoben sie die Schuld dafür auf die Studenten: Nicht unzeitgemäße Studienbedingungen, überfüllte Hörsäle und Bibliotheken, didaktisch hoffnungslos veraltete Lehrveranstaltungen, völlig unkoordinierte Studiengänge und willkürlich zusammengestellte Prüfungen waren daran schuld, daß

---

[4] Ebd.

das Studium sehr lange dauerte oder die Studenten gar nicht damit fertig wurden (in jener Zeit brachen 40 Prozent ihr Studium zwischen dem vierten und sechsten Studienjahr ab). Die Ursache hierfür lag nach Aussage der Professoren einzig und allein in der Unfähigkeit der Studierenden, in ihrem begrenzten Leistungswillen oder sogar in der für ein Universitätsstudium nicht ausreichenden Begabung.

Wie dieser Zustand aus Sicht der Studenten empfunden werden mußte, mag folgende Analyse zeigen: »Unser mittelalterliches Hochschulsystem praktiziert eine empörende Verletzung menschlicher Würde. Erwachsene Menschen werden wie unmündige Kinder behandelt und unwürdigen Lebens- und Arbeitsbedingungen unter fast unumschränkter Herrschaft selbstherrlicher Lehrpersonen ausgeliefert, während die Altersgenossen in ihrem dritten Lebensjahrzehnt Geld verdienen, heiraten und vergleichsweise gut leben können. Die Studenten sind heute sozial und grundrechtlich deklassiert. Sie sind Proletariat und werden sich, im Unterschied zu den Arbeitern, als solches bewußt. Wer diesen Zustand, der immerhin der qualifiziertesten Gruppe unserer Gesellschaft zugemutet wird, nicht durch radikale Demokratisierung und Beschneidung professoraler Herrschaftsprivilegien, durch radikale Verbesserung der studentischen Lebens- und Arbeitsbedingungen zu verändern bereit ist, der darf sich nicht wundern, wenn dieser qualifizierte, verelendete, zutiefst durch die Gesellschaft frustrierte und diese Gesellschaft durchschauender Teil des Proletariats mit verzweifelnden, revolutionären oder

pseudorevolutionären, anarchistischen Aktionen zurück-
schlägt.«[5]

Diese Sätze stammen nicht von einem studentischen
Revolutionär, sondern von dem Mann, der einige Zeit
später der Justizminister in der sozial-liberalen Koalition
der 70er Jahre wurde, von Werner Maihofer.

Doch noch war es nicht so weit, daß die Studenten
mit revolutionären, pseudorevolutionären oder anarchistischen Aktionen zurückschlugen. Es dauerte noch fast
zwei Jahre, bis der Widerstand gegen die immer rigider
werdenden Herrschaftsverhältnisse in der Universität
sich in neuen Formen äußerte.

Im Folgenden wird die weitere Entwicklung der Auseinandersetzungen bis zur Explosion 1968 vor allem am
Beispiel Berlins und der dortigen Freien Universität dargestellt, da sich die Genese des Konflikts in ihren verschiedenen Facetten hier am deutlichsten zeigte. Obwohl oder gerade weil die Situation in Westberlin und
an der FU eine besondere war, hatte sie dennoch bei-
spielhaften Charakter. Ähnlich wie in Berlin nahmen die
Ereignisse in allen Universitäten und Universitätsstädten
der Bundesrepublik ihren Lauf, wenn auch teilweise mit
zeitlicher Verzögerung und mit anderer Intensität. Die
Unterschiede resultierten aus den länderspezifischen Bedingungen und den verschiedenen kulturellen und politischen Traditionen. In Nordrhein-Westfalen mit seiner
damals noch vorhandenen Industriestruktur und seiner
langen Geschichte der Arbeiterbewegung sahen die Ver-

---

[5] Zit. nach Fritz Vilmar: Strategien der Demokratisierung. Neuwied 1973.

hältnisse natürlich anders aus als in Bayern, das Mitte der 60er Jahre noch weitgehend agrarisch und klerikal geprägt war. Auch die Geschichte der Universitäten war in Bonn, Göttingen, Marburg, Würzburg, Freiburg, Frankfurt, Hamburg, Heidelberg oder München jeweils eine andere, was auch die Formen, in denen sich die Rebellion abspielte, beeinflußte.

Denn selbst unter den offiziellen Repräsentanten der Studenten in den Universitätsgremien gab es viele – von der breiten Masse der Studenten ganz zu schweigen –, die der naiven Gleichstellung von wirtschaftlicher Effektivitätssteigerung und Demokratisierung des Bildungswesens anhingen. Die Naivität zu überwinden und den Bewußtseinsprozeß voranzutreiben, das besorgten pikanterweise die Ordinarien selbst. Sie versäumten es, die Gemeinschaft der Lehrenden und Lernenden, die zum Geist der Universitäten gehörte und in ihren Verfassungen festgeschrieben war, gerade zu dem Zeitpunkt zu verteidigen, an dem die Entwürdigung der Studenten im Lernprozeß durch vorgegebene Studiengänge und Regelstudienzeiten institutionalisiert werden sollte. Und gerade dieses Versäumnis öffnete den Studenten die Augen über den tatsächlichen Charakter dieser Gemeinschaft. Indem die Professoren ihre Studenten der Gesellschaft zum Fraß vorwarfen, um wenigstens ihre eigene Autonomie und ihre Privilegien zu retten, machten sie deutlich, was sie von den Argumenten der Studierenden und ihrer Mitbestimmung hielten: gar nichts. Und sie führten damit genau den Zustand vor Augen, der sich in den Selbstverwaltungsgremien der Hochschulen schon längst institutionell vollzogen hatte: den Verlust der Selbstbestimmung oder sogar des bloßen Mitspracherechts der Studenten in den Universitäten.

Eine Studentenvertreterin drückte das damals folgendermaßen aus: »Ich habe nur die Befürchtung durch meine Erfahrung in den letzten Monaten mit der Professorenschaft, der Instituts- und Fakultätsvertretung … daß wir auf die bisherige Weise nicht weiter kommen werden. … Ich habe die Erfahrung gemacht, daß die Professoren, wenn es um entscheidende Fragen geht oder ihre Existenz tangiert ist, nicht einen Finger breit von ihren Vorstellungen und deren Durchsetzung abweichen, sie lassen uns in ihre Vorzimmer und Kabinette, um sich unserer zu versichern. Und die wenigen, wirklich inhaltlich sich demokratisch verhaltenden Professoren müssen äußerst vorsichtig sein und können es sich nicht leisten, die gegenseitige Loyalität der Professoren zu durchbrechen. Worauf warten und hoffen wir denn eigentlich, wenn wir so weiter machen? Wir können allerdings Studentenvertretung auch als Schule persönlicher Erfahrung betrachten, wobei dann jeder das hinzu lernt, was er einzusehen fähig ist. Ich bin durchaus für taktisches Vorgehen, nur hört es da bei mir auf, wo der inhaltliche Kern dadurch unkenntlich und seine Mitteilung an andere verhindert wird. Sind wir denn antichambrierende Diener des königlichen Rektors und seiner nächsten, der Professoren, oder haben wir handfeste Interessen zu vertreten, und zwar laut und so öffentlich wie möglich?«[6]

---

[6] Brief an den AStA der FU Berlin. Hektographiertes Flugblatt.

Um wenigstens etwas zu erreichen, mit dem sie vor ihren Wählern, den Studenten, bestehen konnten, waren die Studentenvertreter auf das Erbetteln von gnädigen Zugeständnissen angewiesen. Doch angesichts der drohenden Zwangsexmatrikulation half auch das nichts mehr. Die Studentenvertreter traten die Flucht nach vorne an. Sie beschritten den einzigen Ausweg, der ihnen verblieben war, und verstärkten ihre Position durch die Mobilisierung der studentischen Öffentlichkeit.

Doch das war einfacher gesagt als getan, denn die Masse der Studenten war uniformiert, desinteressiert und passiv eingestellt – auch gegenüber hochschulpolitischen Fragen. Nicht frei von Angst und Zögern, machten sich die Studentenvertreter auf den Weg an die Öffentlichkeit. Sollten sie bei dem Versuch scheitern, unter ihren Kommilitonen Unterstützung zu finden, wären sie in doppelter Weise blamiert: einmal als Interessenvertreter, die nicht das Vertrauen ihrer Wähler hatten, und zum anderen gegenüber den Professoren in den Gremien, die dann mit Recht darauf hätten hinweisen können, daß sie für die Studentenschaft nicht repräsentativ seien und ihre Positionen im luftleeren Raum hingen.

Doch der Versuch gelang – nicht zuletzt deswegen, weil sich die Universitätsverwaltung und die Professorengremien, nervös geworden durch die wachsende Aufmerksamkeit der Öffentlichkeit, ungeschickt verhielten. Statt in Dialog zu treten, versuchten sie ihren Standpunkt mit autoritären Mitteln, Einschüchterungs- und Erpressungsversuchen durchzusetzen. Und genau diese Art, die studentischen Vertreter von oben herab zu behandeln und abzukanzeln, sie als unzuständig und inkompetent zu deklarieren, traf einen Nerv beim Großteil der Studentenschaft. Denn was diese im persönlichen Umgang mit den Halbgöttern der Wissenschaft bisher als individuelle Ohnmacht gedeutet und auf ihr eigenes wissenschaftliches Unvermögen zurückgeführt hatte, trat ihr jetzt auch in einer Situation entgegen, in der nur organisatorische Fragen zur Debatte standen.

Und noch einen massiven Fehler begingen die Ordinarien. Sie wollten es den Vertretern der Studenten verbieten, ihre Kommilitonen darüber in Kenntnis zu setzen, was in deren Beisein in den akademischen Gremien besprochen und beschlossen worden war – auch dann, wenn es sich um Angelegenheiten handelte, die die Studenten selbst betrafen. Mit der Weitergabe der Informationen – so die Ordinarien weiter – würden sich die Studentenvertreter einem Bruch der Vertraulichkeit schuldig machen und außerdem illegitimen Druck auf die akademischen Selbstverwaltungsgremien ausüben. Diese Argumentation brachte nun auch das Blut der unpolitischen und weitgehend an Hochschulfragen desinteressierten Studenten in Wallung. Was sie für ein selbstverständliches Recht in der Demokratie hielten, nämlich daß Angelegenheiten von allgemeiner Bedeutung – also auch hochschulpolitische – öffentlich zugänglich sein müßten, sahen sie nun von der Professorenschaft und der Universitätsbürokratie verletzt. Als diese auch noch darauf insistierten, daß sie formal-juristisch im Recht seien, und die gewählten Vertreter der Studentenschaft – wegen formaler Verstöße gegen das Nicht-Öffentlichkeitsprinzip –

zur Rechenschaft zogen, brach für viele Studenten eine Welt zusammen. Plötzlich wurde offenbar, daß es sich bei den Entscheidungsmechanismen der universitären Gremien um vernunfts- und demokratiefeindliche Strukturen handelte.

Die Studenten glaubten auch – und dies war Mitte 1966 der Bewußtseinsstand an der FU Berlin –, daß die übrige Gesellschaft über diese feudalen Zustände längst hinaus sei. Die Strategie lautete entsprechend, daß man die Universität erst einmal auf das demokratische Niveau heben müsse, das im sonstigen öffentlichen Leben der Bundesrepublik schon längst erreicht war. Das Prinzip der Öffentlichkeit, für das die Studenten nun konsequent kämpften, blieb jedoch abstrakt, weil es in ihren Köpfen zunächst nur als Recht auf unbeschränkte Information bestand.

Obwohl in den Auseinandersetzungen die Tatsache zunächst nicht problematisiert wurde, daß auch vollständige Information nicht unmittelbar die Machtverhältnisse verändert, führten sie doch zu wichtigen Ergebnissen, die für die weitere Studentenbewegung dann von entscheidender Bedeutung waren. Einmal hatte sich in den Augen der studentischen Öffentlichkeit der Nimbus der halbgöttlichen Geistesgrößen entlarvt: Die Macht der Professoren hatte sich als reine Willkür entpuppt. Zum anderen hatten sich die studentischen Vertreter aus ihrer hilflosen Rolle als insignifikante Minderheit in den Gremien befreit, indem sie ihr Mandat an die Studenten quasi dadurch zurückgaben, daß sie diese informierten, sie zur Unterstützung und gleichzeitig zum Kampf für ihre eigenen Interessen aktivierten.

Schon wenige Monate später – nach den Sommersemesterferien 1965 – erreichten der Konflikt und das Bewußtsein der Studenten eine neue Stufe. Hatten sich die bisherigen Verbotsmaßnahmen der Universitätsleitung nur gegen Kritik und Informationsarbeit der Studentenvertreter gerichtet, so weiteten sie sich jetzt aus. Nun wurde auf einmal von studentischen Informationsveranstaltungen zu politischen Fragen verlangt, daß sie den Charakter wissenschaftlicher Neutralität haben müßten. In noch nicht einmal besonders subtiler Form beanspruchten die Hausherren damit nicht nur ein inhaltliches Zensurrecht – denn über Wissenschaftlichkeit konnte gemäß den universitären Sitten letztendlich nur der Ordinarius befinden –, sondern es wurde ein generelles Verbot gegen politische Parteinahme ausgesprochen. Auch hier kam der entscheidende Druck von außen, denn die Springer-Presse hatte der Universität den Vorwurf gemacht, das politische Engagement der Studenten nicht wirksam genug zu unterdrücken.[7] Das Recht auf Informiertheit und Kritik, das die Studenten verteidigten, begann sich damit zum Recht auf politische Parteinahme

---

[7] Die Schlagzeilen in BZ, Bild und Morgenpost hießen u. a.: »Mehr Zivilcourage gegenüber revoltierenden Studenten«; »Berlin ist kein Tummelplatz für Extremisten«; »Unsere lärmende Linke«; »Wir lassen uns nicht auf der Nase herumtanzen«. Siehe hierzu auch: Wofgang Lefèvre: Reichtum und Knappheit. Studienreform als Zerstörung gesellschaftlichen Reichtums. In: Rebellion der Studenten. Reinbek 1968. Ders.: Ursachen und Konsequenzen des 2. Juni. In: neue kritik Heft 42/43, 1967. Werner Doyé; Klaus Detlev Funke: Springer und Studenten. Berlin 1967. Peter Sorgel: Zur Informationspolitik des Springerkonzerns. Frankfurt/Main 1969. Jürgen Alberts: Massenpresse als Ideologiefabrik. Am Beispiel »Bild«. Frankfurt/Main 1972 (hier das Kapitel: Die Bild-Zeitung und die Studenten).

in den Universitäten zu erweitern. Auch wenn sich die Studenten über den Zusammenhang von Wissenschaft und Politik bis dahin nur verschwommen klar gewesen sein sollten, so hatten ihnen spätestens die professoralen Gremien diese Verbindung vor Augen geführt. Das Kriterium wissenschaftlicher Neutralität sollte den Ordinarien das Recht geben zur Genehmigung und Bereitstellung von Räumen für politisch konforme Veranstaltungen ebenso wie zum Verbot und der Verweigerung von Räumen für unliebsame Versammlungen. Diese krasse Parteinahme und dieses Zurückweichen vor den Machthabern in Politik und Medien zeigten den Studenten erneut, wie richtig sie mit ihrer Interpretation lagen: Der Rückzug auf Wissenschaftlichkeit durch die Professoren war ein bloßer Etikettenschwindel, der ihre opportunistische Verweigerung jeglicher politischen Verantwortung überdecken sollte.

Die Professoren konnten zwar keine offensichtlich parteiliche Zensur bei Veranstaltungen ausüben, wollten die gewachsene politische Aktivität der Studenten aber in keinem Fall dulden. Also nahmen sie Zuflucht zur reinen Sphäre der Wissenschaft, die ihrer Interpretation zufolge strikte Parteilosigkeit verlangte. Den Studenten aber entging der durchaus parteiliche Charakter dieses Manövers nicht. So lenkten die Professoren selbst ihre Aufmerksamkeit eben auf jene vermeintlich reine Sphäre der Wissenschaft. Und nach den gemachten Erfahrungen wurde sofort klar, daß genau in diesem Bereich die ordinariale Autokratie am festesten verankert war. Die Mißstände in der wissenschaftlichen Arbeit an den Universitäten, die von studentischen Experten längst analysiert worden waren – also mangelnde Reflexion der Prämissen und der Methoden, Unkontrolliertheit der wissenschaftlichen Verfahren und die dementsprechende Farce der Diskussionen in den Seminaren –, erkannten jetzt größere Teile der Studentenschaft als Momente der professoralen Herrschaft.

Der institutionelle Konflikt wurde also inhaltlich. Er begann sich mit der wissenschaftlichen Arbeit in den Universitäten zu befassen, indem er scheinbar ganz abstrakt wurde und die universitäre Sphäre gegen eine allgemeinpolitische Ebene vertauschte.

Die Diskussion des Wissenschaftsbegriffs

Die Wissenschaft war für die Mehrheit der 68er nie ein spezifisches Problem gewesen. Mehr oder weniger unkritisch hatten sie die Lehre der Universitäten zwar manchmal hinsichtlich der Inhalte kritisiert, den wissenschaftlichen Erkenntnisprozeß als solchen jedoch nie hinterfragt. Erst als sie durch die Auseinandersetzungen – vor allem durch das Verbot der politischen Betätigung – darauf gestoßen wurden, begannen sie, sich mit der Wissenschaft als solcher zu beschäftigen.

Die Studenten trafen damit gleich auf mehrere Problemkreise, von denen sie nur eine ungefähre Ahnung hatten. Die Lösungen mußten sie sich zum größten Teil selbst erarbeiten, da kaum Literatur existierte, die ihnen hierbei Hilfestellung hätte geben können. Zunächst sahen sie sich mit der Frage konfrontiert, ob sie das Recht hatten, sich als verfaßte Studentenschaft politisch zu betätigen, oder ob die Äußerung politischer Meinung ihnen nur als Privatpersonen offenstand. Dieses Recht wurde ihnen von Seite der Professoren, Universitätsadministration und der politischen Exekutive abgesprochen. Da sie selbst der Meinung waren, daß ihnen eine solche Betätigung natürlicherweise zustünde und von niemandem verboten werden könne, kämpften sie für das politische Mandat.

Die Konsequenz der Trennung von Wissenschaft und Emanzipationsinteresse im Rahmen der studentischen Selbstverwaltung faßte Victor Rohde – im Zusammenhang mit Auseinandersetzungen um das politische Mandat an der Universität Bonn im Dezember 1966 – gut zusammen: »Wer also auf das politische Mandat verzichtet, macht sich zum Sachwalter der Autorität, akzeptiert das ihm zugewiesene Ghetto und bietet der Gesellschaft die Möglichkeit, die Universität nach Belieben zu manipulieren. Mit dem Lockruf, nun und ausschließlich die Interessen der Studenten vertreten zu wollen, ziehen die trojanischen Pferde als fünfte Kolonne der Obrigkeit in die studentische Selbstverwaltung ein, wo sie mit Bienenfleiß alles verwalten, ohne etwas zu ändern. Denn zu einem Umbruch braucht es mehr, als universitätsinternes Reservatsdenken. Die Studentenschaft braucht Vertreter, die fordern, keine dienenden. Sie braucht Leute mit einer Konzeption, die sie gegen den Widerstand der herrschenden Kräfte durchzusetzen bereit sind; keine Verwalter, die ohne ihren Posten nicht nur ohne Hosen, sondern schlicht nackt dastehen.«[8]

Der Befund von Heribert Adam aus Frankfurt hielt damals fest, daß »das Gros der Konflikte, die über den Grad von Meinungsverschiedenheiten hinausgehen und zu Interventionen des Rektors führten ... auf eine im engeren Sinne politische Aktivität der Studenten zurückgeht. So wird deutlich, welche Relevanz für die Konflikte an der Universität das politische Mandat besitzt. Festzuhalten bleibt auch der Beginn der staatlichen und universitären Bemühungen um die Repression politischer Aktionen der Studentenschaft: Konflikte zwischen Rektor und Studenten wegen deren politischer Aktivität beginnen mit der Diskussion um die Wiederaufrüstung Deutschlands. Erst seit dieser Zeit stellen sich Rektor und Senat immer häufiger gegen einzelne politische Aktionen der Studenten auf die Seite staatlicher Instanzen. In den zuvor an den Hochschulen dominierenden Auseinandersetzungen, in denen langjährige Debatten um die Zulassung der Korporationen, den Demonstrationen gegen Veit Harlan oder später noch einmal in der Schlüter-Affäre, agierten Hochschule und Studentenvertretung meist gemeinsam und – besonders in Fragen der Kulturpolitik – gegen den Staat. Nun aber entwickelt sich die Rechtsaufsicht, die die Hochschulbehörden als eine staatliche Auftragsangelegenheit über die Studentenschaft ausüben, zunehmend zu einer Zweckmäßigkeits-

---

[8] Victor Rohde. In: akut, Nachrichtenmagazin der Bonner Studentenschaft, Nr. 29/30, Dezember/Januar 1966/1967.

kontrolle politischer Betätigung der Studenten. Offensichtlich ist mit der Konsolidierung und Restaurierung des Staatsapparats seit 1945, die in der Wiederaufrüstung ihren Abschluß fand, auch an den Hochschulen der sporadische Widerstand gegen diese Entwicklung beendet. Die in der Hochschulreformdiskussion der ersten Nachkriegsjahre häufig vertretene Meinung, die Universitäten könnten als eine Art extraterritoriales Gebilde bestehen und sich gesellschaftlichen Tendenzen widersetzen, hat sich als Schein erwiesen. Wo dennoch studentische Minderheiten opponierten, wurden sie um so nachdrücklicher zur Ordnung gerufen.«[9]

Sammlungen für DDR-Studenten wurden genehmigt, solche für algerische Studenten verboten (FU Berlin 1962); der Allgemeine Studentenausschuß (AStA) erhielt vom Rektor einen Verweis, weil das Auslandsreferat der Studentenschaft eine Demonstration gegen die Rassentrennungspolitik der Südafrikanischen Republik organisiert hatte (Köln, 1960). Zusammenfassend stellt Adam fest: »Wenn auch erst eine Einzelanalyse der Konflikte alle Hintergründe und Motive offenlegen könnte, so zeigen sich in den verschiedenen Kontroversen doch Gemeinsamkeiten. Auffällig ist, daß die Interventionen der Hochschulbehörden mit herrschenden Tendenzen in der Bundesrepublik konvergieren. In unseren Erhebungen fand sich kein Fall, in dem das zur Begründung der Maßnahmen stets angeführte Argument, die Vertreter eines Zwangsverbandes seien zu politischen Stellungnahmen

---

[9] Heribert Adam: Studentenschaft und Hochschule. Frankfurt/Main 1965.

nicht legitimiert, auch bei studentischen Aktionen vertreten wurde, die mit Interessen der offiziellen Politik übereinstimmten. Ideologisch mit dem unpolitischen Selbstverständnis der Hochschulen begründet und mit juristischen Erwägungen umkleidet, wird gerade nach politischen Gesichtspunkten über die Zweckmäßigkeit einer studentischen Betätigung von oben verfügt.«

Wolfgang Thieme beschrieb als Karikatur gemeint den daraus resultierenden Zustand folgendermaßen: »Erlaubt ist das, was der Regierung paßt. Die Studenten dürfen daher ihre Stimme erheben, wenn die Sowjetrussen Ungarn besetzen, und sie dürfen es nicht, wenn die Engländer, Franzosen und Israelis Ägypten angreifen.«[10]

Die Argumentation um das »politische Mandat« wurde von den 68ern nicht nur hochschulpolitisch geführt, sondern auch rechtlich. Zwei von ihnen, die Juristen Stephan Leibfried und Ullrich K. Preuß zeigten nicht nur, daß sie als Studenten ihr wissenschaftliches Handwerk gelernt hatten, sondern entwickelten in einer Art Rechtsgutachten Gedankengänge, die auch für die spätere Rechtssprechung bis hin zum Bundesverfassungsgericht von wesentlicher Bedeutung waren. Sie kamen dabei zu folgenden Schlüssen:

> »Die Frage nach dem ›politischen Mandat‹ der verfaßten Studentenschaft ist nicht zu trennen von ei-

---

[10] Wolfgang Thieme. In: Stefan Leibfried (Hrsg.): Wider die Untertanenfabrik. Köln 1967.

nem ›politischen Mandat‹ der ganzen Universität als institutionalisiertem Wissenschaftsprozeß. ...

Dieser materiell öffentliche Charakter der Universität, begründet in und geschützt durch Art. 5 Abs. 3 S. 1 GG, bedeutet daher nicht Einbeziehung einer privilegierten Korporation in den staatlichen Zusammenhang, sondern die verfassungskräftige Anerkennung der Notwendigkeit und Bedeutung organisierter Wissenschaft für die Existenz und Entwicklung der politischen Ordnung des Grundgesetzes – der sozialen und rechtsstaatlichen Demokratie. ...

Die Wissenschaft des Art. 5 Abs. 3 S. 1 GG ist ein unbestimmter Rechtsbegriff. Dessen Auslegung kann aber nur durch die wissenschaftlichen Instanzen selbst vorgenommen werden: alles andere wäre eine Intervention, ein Eingriff in den Wissenschaftsprozeß selbst. Dieser aber soll gerade durch den Art. 5 Abs. 3 GG garantiert werden. ...

Deckt Art. 5 Abs. 3 GG jede wissenschaftstheoretische Position, so ist nicht einzusehen, warum ein Begriff von Theorie und Wissenschaft, der nicht im Horizont lebenspraktischer Fragen steht, der an der Entfaltung menschlicher Möglichkeiten nicht interessiert ist, wissenschaftstheoretisch als der allein wissenschaftliche anerkannt werden soll. Die Isolierung der wissenschaftlichen Fragestellungen und das Zerreißen des Zusammenhangs zwischen Erkenntnis und Gesellschaft z. B.

durch einen positivistischen Wissenschaftsbegriff, der die Theorie zur Reflexion bagatellisiert, zeigt, daß es sich bei einer kritischen Theorie, einer kritischen Wissenschaft, nicht um eine individuell-humanistische Legierung, um privatisierbare Wissenschaftsethik handeln kann, sondern um eine Wissenschaftstheorie, die die gesellschaftlichen Bedingungen wissenschaftlicher Tätigkeit im Wissenschaftsprozeß reflektiert sehen will und Tätigkeit nicht folgenlos sein läßt. ...

Art. 5 Abs. 3 S. 1 GG garantiert daher neben den individuellen Wissenschaftsgrundrechten (als Abwehrrechten) auch die akademische Selbstverwaltung als nicht dem Staat eingegliederte Institution und beinhaltet die institutionellen Garantien 1) einer im engeren Sinne wissenschaftlichen Öffentlichkeit und 2) einer Öffentlichkeit, in der auf den lebenspraktischen Horizont der Einzelwissenschaften bzw. der Wissenschaft reflektiert wird. ...

Wissenschaft und Reflexion auf ihre gesellschaftlichen Bedingungen, artikuliert in der wissenschaftlichen Öffentlichkeit, sind so nur zwei Aspekte derselben Sache: der politischen Funktion aller Wissenschaft. ...

Das Argument, daß die Studentenschaft als vom Staat geschaffene Körperschaft des öffentlichen Rechts, den ihr eingeräumten Wirkungskreis einzuhalten habe (zu dem dann politische Äußerungen nicht gehören sollten), greift nicht durch,

denn der wirkliche Grund liegt ja in der Gewähr-
leistung der institutionellen Teilnahme der Studentenschaft am Wissenschaftsprozeß, der in Art. 5
Abs. 3 S. 1 GG gefordert ist und das ›politisches
Mandat‹ mitumfaßt. Hier liegt der qua Verfassung
zugesprochene Wirkungskreis.

Auch eine Eingrenzung der kritischen Aktivität
der Studentenschaft auf hochschulpolitische Belange liegt neben der Sache, denn die Tätigkeit
der Studentenschaft ist in ihrem Kern nicht mittelbare Selbstverwaltung und auch nicht soziale
Selbstverwaltung (wie zum Beispiel die Industrie-
und Handelskammern), sondern eben Teilnahme
der wissenschaftlich Lernenden am Wissenschaftsprozeß und an der wissenschaftlichen Öffentlichkeit der Hochschule; eine solche Teilnahme
ist aber nicht an außerwissenschaftliche Begren-
zungen gebunden. ...

Die Studentenschaft ist eine Selbstverwaltungskörperschaft der wissenschaftlich Lernenden und
hat daher einen institutionell öffentlichen Charakter. Sie verwaltet zusätzlich einige soziale und kulturelle Angelegenheiten der Studenten, die sich
aus deren Status als wissenschaftlich Lernende ergeben. Da die als Selbstverwaltungskörperschaft
der wissenschaftlich Lernenden in spezifischer
Weise an der Grundgesetzgarantie der Wissenschaft und der landesgesetzlichen Aufgabenstel-
lung der Hochschule teilnimmt, ist sie auch frei

darin, auf der Basis eines bestimmten wissen-
schaftstheoretischen Verständnisses den gesell-
schaftskritischen Aspekt wissenschaftlicher Tätigkeit, der von der Garantie der Wissenschaftsfreiheit in Art. 5 Abs. 3 S. 1 GG mitumfaßt ist, zu ak-
tualisieren. Ein Verständnis von Wissenschaft, das
den Zusammenhang von Theorie und Praxis deswegen herzustellen suchte, weil abstrakte Erkenntnis als abstrakte falsch ist, und das daher in
einem dialektischen Prozeß der Vermittlung von
Theorie und Praxis konkrete Wahrheit zu ermitteln
sucht, bringt eine wissenschaftstheoretische Position zum Ausdruck, die zwar von der offiziellen
Universität nicht geteilt wird, die sich aber nichts-
destoweniger auf den Rechtstitel des Art. 5 Abs.
3 GG berufen kann. Es bedarf hierbei keiner weiteren Erörterung, daß die Organe der Studentenschaft, soweit sie rechtlich verbindliche Beschlüsse fassen – Festsetzung von Gebühren ... –, an die
üblichen hochschulverfassungsrechtlichen Normen
gebunden sind; denn diese sind keine Emanatio-
nen wissenschaftlicher Lernprozesse und ihrer juristischer Entsprechungen, sondern Verwaltungs-
funktionen, die der üblichen Kompetenzordnung
(mittelbare Selbstverwaltung) unterliegen.«[11]

---

[11] Stephan Leibfried; Ulrich K. Preuß: Wissenschaft als gesellschaftliche Praxis im Interesse der Emanzipation – Thesen zum politischen Mandat der Studentenschaft. In:
Wider die Untertanenfabrik. Köln 1967.

Die nächste Fragestellung tat sich auf, als die Professoren und andere Stellen das politische Mandat der Universitäten mit der Begründung negierten, daß Wissenschaft in ihrem Wesen neutral sei und daß das Grundgesetz gerade aus den bitteren Erfahrungen mit dem Faschismus dies ausdrücklich im Rahmen der Grundrechte durch die »Freiheit der Wissenschaft« und damit der »Freiheit von Forschung und Lehre« (Art. 5 GG) garantiert habe. Sinn dieser Freiheitsgarantie sei es, die Wissenschaft von jeglicher Art politischer Einflußnahme fernzuhalten, da sie andernfalls erneut zu Propagandazwecken mißbraucht werden könnte. Daß die Mehrheit der Professorenschaft sich mit dieser Begründung in eine für sie äußerst unangenehme Situation manövriert hatte, sollte sich wenig später zeigen. Denn in diese scheinbar logische Verfassungsinterpretation waren zumindest zwei Prämissen eingegangen, die die 68er nicht unhinterfragt durchgehen lassen konnten.

Die erste betraf die »Neutralität« der Wissenschaft: Inwieweit ist oder kann Wissenschaft überhaupt gesellschaftlich neutral sein? Mischt nicht vielmehr bei den Wissenschaften — trotz aller von äußeren Einflüssen gereinigten Anwendung der Methoden, die nur der Rationalität und Logik gehorchen — die sie umgebende Gesellschaft in vielfältiger Weise bei der »Erkenntnissuche« mit?

Zu welchen Ergebnissen die Studenten mit ihren Überlegungen damals kamen, zeigt beispielsweise der folgende Ausschnitt aus einem Diskussionsbeitrag an der Freien Universität Berlin.

»Politisierte Wissenschaft scheint dem herrschenden wissenschaftlichen Selbstverständnis so sehr
ein Widerspruch zu sein, daß ihm der Nachweis,
eine wissenschaftliche Tätigkeit sei als politisierte
Wissenschaft charakterisierbar, mit dem Nachweis
identisch scheint, daß es sich dabei um etwas Un-
wissenschaftliches handelt. Entsprechend soll es
Wesensmerkmal kritischer Wissenschaft sein, aller
Politisiertheit frei zu sein. Der politisch-neutrale
Charakter von Wissenschaft ist eine Selbstverständlichkeit für das herrschende wissenschaftliche Selbstbewußtsein.

Aber gerade in dieser Selbstverständlichkeit
täuscht sich dies Selbstbewußtsein am gründlichs-
sten. Es gibt keine politisch-neutrale Wissenschaft.
Daran ändert auch keine Beschwörung und kein
Senatsbeschluß etwas. Wir brauchen, um das zu
zeigen, nicht allein auf die bekannten Formen von
Auftrags-Forschung zurückzuweisen, nicht auf die
– zweifellos untypische – blonde Mathematik der
braunen Jahre. Vielmehr gehen wir, um das zu zeigen, auf das politisch-neutrale Selbstverständnis
der Wissenschaft selbst zurück. ...

Die Wissenschaft entscheidet sich gerade im
politisch-neutralen Selbstverständnis des Positivis-
mus eindeutig für die Unkritisierbarkeit der bürgerlichen Gesellschaft. Das ist nicht harmlos. In
dem Maße, so unsere erste Folgerung, wie für die
bürgerliche Gesellschaft die Wissenschaft zur

maßgebenden Bedingung für beispiellose Verbrechen wurde, deren Opfer ganze Völker sind, in dem Maße kann der loyale Charakter bürgerlicher Wissenschaft, der gerade in ihrem politisch-neutralen Selbstverständnis liegt, nicht als vernachlässigenswert angesehen werden. ...

Die bürgerliche Wissenschaft hat also recht, wenn sie den Angriff auf sich als etwas Politisches abwehrt; sie vollführt jedoch ein Ablenkungsmanöver, wenn sie behauptet, bei dieser Abwehr selbst nicht politisch zu sein; vielmehr führt die bürgerliche Wissenschaft den politischen Kampf gegen eine Wissenschaft, die sich ihren politischen Charakter einzugestehen vermag und deswegen fähig ist, ihre politischen Ziele rationaler Kritik zu unterwerfen. ...

In der Abwehr sich politisch begreifender und politisch tätiger Wissenschaft, so ist unsere zweite Folgerung, geht die bürgerliche Wissenschaft über ihre scheinbar unverantwortliche Willfährigkeit gegenüber der bürgerlichen Gesellschaft hinaus; in dieser Abwehr übernimmt sie aktiv und selbstbewußt eine spezifische Aufgabe: die Bekämpfung der Emanzipation der Vernunft, die diese für bürgerliche Zwecke unbrauchbar machen würde. Die Bekämpfung solcher Vernunft hat im selben Maße an Bedeutung gewonnen, wie der bürgerliche Gebrauch von Wissenschaft für die Erhaltung der bürgerlichen Gesellschaft ein unabdingbarer Faktor ist.

Die ›Neutralität‹ der Wissenschaft, ihre Un-
berührtheit vom politischen Leben der Gesellschaft findet in der bürgerlichen Universität ihren
deutlichsten institutionellen Ausdruck. ... In der
formalen Autonomie der Universität drückt sich
die partielle Selbständigkeit der wissenschaftlichen Produzenten, ihr Privileg aus. ... Da auf dieser Erde der geschichtliche Kampf um die Verhältnisse noch blutig tobt, in denen das Individuum
seine Wahrheit finden könnte, und es in diesem
Kampf um die Aufhebung von Privilegien, Unterdrückung und Unmündigkeit geht, kann die Wahrheit nicht an die Integrität privilegierter Individuen
geknüpft sein.

Aus der gesellschaftlichen Stellung der Wissenschaftler in der bürgerlichen Gesellschaft ziehen
wir die dritte Folgerung: Die bürgerlichen Wissenschaftler sind opportunistisch und »neutral« nur
den Mächten gegenüber, die ihre privilegierte
Stellung garantieren, das heißt die bürgerliche
Wissenschaft ist explizit politisch, sie ist konterre-
volutionär. ...

Es geht also nicht um unpolitische oder politische Wissenschaft. Vielmehr geht es um die permanente wissenschaftliche, von Praxis nicht ge-
trennte Reflexion der politischen Ziele von Wissenschaft. In unserer Situation sind zunächst zwei
Aufgaben gestellt:
1) den elitären, zynischen und vernunftfeindlichen

> Charakter der bürgerlichen Wissenschaft gründlich aufzudecken und zu kritisieren;
> 2) die Voraussetzungen zu schaffen für die permanente wissenschaftlich-praktische Auseinandersetzung über die politischen Ziele, die mit Vernunft vereinbar sind und deswegen Ziele von Wissenschaft werden können.
> Die bestehende Universität ist in ihrem jetzigen Zustand dazu nicht fähig.«[12]

In dieser Frage erhielten die 68er Studenten von einer anderen Ebene und aus einem anderen Zusammenhang heraus Schützenhilfe für ihre Auffassung: von Erkenntnistheoretikern und Wissenssoziologen.

Die zweite Prämisse, die die Studenten hinterfragten, brachte die unbewältigte Vergangenheit wieder zum Vorschein, indem sie das Verhältnis von Wissenschaft und Faschismus beziehungsweise die Rolle der Professorenschaft im Nationalsozialismus thematisierte. Wolfgang F. Haug, ein Mitglied des SDS, der den Argument-Club gegründet hatte, in dem sich vor allem theoretisch arbeitende Studenten und Wissenschaftler zusammengefunden hatten, analysierte dieses Verhältnis anhand von Vorlesungen. Aufgrund der Konflikte war in der Studentenschaft einiger Universitäten der Plan aufgekommen und hatte in den akademischen Gremien eine Mehrheit

---

[12] Zit. nach: Kritische Universität. Freie Studienorganisation der Studenten in den Hochschul- und Fachschulen von Westberlin. Programm und Verzeichnis der Studienveranstaltungen im WS 1967/68.

gefunden, das Verhältnis der Universitäten zum Faschismus zum Gegenstand akademischer Vorlesungen und Diskussionen zu machen. Die außerordentlich feindseligen Reaktionen vieler Professoren auf enthüllende Veröffentlichungen oder auf die Forderung nach Aufklärung der faschistischen Vergangenheit bewertete der Mannheimer Germanist Rainer Gruenter folgendermaßen: »In wahrhaft grotesker Verdrehung und Verkennung der Anlässe heißt bereits Störenfried der, den die brutale Verbindlichkeit der exkulpierten Schelme, die lukrative Vergeßlichkeit der Mitläufer und Mißbrauchten stören bis zum krankmachenden Ekel. Warum ist man überall so beflissen, das Vergessen und Verdrängen zu empfehlen, und so wenig geneigt, das Erkennen zu fördern und zu schützen?«[13] Der Bonner Germanist Richard Alewyn hatte diejenigen Professoren, die eine Behandlung dieses Themas aus unterschiedlichen Motiven abgelehnt hatten oder die »Aufklärung« verhindern wollten, in acht Kategorien eingeteilt:

1. Die schlecht, falsch oder gar nicht Informierten;
2. die, die selbst etwas zu verbergen haben;
3. die bekehrten Ehemaligen, die keine Steine aus dem Glashaus werfen mögen;
4. die Unbelasteten, die aus Großmut verzeihen möchten;
5. die akademisch Standesbewußten, die meinen, es sei

---

[13] Rainer Gruenter: Verdrängen und Erkennen. Zur geistigen Situation der Germanistik. In: Der Monat Heft 197, 1965.

unter der Würde der Universität, auf Attacken zu reagieren, besonders, wenn sie »von der Gasse« kommen;

6. die auf akademische Solidarität oder »Staatsräson«
   Bedachten;
7. die Opportunisten, die um ihre persönliche Position
   oder um die einer Gruppierung bangen;
8. die nichts als Ungeschickten oder Friedfertigen.

Von der zweiten Kategorie gab es aber mehr, als die
Studenten in ihrer Naivität und ihrem Glauben an die
von »blonder Mathematik« befreiten, entnazifizierten
»braunen Universitäten« zunächst gedacht hatten. Hellhörig geworden, belehrte sie das Stöbern in den Bibliotheken und den Schriften ihrer Lehrer während der
Nazizeit eines Besseren. Es gab kaum ein Fachgebiet und
kaum eine Hochschule, in der sie nicht auf die dunklen
Spuren trafen, die diejenigen hinterlassen hatten, die
ihnen jetzt als wissenschaftliche Autoritäten gegenüber-
standen. Nicht überall war die Situation jedoch so kraß
ausgebildet wie beispielsweise in den Rechtswissenschaften, wo viele ehemalige Nazis lehrten. Doch auch
auf der anderen Seite, der Soziologie, in der zum Selbstverständnis des Faches gehörte, daß es während der
Zeit des Faschismus nicht existiert habe, weil man sich
damals angeblich die Soziologen durch Austreibung kritischer Personen vom Hals schaffte oder sie auf andere
Weise kaltstellte und zum Schweigen brachte. Im Lande
blieben nach 1933, so der bis weit in die 70er Jahre
renommierteste und populärste Nachkriegssoziologe

Helmut Schelsky, jene, die sich »unbedenklich zu Partisanen der von den politisch führenden Kräften erstrebten Entwicklung machten«.[14] Daß er selbst einer von jenen war, der noch kurz vor Kriegsende seine erste Professur im von den Deutschen besetzten Straßburg erhielt, verschwieg nicht nur er, sondern auch in den Medien wurde darüber kein Wort verloren. Diese machten statt dessen seine blumigen Thesen über die »skeptische Jugend« und die »nivellierte Mittelstandsgesellschaft« im Adenauer-Staat zum Bestseller. Auch über seinen Mentor Arnold Gehlen, dem Schelsky bis an die Universität Königsberg gefolgt war, wurde kein Wort verloren. Obwohl Gehlen schon 1934 als Soziologieprofessor in Leipzig als »Amtsleiter der faschistischen Dozentenschaft« die faschistische Diktatur und deren gewalttätige Expansionspolitik in seinen Schriften glorifiziert hatte, fand er nach 1945 schnell einen neuen Professorenstuhl. Sein Hauptwerk »Der Mensch« (Erstveröffentlichung Berlin 1940!) versehen mit einem neuen Vorwort wurde zur Pflichtlektüre für mehrere nachfolgende Studentengenerationen, und Gehlen selbst stieg mit seinen »wertvollen Erkenntnissen« neben seiner Professorentätigkeit auch zum festen Berater der Deutschen Arbeitgeberverbände auf.

Wie sahen nun die Erklärungen aus, die bereitwillige Professoren an den verschiedensten deutschen Universitäten von Hamburg bis München fanden, um dieses Verhalten der Hochschullehrer im Verhältnis zum Natio-

---

[14] Helmut Schelsky: Lage und Aufgabe der angewandten Soziologie in Deutschland. In: Soziale Welt 1950/51.

nalsozialismus verständlich zu machen? Wolfgang F. Haug kommt aufgrund seiner Analyse zu folgendem Zwischenergebnis:

»›Wie war es möglich?‹ Diese Frage scheint sich von selbst und wie anonym zu stellen. In unserem Zusammenhang spitzt sie sich zu: wie war es möglich, daß die deutsche Wissenschaft sich bis auf verschwindende Ausnahmen gleichschalten ließ beziehungsweise sich selbst gleichschaltete? Die Frage ist nicht selbstverständlich. ...

Die Professoren fragten nicht aus eigenem Antrieb. Es sei daran erinnert, daß es die Studenten waren, die ihnen die Frage aufdrängten. Bei ihnen kann sie ganz anders heißen, weder anfänglich noch voraussetzungslos sein. Sie kann gerade dem zunehmenden Bewußtsein davon, wie sie zu beantworten wäre, entspringen. Einsichten in den Faschismus, in seine Bedingungen, die ihm vorausgingen und nach seiner Zerschlagung sich fortsetzen, können ein Motiv sein, den Universitäten, die in denselben Zusammenhang eingebettet sind und ihn mittragen, die Frage aufzunötigen. Daß die Frage anfänglich daher kommt, heißt jetzt: es muß endlich der Anfang damit gemacht werden, das im Kern zu wenig Veränderte zu verändern. Die Frage ist also listig, die Vernunft legt sich in ihr in den Hinterhalt. Sie kann auch davon ausgehen, daß privat jeder der Professoren etwas weiß, was zwingende Konsequenzen haben müßte, würde es zum offenen Konsensus erhoben.

Eine unlängst erschiene Untersuchung über das Verhältnis der deutschen Schriftsteller zum Faschismus konstatiert eine um 1933 bei den Angehörigen der ›geistigen‹ Berufe weit verbreitete ›innere Bereitschaft, sich dem neuen Kurs zu unterwerfen‹, zumal bei der großen Mehrheit der bisher ›zumeist unpolitischen oder konservativen Intellektuellen‹. Gerade diejenigen, die bisher prinzipiell jedes Engagement abgelehnt hatten als unvereinbar mit ihrer geistigen Position, wurden widerstandslos zu Parteigängern. Typisch ist freilich nicht der fanatische inhaltsgläubige ›National-Sozialist‹, sondern der konformistische – und oft genug windelweiche – Mitmacher mit ›inneren Vorbehalten‹ beziehungsweise mit konsequent befolgter Moral von der Art ›Was ich nicht weiß, macht mich nicht heiß‹. Nach der erwähnten Untersuchung gehörten ›ein verfehlter Idealismus und ein verqueres Weltbild ebenso zu den Komponenten dieses Versagens wie der Opportunismus und die Angst, die Gesinnungslosigkeit und die schiere Dummheit‹. Dieser Katalog von Vorwürfen – die vielleicht zu grob formuliert sind, um die feine Tarnung der kritischen Verhaltensweisen durchsichtig zu machen – deckt sich mit einem gewichtigen Teil der in den untersuchten Vorlesungen angedeuteten Antworten auf die Frage: wodurch waren die deutschen Professoren für ein dem Faschismus konformes Verhalten prädisponiert? Politische Blindheit, elitärer Standesdünkel, fachliche Borniertheit beim Betrieb vermeintlich reiner Wissenschaft, als ›wertfrei‹ ausgegebene und vielleicht auch geglaubte Zurückgezogenheit aus Politik und Gesellschaft, schließlich Haß gegen Aufklärung, Demokratie und vor allem Marxismus und Sozialismus – derart sind die Faktoren, wie sie sich in den untersuchten Vorlesungen darstellen, kurz referiert und erörtert. Gegenstand ist also jetzt das Fehlen oder Versagen eines damaligen antifaschistischen Widerstands der Universitäten, im Spiegel des nachgeholten antifaschistischen Widerstandes von heute.«[15]

Das Urteil, zu dem Haug nach seiner Gesamtanalyse kam, war – und dies wurde auch durch spätere Untersuchungen gestützt –, daß es sich bei den Versuchen der Universitätslehrer, die Nazivergangenheit mit wissenschaftlichen Mitteln aufzuarbeiten und verständlich zu machen, in der Mehrheit um einen »hilflosen Antifaschismus« handelte.

---

[15] Wolfgang Haug: Der hilflose Antifaschismus. Köln 1977.

5

»Weihnachtswünsche werden wahr, Bomben made in USA«: das »Vietnam-Semester« 1965/66

Kein politisches Ereignis hat bei der Politisierung und in den Diskussionen der Studenten eine so entscheidende Rolle gespielt wie der Vietnamkrieg; darin sind sich Beobachter und Betroffene weitgehend einig. Die Beschäftigung mit diesem Krieg sollte zum ersten großen massiven Zusammenstoß mit der universitären, aber vor allem auch mit der außer-universitären Ordnungsmacht führen.

Schon vorher hatte es außerhalb der Freien Universität Berlin studentische Aktionen und Veranstaltungen zu politischen Themen und auch zu Problemen der Dritten Welt gegeben. Doch vor allem der Demonstration deutscher und afrikanischer Studenten gegen den Besuch des kongolesischen Ministerpräsidenten Moise Tschombé kam besondere Bedeutung zu. Denn hier zeigten sich schon neue Aktionsformen seitens der Studenten, die von einer kleinen Gruppe entwickelt, theoretisiert und später im SDS fest verankert wurden. Tschombé war ein eindeutiger Vertreter der belgischen und amerikanischen Konzerne, die ihre Besitzansprüche und Ausbeutungsinteressen an den Zinn- und Kupferminen im Kongo nicht aufgeben wollten. Die Rolle Tschombés bei

127

der Ermordung seines revolutionären Widersachers Patrice Hemery Lumumba war selbst in der Springer-Presse breit dargestellt worden. Diese kompromittierte Persönlichkeit sollte im Rahmen eines Staatsbesuchs von Bürgermeister Willy Brandt gerade dort empfangen werden, wo für den Westen die »Freiheitsglocke« hing, nämlich im Schöneberger Rathaus. Doch zuvor gelang es den demonstrierenden Studenten noch, die Staatskarosse, in der Moise Tschombé saß, mit Tomaten unter Beschuß zu nehmen. Es kam zu den ersten Prügelszenen mit Polizeibeamten. Daraus lernten die Studenten schnell. Bernd Rabehl, einer der vielen Köpfe der Berliner 68er, resümierte diesen Lernprozeß folgendermaßen: »Angefangen damit, daß es offenbar nicht mehr genügte, Demonstrationen zu veranstalten, die in der Gesellschaft keinerlei Resonanz hinterließen oder als sogenannte Störaktion bezahlter Agenten verdrängt werden konnten. Solche Demonstrationen überwand man nur, wenn man die ›gesetzten‹ Spielregeln einer solchen Demokratie durchbrach und dadurch Staatsexekutive, Parteien und Verbände zur Stellungnahme zwang, zur inhaltlichen Auseinandersetzung mit den Zielen der Demonstrationen. Man vermied dadurch, selbst zum Aushängeschild und Alibi einer Demokratie zu werden, in der längst nicht mehr offen diskutiert wurde und Entscheidungen nicht im Parlament gefällt wurden, das auch seine Kontrollfunktionen nicht mehr wahrnehmen konnte, einer Demokratie also, in der Parteien und Verbände sich zu einem Regierungskartell zusammengefunden hatten und alle gesellschaftlichen Maßnahmen nach verwaltungstechni-

schen Normen entschieden wurden. Die Reaktionen der
›freien‹ Presse und der Parteien in Berlin auf die Demonstrationen wurden zum ›Lehrstück‹ für die, die an ihr teil-
genommen, die also ihre politische Kritik zum Ausdruck
gebracht hatten und sich nun als ›Randalierer‹, die ir-
gendwelchen ›Rädelsführern‹ gehorchten, in den Spal-
ten der Zeitungen typologisiert fanden. Der Glaube an
eine nicht verzerrte Berichterstattung war erschüttert.
Schon damals wurde eine Pogromstimmung gegen die
erzeugt, die es wagten, die Harmonie der Berliner ›Volksgemeinschaft‹ zu stören oder in Frage zu stellen. Das
ganze Vokabular gegen Minderheiten wurde erprobt.
Unter diesen Umständen war Monsieur Tschombé für
diese Gazetten plötzlich ein nobler Vertreter der demokratischen Interessen, der nur etwas zu unbesonnen gegen die Unruhestifter im Kongo vorgegangen war.«[1]

Rudi Dutschke, von den Massenmedien schon schnell
zum »Führer« der Studentenbewegung hochstilisiert, beschrieb und analysierte denselben Vorgang folgendermaßen:

>»Wir hatten uns weder organisatorisch noch tech-
>nisch auf die Demonstration vorbereitet. Sie war
>›ordentlich‹ angemeldet, aber ein Verständnis der
>Demonstration als Kampfinstrument der Bewußt-
>werdung primär für die an ihr Beteiligten hatten
>wir damals noch nicht.

---

[1] Bernd Rabehl: Von der antiautoritären Bewegung zur sozialistischen Opposition.
In: Uwe Bergmann: Rebellion der Studenten. Reinbek 1968.

Von entscheidender Bedeutung bei der Demonstration vor dem Flughafen und später auf den Straßen in Richtung Schöneberger Rathaus war die Bereitschaft bei der Mehrheit der Demonstranten zu einer Illegalisierung der Demonstration, war ihre Entschlossenheit zum gemeinsamen Handeln gegen die fetischisierten Spielregeln der formalen Demokratie anzugehen. Es entstand eine spontane Kooperation zwischen den verschiedensten Fraktionierungen innerhalb der Linken. ... Das militante Auftreten der Demonstranten überraschte die ›Hüter der Ruhe und Ordnung‹ so ziemlich vollständig. Die Agitation und Aufklärung als Prozeß der Selbstaufklärung der Demonstranten trug sinnlichen Charakter. Die Organisation und temporäre Führung bildete sich auch im Prozeß der Aktion selbst heraus.

Der ›lange Marsch‹ vom Flughafengelände bis zum Rathaus Schöneberg, mit Umgehungen der Polizeisperren, betrug circa zehn Kilometer. Eigentlich hätte schon damals Duensing (Polizeipräsident von Berlin, Anm. d. Autors) wegen Unfähigkeit sein Amt freigeben sollen. Wir erreichten als geschlossene Gruppen das Rathausgelände, ohne allerdings – und das war ein Fehler – sofort die taktische Möglichkeit des stattfindenden Marktes für die ›Partisanentätigkeit‹ zu verwerten. So konnte sich die Polizei doch noch formieren, gestattete eine Delegation, und die Aktion bekam ambivalente Momente. Subversiv wurde sie noch einmal zum Schluß, als es doch noch gelang, das abfahrende Tschombé-Auto mit einem Tomaten-Terror-Bombardement zu überschütten. In dieser Aktion wurden spontan Widerstandsformen gefunden, die erst sehr viel später zur Methode unseres politischen Kampfes wurden.

Mit der Anti-Tschombé-Demonstration hatten wir erstmals die politische Initiative in dieser Stadt ergriffen. In der rückblickenden Betrachtung können wir sie als Beginn unserer **Kulturrevolution** ansetzen, in der tendenziell alle bisherigen Werte und Normen des Etablierten in Frage gestellt werden, sich die an der Aktion Beteiligten primär auf sich selbst konzentrieren und in der Aktion ihre Selbstaufklärung über den Sinn und das Ziel der Aktion weiterführen. Die Demonstranten erkannten sich in den Pressekommentaren des nächsten Tags absolut nicht wieder. Ihr Mißtrauen gegen die staatlich-gesellschaftliche Ordnung wurde verstärkt. Sie sahen die arbeitsteilige Berichterstattung, alle Ebenen der Verzerrung und Lüge kamen zum Durchbruch. So konnte man im **Abend,** der schon damals am besten die ›objektiven Interessen‹ des Senats und des Kapitals verkörperte, folgendes lesen: ›Das **Neue Deutschland** versucht heute früh, die Demonstration hochzuspielen. Unter der Überschrift ›Tausendfacher Ruf in Westberlin: Mörder Tschombé raus‹ wird der Eindruck erweckt, als hätte es in West-Berlin so etwas wie eine Revolution gegen Tschombé gegeben. Im minuziösen Bericht des **ND** wird mit Formulierungen wie ›Sprechchöre hallten: Mörder Tschombé raus‹ ein restlos verzerrtes Bild der Schweigedemonstration gezeichnet.‹ Ganz anders und viel eindeutiger die **Berliner Morgenpost**: ›Demonstranten mit den Rufen: ›Tschombé raus‹ über den Mehringdamm. Vergeblich versuchten Polizisten, die Studenten aufzuhalten. Die Beamten wurden überrannt.‹

Die Leserbriefkästen in den Zeitungen standen auf Sturm: die ›Bevölkerung‹ wünschte harte Maßnahmen gegen uns. ›Schickt die wilden Horden in den Osten‹ – war die immer wieder durchkommende Stereotype. Die manipulierende Manipulation wurde für uns der Resonanzboden unserer ›Öffentlichkeitsarbeit‹. Den Weg zu den Massen fanden wir damals noch weniger als heute, unsere gewollte Beschränkung auf die leicht mobilisierbaren Schichten der Schüler und Studenten war richtig, galt es doch erst einmal, die noch sehr schmale Basis der Universität auszubauen und zu verbreitern.

Eine wirklich radikale organisatorische und personelle Selbstkritik der Anti-Tschombé-Demonstration fand weder im SDS noch auf einer Vollversammlung in der Universität statt. Die Lernprozesse auf der Straße wurden nicht vervollständigt

> durch theoretische Reflexion mit praktisch-organi-
> satorischen Konsequenzen. Dennoch: ein Durch-
> bruch war gelungen.«[2]

Der Vietnamkrieg war ein entscheidender Motor der studentischen Bewegung. Besonders weil sich die 68er mit den Verbrechen eines Landes auseinandersetzten, den Vereinigten Staaten, das als Inbegriff der Demokratie galt und das ihnen täglich als Schutzmacht und Garant der Freiheit auch für Westberlin präsentiert wurde. Dies geschah nicht nur von seiten der CDU/CSU und der Spinger-Presse, sondern auch von seiten der Sozialdemokratie. Der SPD-Politiker und spätere Verkehrsminister Georg Leber äußerte sich hierzu ganz eindeutig: »Wer in Deutschland das amerikanische Engagement in Vietnam kritisiert und sich dabei zu seiner eigenen moralischen Legitimation auf amerikanische Pazifisten und Isolationisten bezieht, der muß wissen, daß er damit in den USA denjenigen Kräften Auftrieb gibt, die sich aus der gleichen Grundhaltung heraus morgen auch gegen ein Engagement in Berlin oder Deutschland oder Europa wenden werden.«[3]

Um deutlich zu machen, daß nicht alle Bundesbürger hinsichtlich Vietnam so dachten wie die Parteien und vor

---

[2] Rudi Dutschke: Die Widersprüche des Spätkapitalismus, die antiautoritären Studenten und ihr Verhältnis zur Dritten Welt. In: Rebellion der Studenten. A. a. O.

[3] Georg Leber. In: Offener Brief des SHB – Landesvorstand Westberlin an den Parteivorstand der SPD. Berlin 1966. Wieder abgedruckt in: Das Argument Heft 1, 1966.

allem auch, um die BRD aus diesem Konflikt herauszuhalten, wandten sich im Frühjahr 1966 Mitglieder des SDS und andere Intellektuelle mit einer Erklärung an die Öffentlichkeit. Darin hieß es:

»Bundeskanzler Erhard hat der amerikanischen Regierung wiederholt versichert, das deutsche Volk stehe hinter der Vietnam-Politik der USA. In den Vereinigten Staaten selbst wächst der Widerstand gegen diese Politik. Immer mehr Amerikaner zweifeln an den Erklärungen, mit denen die Regierung der USA ihre Intervention in Vietnam zu rechtfertigen versucht.

Die amerikanische Regierung bezeichnet den Krieg in Vietnam als einen Konflikt zwischen beiden Teilen des Landes, entstanden durch eine Aggression des Nordens gegen den Süden. In Vietnam habe der Kommunismus die freie Welt angegriffen.

Die amerikanische Regierung behauptet, der Krieg verteidige die Freiheit des südvietnamesischen Volkes gegen eine kleine Minderheit ausländischer oder vom Ausland gesteuerter Partisanen. Die Vietkong seien der verlängerte Arm Nordvietnams und damit Chinas.

Die amerikanische Regierung erklärt, die Bombardierung Nordvietnams solle dem Expansionsstreben Chinas Einhalt gebieten. Der Krieg diene der Erhaltung des Weltfriedens.«

Angesichts von Analysen und Gutachten in- und ausländischer Beobachter und Experten widersprechen die Unterzeichner der »Erklärung« daraufhin dieser Darstellung:

»Tatsächlich ist der Krieg in Südvietnam ein Bürgerkrieg, der bis zum Eingreifen der Vereinigten Staaten fast ausschließlich ein Kampf zwischen südvietnamesischen Revolutionären und der Regierung in Saigon war. Die USA haben das Genfer Abkommen von 1954, das freie Wahlen innerhalb von zwei Jahren vorsah, bewußt negiert und die Regierung Diem und deren Nachfolger gegen den Willen der Bevölkerung an der Macht gehalten. Nach amerikanischen Schätzungen stehen über drei Viertel der Bevölkerung auf seiten des Aufständischen. Selbst heute, nach Ausdehnung des Krieges über beide Teile des Landes, wird die Unterstützung der Vietkong durch Nordvietnam auf höchstens 25 Prozent geschätzt. Die Saigoner Regierung kann sich nur noch in den Städten und unter direktem Schutz der amerikanischen Truppen behaupten. Der Konflikt entwickelt sich immer mehr zu einem Krieg der USA gegen das vietnamesische Volk. Dabei geht es nach Angaben führender amerikanischer Militärs nicht nur um die Vernichtung der Vietkong, sondern gleichzeitig um die Erprobung neuer Waffen und Techniken zur Niederschlagung von Volksaufständen in anderen Teilen der Welt.

Die Vietkong sind eine nationale und soziale Befreiungsbewegung Südvietnams, die vor allem von der Landbevölkerung und der städtischen Intelligenz getragen wird. Sie sind politisch organisiert in einer ›Nationalen Befreiungsfront‹, in der es neben den (in der Führung) dominierenden Kommunisten auch starke bürgerliche und nationale Gruppierungen gibt. Erst die Tatsache, daß die USA mit der ganzen Übermacht ihres technischen Potentials in den Krieg eingegriffen und ihn auf Nordvietnam ausgedehnt haben, droht die Vietnamesen unter den traditionell gefürchteten Einfluß Chinas zu zwingen. Die amerikanische Intervention erhöht die Gefahr eines großen Krieges in Asien, der leicht zu einem dritten Weltkrieg führen kann. Zugleich werden hier die Grundlagen für einen Rassenkonflikt gelegt, dessen Auswirkungen noch gar nicht abzusehen sind.«

Gestützt auf umfangreiches Quellenmaterial, das durchaus im Westen veröffentlicht worden war, sah die Bilanz des Krieges damals schon folgendermaßen aus: Der Vietnamkrieg hatte bereits mindestens eine halbe Million Menschenleben gekostet; allein zwischen 1961 und 1964 waren über 150 000 Zivilisten umgekommen; seit Jahren wurden Folterungen und der Mord an Gefangenen praktiziert; Tausende von Siedlungen wurden vernichtet, ihre Einwohner getötet oder in sogenannte Wehrdörfer deportiert, die nichts anderes als Konzentrationslager waren; es wurden Napalmbomben, giftige Chemikalien und andere neuartige Vernichtungsmittel angewandt, die in zunehmendem Maße auch die Zivilbevölkerung trafen; durch die Strategie der »verbrannten Erde« drohte sich hier der Tatbestand des Völkermordes zu erfüllen.

Die Unterzeichneten sprachen sich also entschieden gegen eine finanzielle Unterstützung des Vietnamkrieges durch die Bundesrepublik aus. »Wir begrüßen die Forderung Frankreichs und der blockfreien Länder«, so heißt es in der Erklärung weiter, »nach Einstellung der Luftangriffe und Regelung des Konflikts auf der Basis der Genfer Vereinbarungen.« Man schloß sich denjenigen amerikanischen Professoren an, die für eine »sofortige Beendigung des Krieges und für die Neutralisierung Vietnams« eintraten. »Wir solidarisieren uns mit der amerikanischen Bürgerrechtsbewegung, deren Sprecher, Nobelpreisträger Martin Luther King, zu Demonstrationen für den Frieden in Vietnam aufgerufen hat.« Die Erklärung endete mit einem Appell »an alle Demokraten in der Bundesrepublik«, die Erklärung zu unterzeichnen und die »politischen Forderungen zu unterstützen und in die Öffentlichkeit zu tragen«.

Eine gewisse Ironie der damaligen Situation bestand darin, daß die Freie Universität mit Mitteln der Amerikaner gegen die Humboldt-Universität im Osten der Stadt gegründet worden war und ihr Hauptgebäude den Namen des amerikanischen Großkapitalisten und Automobilherstelleres Henry Ford trug. Filmvorführungen, Podiumsdiskussionen und Veranstaltungen vielfältigster

Art trugen dazu bei, daß die Diskussion über den Vietnamkrieg bei den Studenten einen immer breiteren Raum einnahm.

Die 68er untersuchten den Krieg von den verschiedensten Seiten. Sie analysierten den wirtschaftlichen, den politischen und den militärischen Hintergrund. Einen ganz besonderen und für die damalige Zeit vollkommen neuen Aspekt behandelte der Arzt und Psychiater Alsheimer (Pseudonym), der während des Krieges in Hue (Südvietnam) tätig war und später als Zeuge auch vor dem Internationalen Russell-Tribunal aussagte. Seine Augenzeugenberichte übten einen entscheidenden Einfluß auf die Berliner Studenten aus.

»Welches sind nun die vorgeschobenen, welches die tatsächlichen – nicht verdrängten – amerikanischen Interessen am Krieg in Vietnam? Worum es der amerikanischen Politik in Vietnam geht, ist schon lange kein Geheimnis. Das Defense-Department hat bereits mehrere Male die Katze aus dem Sack gelassen: ein Sieg oder auch nur ein vertraglich sanktionierter Teilerfolg der ›Vici‹ könnte die Kommunisten zur Anstiftung von ›nationalen Befreiungskriegen‹ überall in der Welt anreizen. Hier liegt die ernsthafte Gefahr für die amerikanische Weltpolitik und nicht in der Aussicht, die übrigen südostasiatischen Staaten könnten nach einer Niederlage Amerikas in Vietnam wie Dominosteine oder Kartenhäuser zusammenfallen. Die Forster-

Dulles'sche Dominotheorie wird nur wegen des schönen Scheins aufrechterhalten, zur gefälligen Bedienung von Nachrichtenkonsumenten, die die südostasiatischen Verhältnisse nicht kennen.

Die politische Besorgnis hat jedoch auch einen wirtschaftlichen Hintergrund: die Notwendigkeit der Rüstungsproduktion in den Vereinigten Staaten selbst. Daneben bilden die kolonialen oder halbkolonialen Länder einen – wenn auch begrenzt aufnahmefähigen – Markt. Schließlich ist zur Erklärung der amerikanischen Kampfesfreude ein Blick in die Zukunft ganz lehrreich: Was würden die Führungsmächte der ›freien Welt‹ dazu sagen, wenn in Asien, Afrika und Lateinamerika plötzlich 30–40 neue exportfreudige Industrienationen entstünden, deren relativ preiswerte Produkte ihren eigenen Waren in ähnlicher Weise den Markt streitig machen würden wie es japanische Kameras und Hong-Kong-Textilien heute schon tun? An handfesten Motiven für die Verteidigung der freien Welt in Vietnam fehlt es also nicht. Was hier verteidigt werden soll, ist das neokolonialistische Ausbeutungssystem und die durch dieses System garantierte Unangefochtenheit der eigenen wirtschaftlichen Dominanz. ...

In einer puritanischen Gesellschaft wie der amerikanischen erfolgt die gewaltsame Durchsetzung der eigenen wirtschaftlichen Interessen traditionsgemäß unter Bemühung einer perhorreszierenden Ideologie. Ihre Glieder sind am ehesten zum Kampfe zu bewegen, wenn es gelingt, den Gegner als wahren Teufel und die eigene ›gerechte‹ Sache als Beschützung unschuldiger Opfer vorzustellen. Die psychologischen Mittel, deren man sich zu diesem Zwecke bedient, sind bestechend einfach. Die Grundregel der Manipulation ist, der Magie entnommen, ein typisches Regressionsprodukt. Sie lautet: nur was ich zu sehen bekommen kann, ist wirklich passiert. Sie singularisiert also die Wirklichkeit in disparate Korrelate einzelner Wahrnehmungsakte: die vielberufene amerikanische ›matter of fact‹. Der gesellschaftliche, wirtschaftliche und historische Zusammenhang, in dem die ›facts‹ sich ereignen, bleibt auf diese Weise unbefragt und die eigene Urheberschaft an einem solchen Zusammenhang kann getrost verdrängt werden. Elend und Luxus, aber auch Bombenregen lassen sich auf diese Weise zu natur- oder schicksalhaften ›Gegebenheiten‹ hypostatieren, für die eine höhere Macht einstehen muß, ganz ähnlich wie klimatische Verhältnisse, Naturkatastrophen oder angeborene Mißbildungen, an denen ja auch ›kein Mensch‹ schuld ist und die man eben respektvoll als eine Art Gottesurteil hinnehmen muß. Zu diesem Respekt gehört es dann auch, daß Nächstenliebe ihre schlimmsten Konsequenzen durch Wohltätigkeit abzumildern versucht. Die animistisch-fundierte Matter-of-fact-Ideologie der

Amerikaner gestattet also, unter dem äußeren Anschein der Nüchternheit und Objektivität, die Zementierung der bestehenden Herrschaftsverhältnisse, indem sie die Verdrängung der eigenen Urheberschaft an ihnen erkenntnistheoretisch rechtfertigt und damit auf nationaler Ebene institutionalisiert. Die stark emotionell getönte Selbstüberheblichkeit, mit der Durchschnittsamerikaner jede komplexere Betrachtungsweise als ›methodisch unsauber‹ und damit auch moralisch anfechtbaren kontinentalen Blödsinn diffamieren, spricht nur für die Mächtigkeit der Interessen, die sich im ›fact‹ einen nationalen Fetisch geschaffen haben. ...

Der amerikanische Potenzkomplex, regressive Antwort auf die durch den Puritanismus aktualisierte Kastrationsdrohung, hat aber für uns noch eine weitere interessante Implikation. In ihm erweist sich ›physische Überlegenheit‹ und damit Herrschaft als ein seelischer Zwang, der sich unablässig betätigen muß, um die sich meldende Sexualangst zu ersticken. Die Insistenz auf das Prinzip der Herrschaft als Ordnungsform menschlicher Beziehungen, ein Prinzip, das sich sowohl in der modernen kapitalistischen Industriegesellschaft als auch in der amerikanischen Außenpolitik der Johnson-Ära verwirklicht, fände also im Potenzkomplex den triebdynamisch wirksamen Motor, einen Motor, dessen Kraft sich auch zum Kampf gegen alle mobilisieren läßt, die das Herrschaftsprinzip als solches außer Kraft setzen wollen: in erster Linie also gegen den marxistisch inspirierten Sozialismus. Aus dieser Blickrichtung gesehen ist es vielleicht kein Zufall, daß gerade das puritanistische Amerika nach Besiedlung des ›wilden Westens‹ und Ausrottung der ›unzivilisierten‹ und ›blutdürstigen‹ Indianer zur ersten kapitalistischen Industrie- und Militärmacht der Erde aufgewachsen ist, und nun seine Spitzen-Position mit allen herrschaftlichen Machtmitteln verteidigt: einschließlich der triebdynamischen Entfesselung eines im unmetaphorischen Sinne viszeralen Antikommunismus.

Und die Moral von der Geschicht? Sie ist kurz. Für uns Europäer – (und vielleicht auch für die Vietnamesen) lautet sie, daß wir uns von der vorgeblichen ›Vitalität‹ Amerikas, die gelegentlich gegen unsere eigene Dekadenz ausgespielt wurde, nicht einschüchtern lassen sollten. Zum guten Teil ist diese Vitalität nämlich aus dem Potenzkomplex gespeist, kollektivneurotischen Ursprungs, eine triebdynamische Fiktion. Die vietnamesischen Straßenjungen und Barmädchen, die gelegentlich, um ihre Beschützer zu ärgern oder aber um ihnen noch mehr Pees aus der Tasche zu locken, nach dem wundesten Punkt der amerikanischen Konstitution im buchstäblichen Sinne greifen, haben dies intuitiv schon lange erkannt. Es geht aber nicht nur darum, aus freien Stücken dasselbe und noch mehr zu schaffen, was ein obskurer, angstgetriebener Herrschaftszwang an Produktionskraft hervorgebracht hat. Dies würde einen sterilen Wettlauf einleiten und eine Verschwendung der Kräfte bedeuten. Außerdem würde dadurch allein die Bedrohung durch das Herrschaftssystem niemals endgültig beseitigt. Die Frage ist, ob die aufklärende Kraft der Vernunft eines Tages nicht doch ausreichen wird, die Lächerlichkeit des Herrschaftszwanges offen zu Tage zu legen. Die Vernunft muß also, auf ihrer eigenen rationellen Ebene, aber auch dem letzten verständlich und einleuchtend, das Verhalten der vietnamesischen kleinen Jungens und Mädchen nachmachen. Dergestalt demaskiert, wird das Herrschaftssystem seiner wirksamsten Waffe beraubt: der triebdynamischen Manipulierbarkeit seiner Objekte. Es hat der Vernunft dann nichts mehr voraus: im Gegenteil, seine Inkonsistenz wird allen offenbar.

Für Vietnam ist es dann wahrscheinlich schon zu spät. Dennoch kann die karikaturistische Verzerrung, in die die Amerikaner sich dort hineinsteigern müssen, wenn es ihnen weder gelingt, ihre Rechtfertigungsimagerie aufrechtzuerhalten, noch ihre überlegende Kraft durch eine siegreiche Beendigung des Konfliktes sich selbst und der Welt zu zeigen, einer solchen Demaskierung dienlich sich erweisen. Vielleicht kann dies die Amerikaner sogar zu einer begrenzten Einsicht bringen. Wer für eine freie Gesellschaft eintritt, sollte deshalb mit den Vietnamesen nach besten Kräften dazu beitragen, der mit allen zur Verfügung stehenden Machtmitteln betriebenen amerikanischen Repression zum Scheitern zu verhelfen.«[4]

Nicht nur die Universitätsadministration versuchte, Anti-Vietnam-Veranstaltungen zu unterbinden, indem es vom SDS in immer größerem Maße die Einhaltung von Auflagen und Formalien verlangte; auch in der Stadt und in der Westberliner Presse setzte eine Kampagne gegen dieses Engagement ein. Einen vorläufigen Höhepunkt erlangte diese Ende Januar 1966, als ein Bombenanschlag auf das Studentenhaus der Technischen Universität verübt wurde, während dort gerade eine Vietnam-Diskussion stattfand. Die darauf folgende Berichterstattung der Berliner Presse überzeugte viele der bis dahin noch unentschlossenen Studenten von der Notwendigkeit, ihr politisches Engagement aus den Räumen der Universität in die Stadt zu tragen: Die Medien taten nämlich den Bombenanschlag selbst als Lappalie ab, nahmen aber den Vorfall zum Anlaß, gegen den Inhalt der Diskussionsveranstaltung zu Felde zu ziehen![5]

Einen entscheidenden Anstoß dazu erhielten sie, als Ende des Jahres die Westberliner Zeitungsverleger unter Anleitung des Springer-Konzerns eine pro-amerikanische

---

[4] Georg v. Alsheimer: Amerikaner in Vietnam. In: Das Argument Heft 1, 1966.
[5] Siehe hierzu: Uwe Bergmann u. a.: Rebellion der Studenten. Reinbek 1968. Siegward Loennendonker; Tilman Fichter: Freie Universität Berlin 1948-1973 – Hochschule im Umbruch. Teil IV 1964-1967: Die Krise. Berlin 1974.

Vietnam-Kampagne starteten. Die Aktion lief darauf hinaus, daß sie an die Angehörigen der gefallenen GIs, die »dort in tragischer Einsamkeit heroisch für die Freiheit Berlins streiten«, Nachbildungen der Berliner Freiheitsglocke aus Porzellan verschickten. Diese sollten dann – so die Vorstellung der rührigen Presseunternehmer – in den Vitrinen der amerikanischen Wohnzimmer die Hinterbliebenen daran erinnern, daß der Tod der amerikanischen Soldaten auch von der »Schicksalsgemeinschaft« der Berliner betrauert werde.

Der Berliner Kabarettist Wolfgang Neuss, der als Persiflage das »NEUSS DEUTSCHLAND!« herausgab, startete in seinem Blatt daraufhin eine Gegenkampagne: »Tageszeitungsleser! Belogene! Unter dem verbrauchten Gebimmel der Berliner Freiheitsglocke herden sich die Westberliner Tageszeitungen zu einem zynischen Anzeigenvormarsch. Sie organisieren ein metaphysisches Weihnachtsgedenken für die Hinterbliebenen der amerikanischen Toten des amerikanischen Krieges in Vietnam. Wir organisieren ein humanistisches Weihnachtsgedenken für die Arbeiter der Porzellanmanufaktur, die aus den Geldspenden der Westberliner Bevölkerung Porzellanbimmeln für trauernde Amerikaner anfertigen sollen. NEUSS DEUTSCHLAND! ergänzt den Aufruf der Westberliner Tageszeitungen: Wir bitten um Spenden für die Hinterbliebenen der amerikanischen Soldaten, die im Kampf gegen Hitlerdeutschland gefallen sind.«

Nach längeren Vorbereitungen beschlossen mehrere Hochschulverbände, Anfang Februar in der Innenstadt gegen den Vietnamkrieg zu demonstrieren. Einen Tag vor der geplanten Kundgebung wurden vier SDS-Studenten bei einer nächtlichen Plakataktion festgenommen. Auf ihren Plakaten stand, daß die westdeutsche und Westberliner politische Führung den Krieg und »Völkermord« in Vietnam unterstützten und daß »dieses Verbrechen sich offenbar sehr wohl mit dem demokratischen System dieses Staates vereinbaren läßt«. Die vier Studenten waren noch in Haft, als sich am Nachmittag des 5. Februar über 2500 Studenten an der Demonstration »gegen den schmutzigen Krieg in Vietnam« beteiligten. Die Demonstranten blockierten erstmalig durch einen Sitzstreik für ungefähr 20 Minuten den Verkehr auf dem Ku'damm. Ein Teil der Demonstranten zog anschließend zum Amerikahaus am Bahnhof Zoo, holte die amerikanische Flagge ein und ließ sich zu einem weiteren Sitzstreik nieder. Ein SDS-Mitglied hatte eine Sechserpackung Eier mitgebracht, von denen dann tatsächlich fünf an die Fassade des Amerikahauses geworfen wurden. Die Berliner Presse reagierte, wie es der SDS erwartet hatte, und vergrößerte die politische Wirkung der Demonstration um ein Vielfaches: »Die Narren von Westberlin«, »SED unterstützt Studentendemonstration«, »Eine Schande für unser Berlin!« und »Beschämend! Undenkbar!«, lauteten die Schlagzeilen. Einen Sprengkörper gegen eine studentische Veranstaltung hatte die Berliner Presse wie einen Silvesterscherz behandelt; fünf Eier gegen ein Kulturhaus der USA wurden als Akt des Terrors hochgespielt. Der regierende Bürgermeister und SPD-Vorsitzende Willy Brandt schrieb ebenso wie der Rektor der FU einen devoten Entschuldigungsbrief an den amerikanischen

Stadtkommandanten und stellte sich damit öffentlich hinter den Krieg der USA. Nachdem die fünf Eier, die »unerhörten Vorfälle vor dem Amerikahaus«, drei Tage lang die Titelseiten der Zeitungen gefüllt hatten, riefen die Berliner CDU, die Junge Union Berlin und der RCDS (die Studentenorganisation der Christdemokraten) zu einer »Sympathiekundgebung« gegen die »antiamerikanischen Ausschreitungen einiger linksorientierter Studenten« auf. Redner waren Ernst Lemmer, Franz Amrehn und Jürgen Wohlrabe. Ungefähr 600 CDU-Mitglieder, Sympathisanten und Studenten aus schlagenden Verbindungen nahmen mit Fackeln an der Kundgebung teil. Mehrere Jugendliche mit langen Haaren, die sich dort in der Nähe aufhielten, wurden von Kundgebungsteilnehmern unter Gewaltanwendung und mit der Parole »Gammler raus« in den S-Bahnhof Zoo gedrängt und gezwungen, eine Fahrkarte nach Friedrichstraße (damaliges DDR-Gebiet) zu lösen. Anschließend wurden die Jugendlichen auf den Bahnsteig geschleift. Amrehns Ausführungen über die »geistige Knochenerweichung« der akademischen Jugend waren typisch für die Pogromstimmung an jenem Abend. Die Mehrheit der SDS-Mitglieder zeigte sich damals davon überrascht, welches »faschistische Potential« in Westberlin noch existierte und wie kurzfristig dieses mobilisierbar war.

Wenn die SDS-Studenten von »faschistischem Potential« sprachen und den Redner Ernst Lemmer als »Nazispitzel« und »Goebbels-Journalisten« bezeichneten, so wußten sie, wovon sie sprachen. Denn tatsächlich hatte dieser CDU-Politiker, der seit den 50er Jahren ununterbrochen Ministerposten in den Regierungen Adenauer und Erhard bekleidet hatte, sich in den gesamten zwölf Jahren des Faschismus um das Dritte Reich verdient gemacht. Seine journalistische Tätigkeit unter den Nazis hatte sich nicht nur darauf beschränkt, dem Ermächtigungsgesetz Hitlers zuzustimmen und diesen in der Presse zu verherrlichen: »Hitler ist ... für das Begreifen der Welt eine geschichtliche Gestalt geworden ... Instinkt und Klugheit bestimmen den Weg des Politikers.«[6] Im Auftrag des Propagandaministeriums hatte er in über 2000 Artikeln, unter anderen in der NEUEN ZÜRCHER ZEITUNG und im Berner BUND, die Eroberungs- und Ausrottungspolitik des Faschismus gerechtfertigt und glorifiziert. Demgemäß zeigte sich auch Goebbels in seinen Tagebüchern begeistert von Lemmers Arbeit und belohnte ihn mit »Sonderaufträgen«. In enger Zusammenarbeit mit dem »Reichssicherheitshauptamt« denunzierte Lemmer zudem direkt journalistische Kollegen und trieb sie der Gestapo in die Arme.[7] Und wenn die 68er auf »faschistoide« Methoden und Tendenzen in der Westberliner Polizei hinwiesen, so konnten sie namentlich allein über 50 leitende Polizeibeamte aufzählen, deren Karrieren als SS-Sturmbann- oder -obersturmbannführer begonnen hatten, und diesen Vorwurf auch mit Dokumenten belegen.

Die Universitätsadministration und die Professorengremien versuchten nun, den begonnenen Politisierungsprozeß ihrer Studenten endgültig zu zerschlagen. Noch

---

[6] Ernst Lemmer. In: Pester Lloyd vom 20.4.1939.
[7] Siehe dazu: Wochenpost, Berlin 3.3.1965. Außerdem: Braunbuch. Kriegs- und Naziverbrechen in der Bundesrepublik. Berlin 1965.

im Februar 1966 beschloß der Akademische Senat, keine politischen Veranstaltungen mehr in den Räumen der FU zu genehmigen. Er verstieß damit gegen die Universitätsordnung, die vorsieht, daß studentischen Vereinigungen Räume für ihre politische Bildungsarbeit zur Verfügung zu stellen sind. Der AStA trat aus Protest gegen diesen Beschluß zurück und leitete eine Rechtsaufsichtsbeschwerde beim zuständigen politischen Senator ein. Der Druck auf die Studenten erhöhte sich jedoch in der folgenden Zeit von allen Seiten. Die von außen geführten politischen Kampagnen wurden durch inneruniversitäre Maßnahmen und Restriktionen noch verschärft.

Natürlich gab es in der SPD auch Mitglieder, die sich in der wachsenden Anti-Vietnam-Bewegung stark engagierten. Gleiches traf auf viele Gewerkschaftsmitglieder und auch -funktionäre zu. Allerdings reagierte die DGB-Spitze lange Zeit eher zwiespältig und versteckte sich hinter der UNO, indem sie an alle Beteiligten appellierte, den Friedensresolutionen der Vereinten Nationen Folge zu leisten. Die Kirchen reagierten bis auf einzelne Persönlichkeiten gar nicht; vor allem vermieden die Kirchenleitungen es, sich kritisch zu den Vorgängen in Vietnam zu äußern. In der katholischen Kirche versuchte man – noch mehr als bei den Protestanten –, den ganzen Konflikt auf die Ebene der »barmherzigen« Solidarität mit den »Gequälten« und »Leidenden« herunterzuschrauben, um nicht Stellung beziehen zu müssen. Das folgende Geschehnis, das sich in München abspielte und in den Worten von Günter Anders wiedergegeben wird, kann stellvertretend für diese Haltung stehen.

Mord im Dom

Am Ostersonntag 1967 unterbrach ein Unbekannter den im Münchner Dom stattfindenden Gottesdienst. Von niemandem bemerkt, hatte ein Mann eine der Kanzeln bestiegen, um nun von dieser gegen den Skandal zu protestieren, daß ein das Christentum für sich in Anspruch nehmender Staat ein anderes Volk mit Mord und Totschlag anfülle.

Wie reagierte man auf diese Erwähnung von Mord im Dom? Wie behandelte man den Mann, der den, geradezu an ›happenings‹ mahnenden Versuch unternahm, sich in einem christlichen Gotteshaus auf christliche Prinzipien zu berufen und die Ausrottung eines nicht-christlichen Volkes durch ein christliches ausgerechnet an demjenigen Tage und in derjenigen Stunde zu erwähnen, die dem Geheimnis der Auferstehung gewidmet sein sollte?

Nun, erst einmal ließ man den Mann von Kirchendienern zum Schweigen bringen. Und zwar, wie es in den Blättern hieß, deshalb, weil ›Zwischenfälle‹ während des Gottesdienstes nicht geduldet werden können. Einen ›Zwischenfall‹ nannte man das Ereignis vermutlich, um damit zum Ausdruck zu bringen, daß da ein Mann so tief gefallen war, daß er zwischen den programmatisch sakralen Vorgängen als Christ auftrat statt als Kirchenbesucher.

Das aber war nur der Anfang. Denn danach nahm der Kardinal selbst – es war der ehrwürdige Kardinal Döpfner – Stellung. Nicht zwar zu dem, was der unlegitimiert von der Kanzel predigende Laie gemeint hatte: also nicht zu dem Skandal des von Tag zu Tag sich steigernden Völkermordes in Vietnam. Sondern eben zu dem ›Zwischenfall‹, bzw. gegen diesen, also gegen den Skandal, daß jemand während des Gottesdienstes an diesen Skandal mahnte. Diesen nannte der Kardinal eine ›taktlose Störung, die wir gleich wieder vergessen wollen‹. – Zwar war der Kardinal entgegenkommend genug, hinzuzufügen, daß der Taktlose mit dem Zwischenfall, den er verursacht habe, ›gewiß nichts Schlechtes gemeint‹ habe, außerdem, daß ›wir mit der Kirche und dem ganzen leidgequälten Volk in Vietnam, im Südsudan und in anderen Missionsländern verbunden‹ seien, und daß ›die ganze Kirche, die ganze Christenheit, Trost und Gnade des Osterfestes erfahren möge‹ – aber gerade diese Kommentierung des ›Zwischenfalls‹ beweist doch leider, daß Kardinal Döpfner nicht eigentlich begriffen hat, was vor sich gegangen ist. Denn

1. Es ist unbegreiflich, wie jemand den verzweifelten Hinweis auf methodischen Genozid als eine Taktlosigkeit klassifizieren kann; tatsächlich ist, den Hinweis auf tägliches Morden als takt-

los zu bezeichnen, viel deprimierender als jede Taktlosigkeit;

2. Es ist unerlaubt, diesen ›Zwischenfall‹, wie es Kardinal Döpfner erbittet, zu ›vergessen‹ – umgekehrt darf uns die Tatsache, daß der Mut zur Riskierung solcher ›Zwischenfälle‹ noch nicht ausgestorben ist, mit Hoffnung erfüllen – und warum sollten wir diese Hoffnung vergessen?

3. Es ist unzureichend, in einer Situation, in der man zwischen Mördern und Opfern zu wählen hat, die Versicherung abzugeben, daß man sich mit dem Volke, mehr noch mit der Kirche, der Opfer ›verbunden fühle‹;

4. Es ist unbegreiflich, warum es taktvoll sein soll, den ›gequälten Opfern‹, wie Kardinal Döpfner es tut, ›Trost‹ zu wünschen; taktlos dagegen, für eine Situation einzutreten, in der es trostbedürftige Opfer nicht mehr geben würde.

*

Nein, solange die Kirche sich darauf beschränkt, ihr Mitgefühl mit Opfern zu beteuern, ohne diejenigen, deren Opfer sie sind, zu identifizieren und unzweideutig als den Feind des Christentums zu bezeichnen, so sind wir alle angewiesen auf jene Männer, die es riskieren, ›Zwischenfälle‹ hervorzurufen, also im Dom selbst vom Mord zu sprechen, und die Mörder beim Namen zu nennen.«[8]

---

[8] Günther Anders: Mord im Dom. In: Das Argument Heft 5/6, 9. Jg., Dezember 1967.

6

Die »Studentenreform«: von der Zwangsexmatrikulation zum ersten großen Sit-in

Am 22. Juni 1966 fand in der Freien Universität Berlin das erste große Sit-in in der Geschichte der deutschen Studentenbewegung statt. Fast 4000 Personen nahmen daran teil.

Grund für diese Massenaktion war eine Maßnahme, die der Senat praktisch klammheimlich und ohne eine Konsultation der Betroffenen beschlossen hatte: die Einführung der Zwangsexmatrikulation an der medizinischen und an der juristischen Fakultät. Für den Bereich Jura wurde eine Höchststudienzeit festgelegt, die unter der damals durchschnittlichen Studienzeit lag; bei den Medizinern ordnete man verschiedene Zwischenprüfungen an, zwischen denen jeweils nur eine gewisse Zeit verstreichen durfte. Beide Maßnahmen wurden während der Semesterferien beschlossen, also in einem Zeitraum, in dem die Studentenschaft nicht mobilisiert und das Studentenparlament nicht einberufen werden konnte. Bei Semesteranfang jedoch begann sofort die Aktivierung nicht nur der Studenten der beiden betroffenen Fakultäten, sondern der gesamten Universität. Überall fanden Vollversammlungen statt, bei denen auch Professoren anwesend waren, die versuchten, die Maßnahmen zu erläutern. Ein Argument lautete, 30 Prozent seien gute, zum Teil sehr gute Leute und ein weiteres Drittel seien Leute, die mit nachsehender Fürsorge noch zu recht nützlichen Mitgliedern der menschlichen Gesellschaft werden könnten. Ein weiteres Drittel, die seien schlecht, da sei leider gar nichts dran zu meckern, die seien schlecht, bedauernswert und schrecklich schlecht. Ein weiteres Argument der Professorenschaft postulierte sogar, daß es hier nicht um eine Studienreform, sondern um eine Studentenreform ginge. Und der »reformierte« Student sollte nur darauf achten, die Lernprozesse in einer vorgegebenen Zeit zu durchlaufen, und keinerlei Kritik an den Inhalten dieser Lernprozesse üben. Natürlich ernteten die Vertreter der Professorenschaft mit solchen Äußerungen bestenfalls höhnisches Gelächter, und jeder wußte, daß praktisch die gesamte Studentenschaft gegen die Maßnahmen war.

Das Studentenparlament beschloß, zur Frage der Zwangsexmatrikulation eine Urabstimmung durchzuführen. Doch der Rektor untersagte dies und wurde dabei vom Wissenschaftssenator (der als politische Instanz die Rechtsaufsicht über die ansonsten »freie«, sich selbst regierende Universität ausübte) und schließlich auch vom Verwaltungsgericht unterstützt. Der Streit spitzte sich immer mehr zu. Die Faktoren, die nach Meinung der Studenten zu einer allgemeinen Studienverlängerung führten, waren: die schlechte soziale Lage der Studenten; die Misere des deutschen Schulwesens; die Überfüllung der deutschen Universitäten; die unzureichende Ausstattung der Universität mit Arbeitsplätzen, Büchern,

Planstellen für Professoren und Assistenten; die unzureichenden Orientierungshilfen für Studenten der ersten Semester; die mangelnde Koordinierung des Lehrangebots; die zur Rumpelkammer verkommenen Prüfungsordnungen etc.

»Kurzum«, so faßte es einer der Studentenvertreter zusammen, »die mangelnde finanzielle Ausstattung und die Desorganisation von Studium, Lehre und Forschung sind der Grund für die Studienverlängerung. Wir werden uns mit allem Nachdruck dagegen zur Wehr setzen, daß diese Versäumnisse von Staat und Universität durch die Einführung administrativer Maßnahmen auf die Studenten abgewälzt werden.«[1]

Die Zwangsexmatrikulation bewertete man nicht nur als ein untaugliches, sondern auch gefährliches Mittel: »Sie soll die längst fällige Hochschulreform ersetzen, sie soll von der Verpflichtung der Universität ablenken, sich selbst zu reformieren. Sie ist zudem Ausdruck der undemokratischen Verhältnisse an unserer Universität, wurde sie doch – wie offen zugegeben wird – gegen den manifesten Willen der Studenten eingeführt. Sie ist vor allem selbst ein Symptom: Sie institutionalisiert eine psychische Drucksituation für die Studenten, sie versucht die Studenten mit Entmündigungen, Reglementierungen und Drohung zu disziplinieren. Zwangsexmatrikulation kann deshalb nur als Beispiel einer freiwilligen Übernahme autoritärer Repressionsmechanismen von Staat und Gesell-

---

[1] Siehe dazu: Knut Nevermann: Zum Selbstverständnis der Studentenbewegung. In: Blätter für deutsche und internationale Politik Heft 7, 1967.

schaft durch die Ordinarien-Universität begriffen und bekämpft werden.«[2]

Die Vorgänge in Berlin hatten für die Studenten aber auch Beispielcharakter: Sie sahen sie als ein Zeichen für die oligarchische Herrschaft in allen gesellschaftlichen Bereichen. So erklärte der AStA öffentlich:

»Für die Studentenvertretung der FU ist die Studienreform nicht nur untrennbar mit einer Hochschulreform verbunden, sondern zugleich Hauptgegenstand recht verstandener politischer Bildungsarbeit. Leitziel ist, die Studenten zu einem wachsenden Problembewußtsein, zu auf Rationalität basierender Kritik- und Kontrollfähigkeit und zu aktivem Engagement zu bringen. Dieses Selbstverständnis der Studentenvertretung der FU wird zum einen bestimmt durch die Erkenntnis aus der Geschichte des deutschen Faschismus, insbesondere durch die Tatsache, daß nicht nur die Professoren, sondern auch die Studenten dem Nationalsozialismus frühzeitig verfallen und dessen Wegbereiter gewesen sind; es wird zum anderen bestimmt durch die Beurteilung der Bundesrepublik, deren reaktionäre Entwicklung zur Zurückdrängung jener Nachkriegsimpulse führte, die einen sozialen und demokratischen Rechtsstaat aufbauen

---

[2] Rede des ersten AStA-Vorsitzenden der FU, Knut Nevermann, am 19.11.1966. Wieder abgedruckt u. a. in: Stefan Leibfried (Hrsg.): Wider die Untertanenfabrik. A. a. O.

und ausgestalten wollten. Teil dieser gesamtgesellschaftlichen Entwicklung ist die Restauration des deutschen Bildungswesens, das aufgrund seiner hierarchischen Strukturen nur als Ort verstanden werden kann, an dem undemokratische, nämlich autoritätsgebundene Verhaltensweisen eingeübt werden.« Die Erklärung faßte allgemeinverständlich zusammen: »Schule und Universität produzieren den Typ des Angepaßten, belohnen den Opportunisten und verhindern die Entfaltung kritischen Bewußtseins.«[3]

Bei der Immatrikulationsfeier des neuen Semesters warf der Rektor dem AStA-Vorsitzenden vor, Halb- und Unwahrheiten zu verbreiten, woraufhin die anwesenden Studenten und ihre Vertreter den Saal unter Protest verließen. Nun wandte der AStA sich direkt an die Studentenschaft. Man suchte – und fand – eine Form, die Studenten direkt zu mobilisieren, damit sie sich von – inzwischen – politisch Interessierten zu politisch Tätigen entwickelten und ihre Vertreter direkt kontrollieren konnten. Vor allem für die linken Organisationen wie den SDS war dies ein grundlegender Schritt studentischer Emanzipation. Man kann sagen, daß die Studenten in jenem Semester aufhörten, sich einfach als Objekte irgendwelcher Institutionen zu fühlen. Ihre Vertretungsorgane ver-

---

[3] Siehe dazu: Stefan Leibfried (Hrsg.): Wider die Untertanenfabrik. A. a. O.

standen sie nun als selbstgeschaffene Einrichtungen, über die sie begannen, mündig zu verfügen.

Am Vorabend dieses ersten Sit-ins an einer deutschen Universität fand in Berlin ein historisch bedeutsames Treffen statt: Vertreter der Burschenschaften und des SDS arbeiteten gemeinsam ein Aktionsprogramm aus, um die Zwangsexmatrikulation an der juristischen und der medizinischen Fakultät zu verhindern. Beide Seiten unterstrichen, daß die politischen Differenzen durchaus bestehenblieben, man aber ein Zweckbündnis schließe, um die Interessen der Studenten gemeinsam und geschlossen vertreten zu können. Diese »unheilige Allianz« trug wohl erheblich dazu bei, daß sich am nächsten Tag über 3000 Studenten an der Vollversammlung beteiligten. Die Diskussion dauerte zehn Stunden. Dabei brachen die studentischen Vertreter im Senat ihre Schweigepflicht und erzählten öffentlich, was in der geheimen Tagesordnung des Akademischen Senats geschrieben stand. Man wählte Vertreter, die den Rektor und die Professoren des Senats aufforderten, ihre Beschlüsse gemeinsam mit den Studenten zu diskutieren. Als die Professoren sich weigerten, zogen die Studenten in das Senatsgebäude und begannen einen Sitzstreik.

Kurz darauf erschien der Rektor. Er erklärte, daß man in etwa zehn Tagen ein Gespräch mit den Studentenvertretern organisieren werde. Damit hielt er die Sache für erledigt: Er forderte die Studenten auf, nach Hause zu gehen, da man – seiner Meinung nach – ihren Forderungen ja nachgekommen war. Dies zeugte von dem tiefen Unverständnis, das zwischen der Universitätsleitung und den Studenten bestand. Für den Rektor kam eine Diskussion nur in einem institutionellen Rahmen, also allein mit der Studentenvertretung, in Frage. Für ihn verlor die Massenversammlung in dem Moment ihre Funktion, in dem man eine Zusage für dieses institutionelle Treffen gegeben hatte. Doch für die Studenten hatte dieses Sit-in eine doppelte Bedeutung: Auf der einen Seite war es ein Druckmittel der studentischen Repräsentationsorgane, auf der anderen hatte es aber auch eine Funktion als unmittelbares studentisches Forum.

Die Studenten lösten ihre Versammlung entsprechend nicht auf, sondern verwandelten sie zusammen mit einigen fortschrittlich gesinnten Professoren in ein Teach-in, das bis Mitternacht andauerte. Es endete mit der Verabschiedung einer Resolution, in der es hieß:

>Wir kämpfen nicht nur um das Recht, längere Zeit zu studieren und unsere Meinung stärker äußern zu können. Das ist nur die halbe Sache. Es geht uns vielmehr darum, daß Entscheidungen, die die Studenten betreffen, demokratisch und unter Mitwirkung der Studenten getroffen werden.

Was hier in Berlin vor sich geht, ist ebenso wie in der Gesellschaft ein Konflikt, dessen Zentralgegenstand weder längeres Studium noch mehr Urlaub sind, sondern der Abbau oligarchischer Herrschaft und Verwirklichung demokratischer Freiheit in allen gesellschaftlichen Bereichen.

Wir wenden uns gegen alle, die den Geist der

Verfassung, gleich in welcher Art, mißachten, auch wenn sie vorgeben, auf dem Boden der Verfassung zu stehen.

Es gilt, die Freiheit in der Universität als Problem zu sehen, das über den Rahmen der Universität hinausweist. Aus diesem Grund sieht die Studentenschaft die Notwendigkeit, mit allen demokratischen Organisationen in der Gesellschaft zusammenzuarbeiten, um ihre Forderungen durchzusetzen.«

7

»Make love not war«: Studentenbewegung in den USA

In den USA der 50er Jahre wurden zwei Problemkomplexe äußerst intensiv und kontrovers diskutiert. Der erste bezog sich auf eine zunehmende Tendenz des Konformismus. Die Anpassung des einzelnen an die Gruppe prägte alle individuellen und sozialen Lebensbereiche; Anpassung und Konformität galten als Ideal und wurden als unbedingt positive Verhaltensform propagiert. Die negativen Aspekte, die vor allem in dem »overadjustment« (der Überanpassung) auftauchten, analysierte als einer der ersten der Soziologe David Riesmann. Seine Arbeit »Die einsame Masse« wurde unter Akademikern und in der kritischen Öffentlichkeit der USA schnell zum Bestseller. Sein Befund lautete, daß die Menschen in Amerika »ihre Ansprüche auf eine anständige Welt zurückgedrängt haben« und daß »Reiche und Arme heute alle individuellen und sozialen Zielsetzungen, die nicht in Einklang mit den Ansprüchen ihrer Gruppe von Zeitgenossen zu stehen scheinen, vermeiden«. Er kam zu folgendem Schluß: »Wenn die außengeleiteten Menschen entdecken würden, wieviel unnötige Arbeit sie sich machen und daß ihre eigenen Gedanken und ihr eigenes Leben mindestens ebenso interessant wie die der anderen Menschen sind und sie ihre Einsamkeit mit dem Untertauchen in der Masse der Zeitgenossen in Wirklichkeit ebenso wenig mildern können, wie man seinen Durst mit Meerwasser stillen kann, dann steht zu erwarten, daß sie auch ihren eigenen Gefühlen und Ansprüchen mehr Beachtung schenken.«

Riesmanns Theorien sowie Analysen anderer kritischer Geister, die allesamt eine bewußtere Lebensführung forderten, wurden von einer breiten Öffentlichkeit diskutiert.

Konsumismus hieß der zweite große Problemkomplex. Er entfaltete sich in seiner ganzen Schärfe aber erst Ende der 50er Jahre, als sich breitere Bevölkerungskreise der Schattenseiten der Wohlstandsgesellschaft bewußt wurden. Auch mahnten nun immer mehr Autoren und Wissenschaftler an, daß der strahlende »way of life«, um den die ganze Welt Amerika beneidete, mit ungeheuren Manipulationstechniken am Laufen gehalten wurde. Der Publizist Vance Packard erregte mit seinem Buch »Die geheimen Verführer« gewaltiges Aufsehen und brachte eine Diskussion in Gang, die selbst in Boulevardzeitungen verfolgt wurde. Was heute jedem geläufig ist, war damals eine ungeheuerliche Neuigkeit: daß die großen Manipulateure der Werbe- und Marketingindustrie Zugriff auf das Unterbewußtsein jedes einzelnen haben. Die Londoner Sunday Times berichtete damals dem erschreckten englischen Publikum, »daß in den Vereinigten Staaten Werbefirmen – in dem Bemühen, Verkaufslosungen durch die Bewußtseinssperre der Leute zu schmuggeln – mit unterschwelligen Effekten experimentieren«. Packard wiederum wußte von den Werbeagenturen, daß sie mit Hilfe der Einsichten aus der Tiefenpsychologie versuchten, die gedankenlosen Gewohnheiten, Kaufentschlüsse und Denkvorgänge jedes einzelnen zu steuern. Die Anstrengungen dieser Manipulateure (gemeint war der damals relativ neue Zweig der Motivationsforscher der Werbe- beziehungsweise Public-Relations-Sparte) zielten auf eine tiefere Bewußtseinsebene, so daß den Menschen ihre eigenen Motivationen verborgen blieben. Das WALL STREET JOURNAL schrieb in jener Zeit: »Auf seiner Jagd nach Mitteln, den Absatz hochzutreiben, ist der Geschäftsmann in eine fremde Wildnis eingetaucht, in die Welt des Unterbewußten.« Den Grund, weshalb sich die Industrie des Unbewußten bediente, brachte der Senator A. Wiley aus dem »Milchstaat« Wisconsin auf den Punkt: »Unser Problem ist nicht, daß zuviel Käse erzeugt, sondern eher, daß zuwenig Käse verbraucht wird.« Die USA standen vor der unleugbaren Tatsache, daß sie mehr produzierten, als sie konsumieren konnten. Andererseits wiesen die Wirtschaftswissenschaftler darauf hin, daß der erreichte Wohlstand nur mit steigendem Wachstum gehalten werden könne. Der Ausweg lag für die Vertreter der Hochfinanz auf der Hand: Man mußte das Bedürfnis der Bürger nach Konsum gezielt steigern. Bald hallte ganz Amerika wider von der Parole, daß die Menschen mehr verbrauchen müßten. In Detroit verbreitete ein Chor 500mal die Woche über Rundfunk und Fernsehen: »Kauftage sind Lohntage... und Lohntage sind schöne Tage ... Also kauft, kauft! ... Kauft irgend etwas, das ihr heute braucht.« Andere Werbeslogans lauteten: »Kaufe jetzt – du rettest vielleicht deinen eigenen Arbeitsplatz«; »Erkaufe dir den Weg in den Wohlstand«; »Kauf! Kauf! Kauf! Es ist deine vaterländische Pflicht.«

Trotz dieser Appelle blieb das Kaufverhalten der Amerikaner hinter der Produktion der Wirtschaft zurück. In der Industrie wurden daher allen Ernstes Konzepte zum Zwangskonsum erörtert: »Unsere ungeheuer produktive Wirtschaft ... verlangt, daß wir den Konsum zur Weltanschauung machen, daß wir Kauf und Gebrauch von Gütern zum Ritual erheben, daß wir unsere geistige Befriedigung, die Befriedigung unseres Ichs, im Verbrauch suchen ... Die Dinge müssen immer schneller konsumiert, verzehrt, verschlissen, weggeworfen und ersetzt werden.«[1]

Einen eleganteren Ausweg aus diesem Dilemma boten Sozialwissenschaftler wie Ernest Dichter an. Sie hatten Strategien erarbeitet, mit denen man die Bevölkerung dazu bringen konnte, den Kauf von immer mehr Waren und Dienstleistungen als notwendig zu erachten. Sie wußten zumindest in Ansätzen, wie man die »Masse der Amerikaner zu gierigen, verschwenderischen Zwangsverbrauchern macht« (Vance Packard). Die Beschreibung der Methoden, mit denen die Motivforscher arbeiteten, und die Darstellung der Manipulationstechniken der Industrie, mit denen sie quasi zum Konsum zwang, rief eine enorme Betroffenheit und lautstarke Proteste hervor. Die Tatsache, daß man begonnen hatte, statt Autos, Wein und Versicherungen nun auch Verwurzelungs- und Un-

---

[1] Victor Lebow. In: The Journal of Retailing. Frühjahr 1955 und Winter 1955/56.

sterblichkeitsgefühle, Liebesobjekte und Krafterlebnisse, Egotrips und Selbstwertgefühle zu verkaufen, schockierte die amerikanische Öffentlichkeit. Daß die werbetreibende Industrie selbst die Kinder als Zielgruppe definierte, rief auch die Kirchen auf den Plan. Die Einsicht darüber, daß zum angepaßten, fremdbestimmten Menschen nun auch noch der manipulierte kommen mußte, damit die Wirtschaft lief, ging vielen kritischen Amerikanern zu weit. Man akzeptierte zwar die Parole »Der Kapitalismus ist tot – es lebe der Konsumismus«, das Motto vieler Motivforscher, daß man die Menschen durch Manipulation ihrer Instinkte und Gemütsbewegungen beherrschen müsse, statt durch Änderung ihrer Gedankengänge, wurde jedoch als zutiefst unmoralisch empfunden. Und die amerikanische Gesellschaft stellte die Frage, ob die tiefenpsychologischen Marktbeschaffer berechtigt seien, die Leute zu Impuls- und vielen anderen Arten von Genußsuchtkäufen zu verführen. Es ging das Wort von der »Seele in Klarsichtpackung«, vom »gläsernen Verbraucher« und vom »Menschen nach Maß« um. Besorgt fragten sich große Teile Amerikas, wer denn den Punkt festlegen solle, von dem an Manipulationsversuche für die menschliche Gesellschaft unerwünscht seien.

Im Laufe der Zeit bekamen die Amerikaner mit, daß auch die Politik sich anschickte, zu einer käuflichen Ware zu werden: Hintergrundberichte über Gouverneurs- und Senatorenwahlen drangen nun plötzlich an die Öffentlichkeit. Auch wurde bekannt, daß der Präsidentschaftswahlkampf von 1960 auf ein gigantisches Ringen zwischen zwei großen Werbeagenturen hinausgelaufen war.

Schlimmer noch: Diese hatten sich anscheinend keineswegs darauf beschränkt, die Zielsetzung der Politker in werbekräftige Slogans umzusetzen, sondern auch konkret in die darzustellenden Inhalte eingegriffen. »Als einer der beiden Kandidaten H. C. Adams schüchtern vorschlägt, er müßte eigentlich im Fernsehen eine außenpolitische Rede über die Krise im Atomzeitalter halten, staucht ihn der Kundenberater der Agentur zurecht: ›Hör'n Se mal‹, erklärte er ihm, ›wenn Se bei Langhaarigen, Intellektuellen und Studenten der Columbia Universität Eindruck schinden woll'n, dann machen Se das gefälligst auf eigene Kosten, aber nicht auf Kosten unserer bezahlten Sendezeit. Denken Se doch an Ihren Markt, Mann!… Ihr Markt sind 40, 50 Millionen Dussel, die zu Hause sitzen und am Bildschirm oder Radio Ihr Zeug schlucken. Was kümmert die das Atomzeitalter! Blödsinn! Die denk'n daran, was 'se für 'ne Rechnung am nächsten Freitag beim Lebensmittelhändler zu bezahlen haben.‹« (Vance Packard)

Auch der angesehene Politiker Adlai Stevenson beklagte ähnliche Mißstände, indem er äußerte, er habe das Gefühl, eher an einem Schönheitswettbewerb als an einer ernsten Auseinandersetzung teilzunehmen. Seiner Erbitterung über die Methoden der Manipulatoren verlieh er mit den Worten Ausdruck: »Die Vorstellung, man könne Kandidaten für ein hohes Amt anpreisen wie Frühstücksflocken …, ist der Demokratie in höchstem Grade unwürdig.«[2]

---

[2] Zit. nach: Vance Packard: Die geheimen Verführer. Düsseldorf 1957.

Besorgt fragten sich daraufhin kritische Publizisten und Theologen, was aus dem öffentlichen Vertrauen werden solle, wenn die Öffentlichkeit merke, daß die Industrie- und Regierungsführer auf Biegen und Brechen bestrebt seien, die Gesellschaft in die Hand zu bekommen, und ihre Manipulation damit rechtfertigten, daß alles, was das Sozialprodukt erhöhe, gut für Amerika sei.

Vance Packard sprach vielen, die sich damals an der breit geführten Gesellschaftsdiskussion über »Konsumismus« und Manipulation beteiligten, aus dem Herzen, als er sagte: »Meiner Meinung nach wirft eine ganze Anzahl der von mir hier angeführten Praktiken und Techniken ganz entschieden Fragen moralischer Natur auf, mit denen Verführer und Publikum sich auseinandersetzen müßten.« Wir sehr dieses Thema die amerikanische Öffentlichkeit beschäftigte, zeigt sich auch daran, daß die protestantische Zeitschrift CHRISTIANITY AND CRISIS schrieb: »Wenn wir eine auf Massenfertigung beruhende expansive Wirtschaft haben müssen, können wir die Notwendigkeit des Massenverbrauchs an neuen Gütern nicht leugnen, und dafür ist Werbung offenbar wesentlich. Indessen liegt hier ein Dilemma. Wir treiben in einen Prozeß hinein, der zum Selbstzweck wird und uns zu überwältigen droht. ... Der Sinn für das Maß im Leben geht verloren.«

Sozialwissenschaftler und Psychiater, die mit den Meinungsformern hinsichtlich deren Manipulationsbestrebungen Hand in Hand arbeiteten, mußten sich die Kritik gefallen lassen, daß sie die Zielsetzung ihrer Forschungstätigkeit in den Dienst des Konsums gestellt hätten. Die eigentliche Aufgabe von Sozialwissenschaftlern bestand definitionsgemäß in der Bestimmung des sozialen Ursprungs menschlichen Verhaltens oder Fehlverhaltens, damit man die Voraussetzungen für ein vernunftmäßiges Handeln schaffen konnte. Doch zu jener Zeit untersuchten sie gerade das Gegenteil: die unvernünftige Seite des menschlichen Verhaltens, damit die Marktschaffer dieses in bezug auf ihre Verbraucher gezielt einsetzen und provozieren konnten.

Allmählich wurde klar, daß die amerikanischen Bürger die beste Waffe gegen die Verführer und Meinungsformer hatten verwahrlosen lassen – nämlich die Freiheit, sich nicht verführen zu lassen. Politiker, Publizisten und Intellektuelle stellten bestürzt fest, daß der Durchschnittsamerikaner die größte Erfüllung seines Lebens in seiner Rolle als Konsument fand. Soziologische Untersuchungen ergaben, daß die Bürger vorbehaltlos an der Aufgabe mitarbeiteten, den ständig größer werdenden Konsum als Lebensform durchzusetzen. Ein anderer Bericht, der das Sozialverhalten in dem Ballungsgebiet »Interurbia« (eine Kette von Millionenstädten, die sich fast ohne Unterbrechung zwischen Portland in Maine bis nach Washington D. C. erstreckt) untersuchte, kam zu dem Schluß, daß die dort ansässigen Normalverbraucher alle Kennzeichen eines hervorragenden Konsumenten besäßen. Sie neigten in ihren persönlichen Beziehungen zu Rastlosigkeit, Konformität und Aggression, zeigten einen chronischen Hunger nach Verbrauchsgütern und würden langlebige Wirtschaftsgüter auch dann kaufen, wenn kein echter Bedarf dafür bestehe. Der Grund: Längst hätten sie das innere Bedürfnis entwickelt, dauernd irgendwelche Dinge zu kaufen.

Vance Packard faßte sinngemäß den Stand der öffentlichen Debatte folgendermaßen zusammen: »Das schwerste Verbrechen, das viele Tiefenmanipulatoren begehen, scheint mir ihr Versuch, in unsere geheimsten Gedanken einzudringen. Gerade diese Recht auf Geheimhaltung – sei sie rational oder irrational – müssen wir schützen.«

Immer häufiger wurde von einer psychisch kranken und seelisch verarmten Gesellschaft gesprochen. Der Politiker Adlai Stevenson verwies auf frühere Gesellschaften, die durch das Streben ihrer herrschenden Klassen nach Vergnügungen, Besitz und Nebensächlichkeiten untergegangen waren. Er zog daraus den Schluß: »Alle diese geschichtlichen Tatsachen verlieren ihre Beweiskraft nicht dadurch, daß die Vergnügungen von heute Massenvergnügungen sind und nicht mehr die Genüsse einer Elite. Wenn wir ein Volk von Bourbonen werden, kann uns die Zahl auch nicht retten.«[3]

Als Kern des Problems sahen Kritiker die Konsumorientiertheit der manipulierten Durchschnittsbürger. Deren ganzes Dasein sei mittlerweile derart in Konsumhandlungen verstrickt, daß sie das Gefühl für die eigene persönliche Bedeutung größenteils nur mehr aus Konsumhandlungen herleiten könnten. Begriffe wie Leistung, persönliche Würde und Dienst am Nächsten hätten längst an Bedeutung verloren. Sie warfen den manipula-

---

[3] Zit. Nach: Vance Packard: Die große Verschwendung. Frankfurt/Main 1960.

tiven Sozialtechniken vor, daß sie zum mächtigsten sozialen Lenkungs- und Kontrollinstrument in den USA geworden seien, dem sich nicht einmal mehr die Politiker entziehen könnten. Die Vorstellungen der kritischen Öffentlichkeit, wie dieser unhaltbare Zustand geändert werden könne, sahen im wesentlichen folgendermaßen aus: Wenn die Amerikaner hinsichtlich ihres Lebensstils wieder Herr ihres eigenen Schicksals werden wollten, dann müßten sie sich von der totalen Kommerzialisierung der Umwelt, von dem allgegenwärtigen Druck, das Glück, den Erfolg und sogar den persönlichen Wert am steigenden materiellen Besitz zu messen, befreien. Man sprach von der Notwendigkeit eines neuen ethischen Kurses, der dem Volk zu einem Gefühl für den Sinn des Lebens und für das Streben nach dem Rechten und Guten verhelfen müsse und der ihm klarmache, daß es auch wesentliche nichtmaterielle Werte im Leben gibt.

In welche Richtung das neue Denken gehen sollte, zeigte der Artikel des bekannten Journalisten Henry Beetle Hough, der über die blendende zukünftige Wirtschaftslage, wie sie von den Banken prophezeit wurde, schrieb: »Man hört in diesem Bericht förmlich das geschäftige Dröhnen der Maschinen, die auf den Straßen an uns vorbeirasen. ... Wäre es nicht schön, auch von einem Dichter, einem Maler, einem Naturforscher, einem Humanisten mal etwas zu vernehmen, und zwar aufgrund von Überlegungen der zugleich umfassendsten und am wenigsten greifbarsten Art? Mehr Investitionen, mehr Automation, höhere Produktivität, gut – aber werden die Wildgänse noch, wenn ihre Wanderzeit gekommen ist, gen Norden oder Süden ziehen? Werden wir noch weißen Sand haben, über den die Brandung hinweggerollt? Werden uns noch Bäume und wild blühende Blumen jenseits des Hausgärtchens zunicken? Werden Grasmücken im April ihr Fiepen aus den Büschen hören lassen? Wird die Welt noch so schön sein wie heute, und werden kommende Generationen noch so frei sein?«[4]

Hier klingen die neuen Themen bereits durch: Besinnung auf die eigenen inneren Werte, Rückzug in die Idylle der Natur, Wiederentdeckung des einfachen Lebens und Besinnlichkeit. Daneben steht die Verwerfung von Konformismus, Anpassung und Fremdbestimmung, von »Konsumismus«, Unterordnung und Manipulation. »Antikonsumismus«, Antikonformismus und alle anderen Anti-ismen mußten nur noch mit Hilfe von Mut und Phantasie in neue, lebbare Formen umgesetzt werden. Die GEGEN-KULTUR der Hippie-Bewegung und der Beat-Generation konnte auf die Bühne der Geschichte treten; und sie tat es mit einem Programm, das all das zum erstrebten neuen Lebensziel und -stil erhob, was die Gesellschaft Anfang der 60er Jahre bislang abgelehnt hatte. Entsprechend waren in dieser Neugeburt Kulturschock und Provokation schon unausweichlich angelegt.

Die Kultur der rebellischen Verweigerung, die Rock-, Pop- und Hippie-Kultur, die Abgrenzung der Jugend von der Welt der Erwachsenen, begann in den USA Ende der 50er Jahre. Amerika hatte sich sehr viel schneller als

---

[4] Henry Beetle Hough: The Vineyard Gazette, Edgartown, Massachusetts 1959. Siehe auch: Vance Packard: Die große Verschwendung. A. a. O.

Europa vom Zweiten Weltkrieg erholt und einen relativen Massenwohlstand erreicht, der es der weißen Mittelstandsjugend erlaubte, aus dem Alltag der Erwachsenen auszubrechen, den vor allem die Berufswelt bestimmte. Die Jungen lehnten Anfang der 60er Jahre zunehmend den sterilen und durch wachsenden »Konsumismus« gekennzeichneten Lebensstil der Erwachsenen ab und schufen sich neue Werte und Idole.

Die verklemmte puritanische Moral, die vor allem im weißen Mittelstand bestimmend war, wich einer neuen Vorstellung von Erotik und Sex. Nun zählte nur noch die Liebe, egal in welchem Alter, egal zwischen welchen Geschlechtern und unabhängig vom Trauschein. Die Hippies erklärten die Liebe zum durch und durch positiven Gefühl, das man nicht zurückhalten oder frustrieren dürfe. Sex und Erotik seien nur andere Ausdrucksformen dieser Liebe. Gleichzeitig entwickelte sich auch ein völlig neues Körpergefühl. Bis zu diesem Zeitpunkt galt der Körper eher als etwas Schmutziges, und man durfte ihn zwar andeuten, aber nie enthüllen. Nun plötzlich zeigten sich Jungen und Mädchen »oben ohne« oder nackt, weil sie den Körper als etwas Natürliches und Sauberes empfanden. Die Bilder der großen Rock-Konzerte wie Woodstock, bei denen man sich in aller Öffentlichkeit fröhlich auszog und liebte, schockierten die etablierte Gesellschaft und übten auf die Jugendlichen eine ungeheure Anziehung aus.

Man wollte dem Establishment in jeder Beziehung den Rücken kehren, auch in den Lebensformen. Anfang der 60er Jahre wurde in Kalifornien die erste Hippie-

Kommune gegründet, und viele weitere folgten – auf dem Lande wie in den Großstädten. Für alle galten die gleichen Maximen: Abschaffung des Privateigentums, gemeinsame Lebenserfahrungen durch Musik und eventuell Drogen, Abwendung von jeglichem Konsumzwang, Besinnung auf die inneren Werte, Rückkehr zum einfachen und natürlichen Leben.

»Laß uns gehen. Ja, aber wohin? Ich weiß es nicht, aber wir müssen losziehen. O. K., machen wir uns auf den Weg.« Diese Worte beschreiben vielleicht am eindrücklichsten die neue »On the road«-Bewegung, die sich an dem gleichnamigen Buch von Jack Kerouac orientierte. Die amerikanischen Jugendlichen entdeckten in den 60er Jahren ihr eigenes Land, oder besser gesagt seine Weiten und Fluchtmöglichkeiten. In halb verrosteten Autos, mit Motorrädern, per Autostop oder in Eisenbahnwaggons machten sie sich in Scharen auf den Weg. Auf ihrer Reise erfuhren sie immer wieder, daß die herrschende Mentalität sie mißachtete – manchmal wurden sie passiv abgelehnt, aber oft auch mit brutaler Gewalt. Parallel zur Reisebewegung durch unbekannte Landschaften entwickelte sich auch der Trend zur inneren Reise, zum Trip. Um sich auf den Weg zu machen, brauchte man kein Auto mehr: Mit LSD, Marihuana, Haschisch und anderen Drogen ließen sich ebenso neue Landschaften erschließen. Auch diese Trips fanden in Büchern ihren Ausdruck, vor allem in denen Allen Ginsbergs und William S. Burroughs'. Durch die Drogen hoffte derjenige, der »das Paradies des Ehrgeizigen« (Jack Kerouac) ablehnte, sein Bewußtsein zu erweitern, sich von inneren und äußeren Zwängen freizumachen, sich zu verweigern.

Diese »On the road«-Bewegung in ihren verschiedensten Ausformungen beeinflußte auch die Musikszene – und umgekehrt. Die Reise wurde von Liedern wie »On the road again« (Canned Heat) oder »This land is my land« (Woody Guthrie) begleitet, ebenso wie von den Songs von Bob Dylan, der seine erste LP 1962 zum großen Teil diesem Thema widmete. Immer wieder kommen in den Liedern jener Jahre Begriffe aus dem Bereich der Reise vor. Aber auch dem Trip sind unzählige Lieder gewidmet: Das berühmteste ist wohl »Lucy in the Sky with Diamonds« der Beatles.

Die Musik transportierte das neue Lebensgefühl und wurde in Europa vor allem über die Beatles und die Rolling Stones populär. Anfang der 60er Jahre schossen vor allem in England überall Bands aus dem Boden. Die dort geprägte neue Aggressivität der Songs schwappte wieder zurück in die USA. Eric Clapton, The Animals, The Cream, John Mayall, The Faces mit Rod Stewart und nicht zuletzt Joe Cocker entdeckten die Schwarze Musik des Blues und führten sie in die Beat-/Rock-Musik ein. Der neue Sound, eine Mischung aus schwarzem und weißem, amerikanischem und englischem Rock, wurde zum Markenzeichen der Pop-Generation.

Diese Musik lehnte feste Schemata ab: Die Kreativität, das Überschreiten aller musikalischen Regeln wurde selbst zur Regel. In den Texten erzählte sie vom Alltagsleben der Jugendlichen, vor allem aber von ihren Träumen: Träume von Liebe und Ausbrechen, von Freiheit und Wut, Träume von einer besseren Welt, in denen sich praktisch alle Twens der damaligen Zeit wiederfanden.

Wie unterschiedlich all diese Träume auch sein mochten, ob sie unter Einfluß von Drogen oder ohne diese Hilfsmittel geträumt wurden – eines hatten sie alle gemein: Sie richteten sich gegen die verkrustete Welt der Erwachsenen. Einer der verbreitetsten Slogans war: »Trau keinem über 30!«; oder noch drastischer: »Ich möchte sterben, bevor ich 30 bin.«

Das Musical »Hair« aus dem Jahre 1967 und die gleichnamige Verfilmung von Milos Forman zeigten anschaulich das neue Lebensgefühl und die Faszination, die es auch auf weiße Normalbürger aus der amerikanischen Provinz ausüben konnte. Die langen Haare, die Kleidung, die Art sich zu bewegen und zu tanzen, die Einnahme von Drogen – alles stand im krassen Gegensatz zu den gängigen Werten.

Diese neue Gegenkultur trug einige grundlegende Kennzeichen. So setzte sie ein neues Ideal, das es anzustreben galt: Der markige Kriegsheld und der hartgesottene Cowboy, glorifiziert in unzähligen Filmen und Leitbilder der Vätergeneration, mußten dem friedfertigen Menschen weichen: Aus dem Pazifismus entwickelte sich die Flower-Power-Bewegung. Die Polizisten, die kamen, um Jugenddemonstrationen mit Schlagstöcken und Tränengas aufzulösen, wurden von den angeblichen Staatsfeinden mit Blumen empfangen und aufgefordert, sie in ihre Gewehre zu stecken. Der Slogan dieser Bewegung »Make love not war« ging um die Welt. Obwohl die

Hippies im Grunde unpolitisch waren und in erster Linie den neuen Menschen schaffen wollten und dann erst eine neue Gesellschaft, nahmen sie doch an einigen zentralen politischen Veranstaltungen teil. Dazu gehörte zum Beispiel der Kongreß »Dialektik der Befreiung«, der im Juli 1967 in London abgehalten wurde. Zu den dortigen Rednern zählten unter anderem der Philosoph Herbert Marcuse, der Black-Power-Theoretiker Stokeley Carmichael und der Ökonom Paul Sweezy. Der italienische Psychiater Giovanni Jervis beschrieb die Teilnahme der Hippies folgendermaßen: »Einem wenig aufmerksamen Zuschauer hätte das Drum und Dran des Kongresses ausschließlich wie eine Hippie-Folklore-Vorstellung erscheinen können. Von der Galerie aus regnete es Seifenblasen, Flötentöne waren zu hören, Manifeste mit provozierenden Slogans und rot beschriebene Klosettpapierbänder wurden herabgelassen; sogar lange Seile, an denen eine Schaukel hing. Aber der langhaarige Junge, der sich auf der Schaukel hin- und herschwang, erwies sich als ein politisch recht aktiver Student der London School of Economics, und die Slogans bezogen sich zuweilen sehr genau auf Worte des Vorsitzenden Mao.«[5]

An der Gegenkultur hatte also auch die akademische Jugend ihren Anteil. Es vermischten sich in manchmal seltsam naiver Art und Weise akademische mit kritischen, rebellischen und sogar revolutionären Gedanken, Vorstellungen und Konzeptionen. Wie sich das konkret ab-

[5] Giovanni Jervis: Rückblick auf einen Kongreß. In: David Cooper (Hrsg.): Dialektik der Befreiung. Reinbek 1969.

spielte, beschreibt Thomas Pynchon in seinem Roman »Vineland«:

»Der Militärhierarchie war es ein Wunder, wie es soweit hatte kommen können, ausgerechnet hier in Trasero, mitten zwischen den beiden ultrakonservativen Counties Orange und San Diego, wo sich wie in einer Grenzstadt die Extreme der beiden Nachbarn vereinigt und gleich einem Magnet die Reichen angezogen hatten, die sich rings um Golfplätze und Yachthäfen in den Erdfarben der Umgebung gestrichene, möglichst unauffällige Häuser mit gewaltigen Wohnflächen bauten, private Flugplätze besaßen und demnächst einfach mal bei Dick Nixon (Präsident der USA, Anm. d. Autors), der gleich auf der anderen Seite der County-Grenze in San Clemente wohnte, vorbeischauen würden, ohne vorher auch nur anzurufen. Die meisten waren solider südkalifornischer Geldadel: Öl, Bau, Filmbranche. Das College of the Surf war offenbar als ihr privates Polytechnikum zur Ausbildung jener Menschen gedacht, die einmal für sie arbeiten würden. Es bot als Studiengänge unter anderem Jura, Unternehmensführung und das brandneue Fachgebiet Informatik an, nahm nur Studenten auf, die einen leicht lenkbaren Eindruck machten, und bestand auf einem äußeren Erscheinungsbild, das selbst Nixon, wie er gestand, ein wenig spießig fand. Es war wirklich der letzte Ort, an dem man ein Abweichen von der verordneten Realität erwartete hätte, und doch war auch hier mit einemmal und ohne Vorahnung die schreckliche Krankheit ausgebrochen, welche die Universitäten im ganzen Land befallen hatte, und bereits in den ersten Tagen gab es so viele Fälle, daß der Sicherheitsdienst der Universität nicht damit fertig wurde.

Die reisenden Koordinatoren der Bewegung, die bald darauf auftauchten, konnten jedoch bloß den Kopf schütteln und mit den Augen blinzeln, als wollten sie sich aus einem Traum befreien. Keiner von diesen Kids hatte je etwas analysiert. Nicht nur, daß sich niemand Gedanken über die tatsächliche Situation machte – es reagierte auch niemand darauf, nicht einmal emotional. ...

Es war ein schöner Tag und alles war auf dem Dewey Weber Plaza und genoß die Sonne. Die Jungen lockerten ihre Krawatten und zogen sogar die Jacketts aus, die Mädchen nahmen die Spangen aus dem Haar und ließen die Röcke im Sitzen bis zu den Knien heraufrutschen: Tausend Studenten genossen ihre Mittagspause, tranken Milch, aßen Sandwiches mit Salami, hörten eine brave Radiosendung und unterhielten sich über Sport, Hobbies, Seminare ... . Mitten in dieser mittäglichen Szenerie, die friedlich genug war, um sogar ein Denkmal zu bezaubern, war mit einemmal der Geruch von Marihuanarauch zu bemerken. Daß dieser Geruch sogleich und allgemein erkannt wurde, ließ Historiker, die den Vorfall später untersuchten, daran zweifeln, daß die Studenten in Hinblick auf Drogen wirklich gänzlich unbeleckt waren. ... Doch an jenem Tag schienen, als der zarte Duft des Joints über die Plaza trieb, plötzlich ganz andere Bewußtseinszustände möglich. Wie bei den Broten und den Fischen setzte schlagartig eine Vermehrung dieser selbstgedrehten Zigaretten ein, und allüberall stiegen Rauchwölkchen auf. Die Joints bestanden ausschließlich aus vietnamesischem, vom Rauschgiftdezernat später als ›extrem stark‹ bezeichnetem Gras, das wahrscheinlich, so vermutete man, von irgendeinem Bruder, der in der Armee gedient hatte, ins Land geschmuggelt worden war.

Es war wie Zauberei: Allenthalben stellten die Mädchen ihre Beine und getuschten Wimpern zur Schau, die Jungen, die ebenfalls von jenem Geist erfaßt schienen, dessen Vorname ebenso Zeit wie Polter lauten konnte, hatten sich, zu ungeduldig, um sich Bärte wachsen zu lassen, Haarsträhnen abgeschnitten und ins Gesicht geklebt. Mit unschuldiger Ausgelassenheit feierte man bis tief in die Nacht. Gemessen mit dem, was in Berkeley und Columbia lief, war das hier zwar keine große Sache. ... Nach allen Regeln der Revolte hätte diese hier innerhalb weniger Stunden durch die oben in der Militärbasis stationierten unsichtbaren Truppen niedergeschlagen werden müssen. Statt dessen blühte und gedieh sie, und zu aller Erstaunen verging so eine Woche nach der anderen. Es war nur ein kleiner, sichelförmiger Streifen voller Lebensfreude in diesen immer finstereren Zeiten, und die gute Stimmung entsprach nicht einer Verzweiflung oder gar Verachtung, sondern der puren Erleichterung, von dem, was vorher gewesen war, befreit zu sein – und noch immer konnte man sich nicht vorstellen, daß diese Bewegung jemals aufgehalten werden könnte. Vielleicht war gerade die lehrbuchmäßige Wehrlosigkeit der Studenten der Grund dafür, daß man sie so lange verschonte: Warum sollte man sich über etwas Sorgen machen, das so mühelos ins Meer gefegt werden konnte wie Krümel von einem Tisch? Andererseits jedoch war das College unangenehm nah an San Clemente und anderen neuralgischen Punkten.

Unterdessen machte die den Studenten bislang vorenthaltene Bildung gefährliche Fortschritte, denn genug von ihnen erkannten, wie umfassend ihre Unwissenheit war. Eine plötzliche Welle der Begeisterung für Wissen ergriff das College, und bald wurde rund um die Uhr geforscht, über alles mögliche, von allen und jedem. Dabei kam ans Licht, daß das College of the Surf keineswegs eine Lehreinrichtung, sondern von Anfang an bloß Teil eines komplizierten, von Bodenspekulanten ausgebrüteten Plans gewesen war. Nach fünf Jahren Abschreibung sollten Ferienwohnungen am Rand der Steilküste gebaut werden. Die Studenten beschlossen daher, das College im Namen des Volks zu enteignen, und da sie wußten, daß der Staat auf allen Ebenen, einschließlich der Gerichte, mit den Geschäftemachern unter einer Decke steckte und sie also nicht auf Gerechtigkeit hoffen konnten, sagten sie sich von Kalifornien los und proklamierten einen eigenen Staat, den sie im Verlauf einer tumultuarischen nächtlichen Vollversammlung nach der einzigen konstanten Größe, die nie vergehen würde, die ›Volksrepublik Rock 'n' Roll‹ tauften.«[6]

»Die neue Linke« (The new left), die sich zu Beginn der 60er Jahre in Abgrenzung zur »alten Linken«, der Kommunistischen Partei der USA, zu bilden begann, betrachtete sich von Anfang an ganz bewußt nicht als politische Partei oder politische Organisation. Vielmehr sah sie sich als Bewegung, und zwar als **die** Bewegung, **the movement.** Mit Ausnahme einiger kleiner Gruppen war sie nicht orthodox marxistisch oder sozialistisch. Die Bewegung charakterisierte ein tiefes Mißtrauen gegen jegliche Ideologie, auch gegen die sozialistische, von der man enttäuscht war und sich verraten glaubte. »Die neue Linke« fixierte sich auch in keiner Weise auf die Arbeiterklasse als revolutionäre Klasse – wiederum mit Ausnahme kleiner Gruppen. Sie selbst konnte in keines der

---

[6] Thomas Pynchon: Vineland. Reinbek 1995.

klassenmäßig definierten Konzepte eingeordnet werden. Vielmehr bestand sie aus Intellektuellen, aus Gruppen der Bürgerrechtsbewegung und aus den – in erster Linie extremen Elementen – der Jugend, die auf den ersten Blick gar nicht politisch erschienen, nämlich den Hippies. Und, was sehr interessant war: Diese Bewegung hatte als Sprecher auch keine Politiker, sondern vielmehr so »verdächtige« Figuren wie Schriftsteller und Poeten. Es sei nur Allen Ginsberg erwähnt, der auf »Die neue Linke« in den USA auch politisch großen Einfluß ausübte. Diese Gruppe der Opposition hatte wenig zu tun mit der klassischen revolutionären Kraft im Marxismus und war deshalb auch ein Alptraum für Kommunisten sowjetischer Prägung.

Doch wogegen richtete sich diese Opposition? In ihrem Selbstverständnis opponierte die Bewegung gegen eine demokratische, gut funktionierende Gesellschaft, die – wenigstens normalerweise – nicht mit Terror arbeitete. Und sie opponierte – darüber war man sich im **movement** einig – gegen die Mehrheit der amerikanischen Bevölkerung, einschließlich der Arbeiterklasse. Ihr Protest richtet sich gegen den ganzen »way of life« des amerikanischen Systems; gegen den allgegenwärtigen Druck des Systems: Dieser – so die Überzeugung der Oppositionellen – degradierte durch eine repressive und destruktive Produktivität alles zur Ware und stilisierte den Kauf beziehungsweise Verkauf von Dingen zum einzigen Lebensunterhalt und Lebensinhalt.

Ausgelöst hatte diese Opposition die Bürgerrechtsbewegung und später der Krieg in Vietnam. Im Zuge der

Bürgerrechtsbewegung waren – in erster Linie – Studenten aus dem Norden der USA in den Süden gegangen, um zu helfen, die Neger[7] für die Wahlen zu registrieren. Dabei erfuhren sie zum ersten Mal, wie das »freie demokratische System« unten im Süden tatsächlich aussah, wie die Sheriffs sich dort verhielten, wie Morde und Lynchen von Negern ungestraft blieben, obwohl die Täter bekannt waren. (Diese Verhältnisse und Bewußtwerdungsprozesse schilderte in eindrucksvoller Weise der US-Film »Mississippi Burning«.) Diese Erlebnisse wirkten wie traumatische Erfahrungen und politisierten nicht nur die Studenten, sondern die Intelligenz in den USA im allgemeinen. Zum anderen wurde die Opposition des **movements** gestärkt durch den Krieg in Vietnam. In den Augen dieser Studenten enthüllte der Krieg gegen Vietnam zum ersten Mal das »wahre Wesen« ihrer Gesellschaft: die ihr innewohnende Notwendigkeit der Expansion und der Aggression und die Brutalität des Konkurrenzkampfes auf internationalem Boden.

Natürlich richtete sich ihre Kritik auch gegen die Universität. Doch – vielleicht im Gegensatz zu Europa – ging es den amerikanischen Studenten nicht um eine »Politisierung der Universität«, da sie ihre Hochschulen bereits als politische begriffen. Sie brauchten nur daran zu denken, in welchem Ausmaß zum Beispiel die Naturwissenschaften – und selbst so abstrakte Wissenschaften wie die Mathematik – unmittelbar in der militärischen Strategie und Produktion Verwendung fanden. Sie brauchten

---

[7] Jargon der 60er Jahre (Anmerkung des Autors).

bloß daran zu denken, in welchem Grade die Naturwissenschaften und auch die Fächer Soziologie und die Psychologie von der finanziellen Unterstützung der Regierung und der großen »Foundations« abhingen, in welchem Grade die Sozialwissenschaften sich unmittelbar in den Dienst der Menschenkontrolle und der Marktregulierung gestellt hatten. Auf dieser Grundlage kamen sie zu dem Schluß, daß die Universitäten bereits politische Institutionen waren und daß deshalb die Gegenpolitisierung und nicht die Politisierung der Universitäten notwendig war. Den US-Studenten ging es wie ihren europäischen Komilitonen darum, neben der positivistischen »Neutralität« der Wissenschaft, die in ihren Augen eindeutig keine war, auch die kritische Wissenschaft zu Wort kommen zu lassen. Und sie kämpften dafür, daß diese Eingang in die Lehrpläne fand und im Rahmen der wissenschaftlichen Diskussion berücksichtigt wurde. Daher bestand eine der Hauptforderungen der Studentenopposition in den Vereinigten Staaten in der Reform der universitären Lehrpläne: Diese kritischen Elemente sollten im Rahmen wissenschaftlicher Diskussion – und nicht als Agitation und Propaganda – zur vollen Geltung kommen. Wo dies trotz aller Bemühungen nicht möglich war, gründeten sie sogenannte freie Universitäten oder »Kritische Universitäten« außerhalb der »Mutter«-Universitäten wie zum Beispiel in Berkeley und Stanford an der Westküste, aber auch in den größeren Universitäten der Ostküste. Im Rahmen dieser freien Universitäten veranstalteten sie Kurse und Seminare über Lehrgegenstände, die im regulären Lehrplan nicht oder inadäquat zu Wort kamen, wie zum Beispiel Marxismus, Psychoanalyse oder das Konzept des Imperialismus.

Die Formen, die die amerikanischen Studenten erfanden, um ihrem Protest Ausdruck zu verleihen, waren die bekannten Teach-ins, Sit-ins, Be-ins, Love-ins. Zum Teil handelte es sich hierbei um Variationen von Formen des Widerstands, wie sie die vor allem schwarze amerikanische Bürgerrechtsbewegung um Martin Luther King entwickelt und erprobt hatte; zum Teil waren es Abwandlungen von Strategien, wie die vom »gewaltlosen Widerstand«, die beispielsweise Gandhi in Indien angewandt hatte. Eine weitere Form – die in Europa wenig Nachahmung fand – bildete das »picketing« – eine besondere Art der Demonstration, bei der man zum Beispiel Fabriken, in denen Napalm und andere Giftwaffen für den Vietnamkrieg hergestellt wurden, »umstellte«, an den Eingängen Demonstranten plazierte und diese dort »Wache« gehen ließ.

Innerhalb dieser Bewegung, in diesem **movement,** waren die Studenten der eigentliche Kern. Die organisatorische Hülle bildete einmal der SNCC (Student National Coordinating Commitee) und zum anderen der SDS (Students for a Democratic Society).

Der SNCC entstand 1960 aus der Sit-in-Bewegung weißer und schwarzer Studenten gegen die Rassendiskriminierung und wandelte sich ab 1966 zu einem rein schwarzen Verband, nachdem Stokeley Carmichael mit der Losung »black power« die Führung übernommen hatte.

Der SDS war 1960 aus politisch-theoretisch arbeitenden Gruppen an den Universitäten von Wisconsin und

Michigan hervorgegangen. Er kämpfte für »Civil rights« und ab 1965 gegen den Vietnamkrieg. Im Zentrum der Zielsetzung stand die stärkere Mitbestimmung der Studenten in den Hochschulen. Aus dem SDS erwuchsen unter anderem zwei Gruppierungen. Die eine waren die maoistisch inspirierten, dynamit-liebenden »Weathermen«, die den Kampf gegen »Chauvinismus und Rassismus in der weißen Arbeiterklasse« für vorrangig, »den Ausbau einer weißen Streitkraft« für notwendig und »Guerillaaktionen in den Metropolen« für machbar hielten. Die erste davon, 1969 in Chicago, führte zu viertägigen schweren Zusammenstößen mit der Polizei, Vandalismus und unzähligen Verhaftungen. Die Angehörigen der zweiten Gruppierung, die eher eine Sammlung von Einzelpersonen darstellte, nannten sich »Yippies«. Diese Mischung aus Hippies und rebellierendem Studententum bot eine Synthese aus radikal-anarchistisch gefärbtem Aktivismus und gegenkultureller Beatnick-Romantik. Ihre Hauptprotagonisten Abbi Hoffman und Jerry Rubin, der »Hofnarr der Revolution«, waren die Verkünder der »Politik als Theater«, der »Revolution als Höllenspaß«. Die Yippies wollten und konnten die Macht der Medien für ihr Spektakel nutzen. Rubin meinte dazu: »Ich weiß, was die Medien wollen. Ich kenne die kleinen Sachen, die sie brauchen, um etwas über alle Proportionen aufzublasen.«[8] Und Hoffman fügte an: »Nützt sie (die Presse, Anm. d. Autors) aus! ... Einem Reporter gefiel, was wir taten. Er sagte, ich werde schreiben, was für gute Ideen

---

[8] J. Anthony Lukas: The making of a Hippie. In: Esquire, November 1969.

ihr in Wirklichkeit habt. Ich werde die Wahrheit über die Yippies schreiben. Wir sagten: Das hilft uns gar nicht. Lügen Sie über uns. Entstellung ist wesentlich für die Schaffung eines Mythos.« Und weiter: »In einem tieferen Sinn lügen die Medien nie, wenn man zu ihnen in eine non-lineare mythische Beziehung tritt. Das Gerede vom Nicht-die-Wahrheit-Bringen ist Scheiße, denn ein Mythos sagt immer die Wahrheit.«[9]

Der SDS war ab Mitte der 60er Jahre an 150 Colleges mit weit über 5000 Mitgliedern vertreten und feierte große Erfolge – vor allem wegen seiner radikalen Opposition zum Vietnamkrieg. Seine Proteste verhallten auch in der breiten Öffentlichkeit sowie im politischen Establishment nicht ungehört. Nach dem »Aufstand« an der Columbia University in April 1968 zerfiel der SDS jedoch langsam in unzählige Fraktionen und versank in der Bedeutungslosigkeit. Dies lag nicht zuletzt daran, daß er zu einem Hauptobjekt der polizeilichen Verfolgung geworden war und es in seinen Reihen von Polizei- und FBI-Spitzeln nur so wimmelte. Mit dem SDS zerfiel auch **the movement**.

1967 hielt Herbert Marcuse einen Vortrag vor Studenten der FU in Berlin. Er stellte darin die »Ziele, Formen und Aussichten der Studentenopposition« vor allem in den USA dar. Herbert Marcuse, ein deutscher Emigrant und Professor an der durch die Studentenrebellion bekannt gewordenen Berkeley University in Kalifornien, übte als »revolutionärer Denker« nicht nur starken Einfluß

---

[9] FREE (Abbie Hoffmann): Revolution for the Hell of it. New York 1968.

an den US-Universitäten aus. Auch in Deutschland war er zum Mentor eines Teils der »antiautoritären Bewegung« geworden. Sein Gedankengut von der »repressiven Toleranz« und der »Dialektik der Befreiung« war aber nicht nur in New York und Berlin, sondern auch unter den rebellierenden Studenten in Paris, Rom, London, Tokio, Caracas und Mexiko City verbreitet.

Marcuse war der Meinung, daß die Opposition der damaligen Zeit nur im globalen Rahmen betrachtet werden könne, da sie als isoliertes Phänomen von Anfang an verfälscht würde. Außerdem hielt er die Studentenopposition für einen der entscheidenden Faktoren in den Veränderungsprozessen. Zwar betrachtete er sie nicht – wie orthodoxe Kommunisten ihm vorwarfen – bereits als solche für eine revolutionäre Kraft, dennoch sah er in ihr einen der stärksten Faktoren, der vielleicht einmal zu einer solchen werden konnte. Die Herstellung von Beziehungen zwischen den Studentenoppositionen in den verschiedenen Ländern sah er deshalb als eines der wichtigsten Erfordernisse der Strategie jener Jahre an. Er propagierte dies und setzte sich auch selbst dafür ein, daß diese Beziehungen hergestellt wurden, vor allem, da in jenen Jahren noch kaum Verbindungen zwischen den Studentenoppositionen in den Vereinigten Staaten und den verschiedenen europäischen Ländern bestanden.

Außerdem war er der Meinung, daß diese für einen Marxisten so unorthodoxe Konstellation der Opposition ein treuer Reflex der autoritär-demokratischen Leistungsgesellschaft war, einer »eindimensionalen Gesellschaft«, wie er sie in seinem Buch »Der eindimensionale Mensch«

analysiert und beschrieben hatte. Das Hauptmerkmal
dieser Gesellschaft sei

>die Integration der beherrschten Klasse auf ei-
nem sehr materiellen, sehr realen Boden ..., nämlich auf dem Boden gesteuerter und befriedigter
Bedürfnisse, die ihrerseits den Monopolkapitalis-
mus reproduzieren – ein gesteuertes und unter-
drücktes Bewußtsein. Resultat dieser Konstellation
ist: **keine subjektive Notwendigkeit radikaler
Umwälzung, deren objektive Notwendigkeit immer brennender wird.** Und unter diesen Umständen konzentriert man sich wieder auf die Außen-
seiter innerhalb des Bestehenden, nämlich erstens
auf die Unterprivilegierten, deren vitale Bedürfnisse selbst der Spätkapitalismus nicht befriedigen
kann und nicht befriedigen will. Zweitens konzentriert sich die Opposition, am entgegengesetzten
Pol der Gesellschaft, auf die Privilegierten, deren
Bewußtsein und deren Instinkte die gesellschaftliche Steuerung durchbrechen oder sich ihr entziehen können. Ich meine diejenigen Schichten der
Gesellschaft, die aufgrund ihrer Position und Erziehung noch Zugang zu den Tatsachen – ein Zugang,
der wahrhaftig schwer genug ist – und zum Ge-
samtzusammenhang der Tatsachen haben. Es sind
Schichten, die noch ein Wissen und Bewußtsein
haben von dem ständig sich verschärfenden Widerspruch und von dem Preis, den die sogenann-

te **Gesellschaft im Überfluß** ihren Opfern abverlangt. Opposition besteht also in diesen beiden extremen Polen der Gesellschaft.«

In seinem Vortrag legte Marcuse zum Schluß seine Ideen hinsichtlich der Aussichten der Studentenopposition dar. Obwohl sie damals unter den Studenten an der FU Berlin keineswegs auf ungeteilten Beifall trafen, blieben sie dennoch nicht ohne Einfluß.

»Ich habe von der möglichen Krise, von der Eventualität einer Krise des Systems gesprochen. Die Kräfte, die zu solch einer Krise beitragen, müssen natürlich gesondert diskutiert werden. Diese Krise, glaube ich, müssen wir sehen als die Konfluenz sehr disparater subjektiver und objektiver Tendenzen ökonomischer Natur, politischer Natur und moralischer Natur, im Osten sowohl wie im Westen. Diese Kräfte sind noch nicht solidarisch organisiert. Sie sind ohne Massenbasis in den entwickelten Ländern des Spätkapitalismus. Und unter diesen Umständen scheint es mir die Aufgabe der Opposition zu sein, **zunächst einmal an der Befreiung des Bewußtseins außerhalb unseres eigenen Kreises zu arbeiten.** Denn in der Tat steht das Leben aller auf dem Spiel und heute sind in der Tat alle Beherrschte. ... Die Befreiung des Bewußtseins, von der ich gesprochen habe, meint nun mehr als Diskussion. Sie meint in der Tat – und muß in der erreichten Situation meinen – Demonstration im wörtlichen Sinne. Zeigen, daß hier der ganze Mensch mitgeht und seinen Willen zum Leben anmeldet, seinen Willen zum Leben, das heißt seinen Willen zum Leben in Frieden. Und wenn das alles doch nichts hilft, wenn es für uns schädlich ist, Illusionen zu haben, so ist es ebenso schädlich – und vielleicht schädlicher –, Defätismus und Quietismus zu predigen, die nur dem System in die Hände spielen können. Tatsache ist, daß wir uns einem System gegenüber befinden, das, seit Beginn der faschistischen Periode und heute noch, durch seine Tat die Idee des geschichtlichen Fortschritts selbst desavouiert hat, ein System, dessen innere Widersprüche sich immer von neuem in unmenschlichen und unnötigen Kriegen manifestieren und dessen wachsende Produktivität wachsende Zersplitterung und wachsende Verschwendung ist. Ein solches System ist nicht immun. Es wehrt sich bereits gegen die Opposition, selbst gegen die Opposition der Intelligenz an allen Ecken der Welt. Und selbst wenn wir nicht sehen, daß die Opposition hilft, müssen wir weitermachen; müssen wir weitermachen, wenn wir noch als Menschen arbeiten und glücklich sein wollen. Im Bündnis mit dem System können wir das nicht mehr.«[10]

---

[10] Herbert Marcuse: Ziele, Formen und Aussichten der Studentenopposition. In: Das Argument Heft 45, 1967.

8

Strategie der Disziplinierung: die ersten Zusammenstöße zwischen Studenten und Ordnungsmacht im Wintersemester 1966/67

In wenigen Semestern hatte sich die Situation in der Studentenschaft grundlegend geändert. Bei den ersten Konflikten zwischen Lehrenden und Lernenden um Fragen der Studienreform hatte es noch nicht einmal eine Universitätsöffentlichkeit gegeben, die sich für diese Probleme interessierte. Die Mehrheit der Studenten absolvierte ihr Studium und ihre Prüfungen und hatte es ihren gewählten Vertretern (linken wie rechten) überlassen, die hochschulpolitischen Belange für sie auszufechten. Als diese Vertreter die aufgetretenen Probleme in die Studentenschaft zurücktrugen und diese um Unterstützung baten, entwickelte sich sehr schnell eine studentische Öffentlichkeit. Doch die in Vollversammlungen und Sit-ins mobilisierten Studenten wollten sich bald schon nicht mehr nur als Druckmittel verstanden wissen, das ihre Vertreter in den akademischen Gremien gegen die Professorenmehrheit einsetzen konnten, um zumindest minimale Zugeständnisse zu erreichen. Sie drängten nun immer stärker darauf, die Inhalte der Aussagen ihrer Delegierten selbst zu bestimmen. Dieser Emanzipationsprozeß, der die Studenten aus der passiven Rolle löste, bewirkte

Plakataktion des SDS gegen Resa Pahlawi im Jahr 1967. Links ein Plakat gegen den in den Vietnamkrieg verstrickten US-Präsidenten Johnson, rechts ein Plakat gegen den griechischen Junta-Chef Pattakos.

Berlin am Abend des 2. Juni 1967: Während des Besuchs des persischen Kaiserpaares in der Deutschen Oper kommt es zu schweren Tumulten. Polizisten gehen mit Gummiknüppeln und Wasserwerfern gegen einige hundert Demonstranten vor.

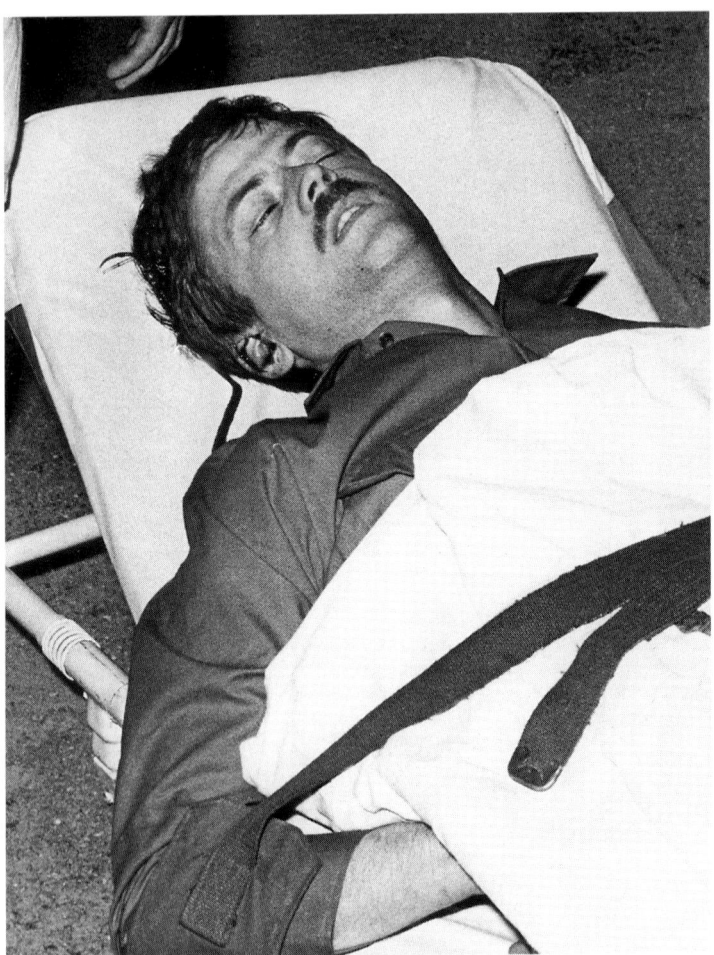

Der 26jährige Student Benno Ohnesorg wird bei den Berliner Demonstrationen gegen den Schah von Persien von einem Polizisten erschossen.

rechts oben: Köln im Dezember 1967: Der SDS-Chefideologe Rudi Dutschke ruft vor über 1000 Studenten zu Demonstrationen und Aktionen in der Bundesrepublik auf, »die Raum für Argumente schaffen sollen«.

rechts: Fritz Teufel (links) und Rainer Langhans (Mitte) mit ihrem Verteidiger, Rechtsanwalt Horst Mahler (rechts), auf dem Weg zur Gerichtsverhandlung im März 1968: Zur Last gelegt wird Teufel und Langhans »Aufforderung zur menschengefährdenden Brandstiftung«, da sie Flugblätter vor der Mensa der FU Berlin verteilten.

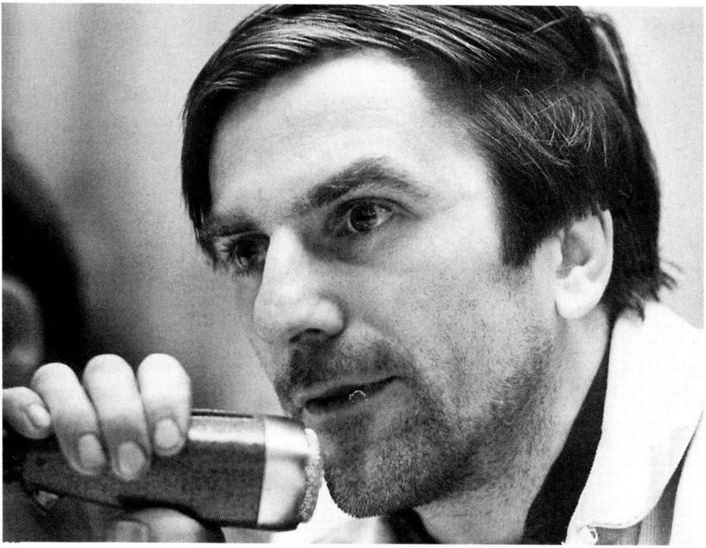

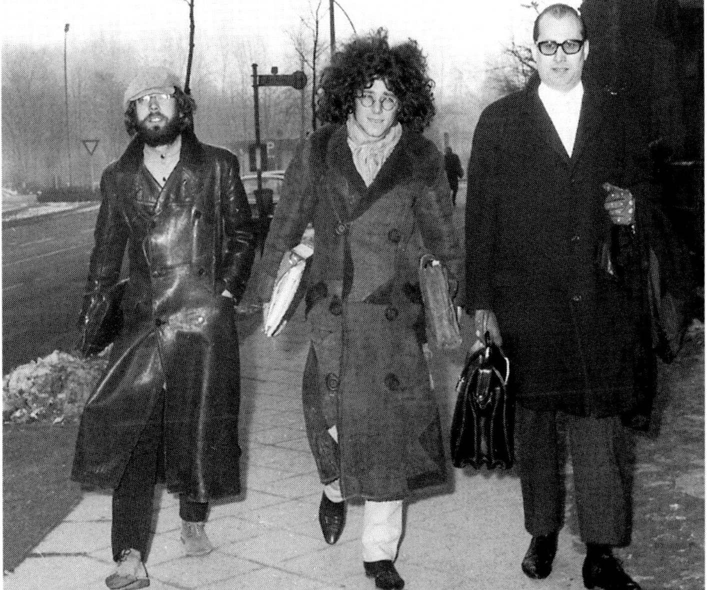

Rudi Dutschke wird am 11. April 1968 in Berlin vor der Geschäftsstelle des SDS am Kurfürstendamm auf offener Straße niedergeschossen und lebensgefährlich verletzt: die Kreidestriche markieren die Lage des Verletzten, im Vordergrund seine Schuhe, im Hintergrund das von ihm benutzte Fahrrad.

Nach dem Attentat auf Rudi Dutschke: Protestdemonstrationen in der Nacht zum 13. April 1968 vor dem Gebäude des Springer-Verlags in Hamburg. Diese richten sich hauptsächlich gegen den Axel-Springer-Verlag, der vom SDS als »Zentrum der systematischen Hetzkampagne gegen politische Minderheiten« bezeichnet wird.

Demonstration gegen Notstandsgesetze: In den Straßen Bonns protestieren am 11. Mai 1968 Studenten mit roten Fahnen und einem Plakat mit dem Porträt des Studentenführers Rudi Dutschke.

Auch ehemalige KZ-Insassen nehmen in Sträflingskleidung mit Transparenten am Stern-marsch der Notstandsgegner teil.

29. Mai 1968 in Frankfurt: Das Studentenparlament hatte die Umbenennung der »Johann-Wolfgang-Goethe-Universität« in »Karl-Marx-Universität« beschlossen – Gegner dieses Namens versuchen vom Fenster aus, das provozierende Transparent zu entfernen.

Turbulente Auseinandersetzung zwischen Studenten und Polizisten in den Räumen des Rektorats der FU Berlin am 27. Juni 1968.

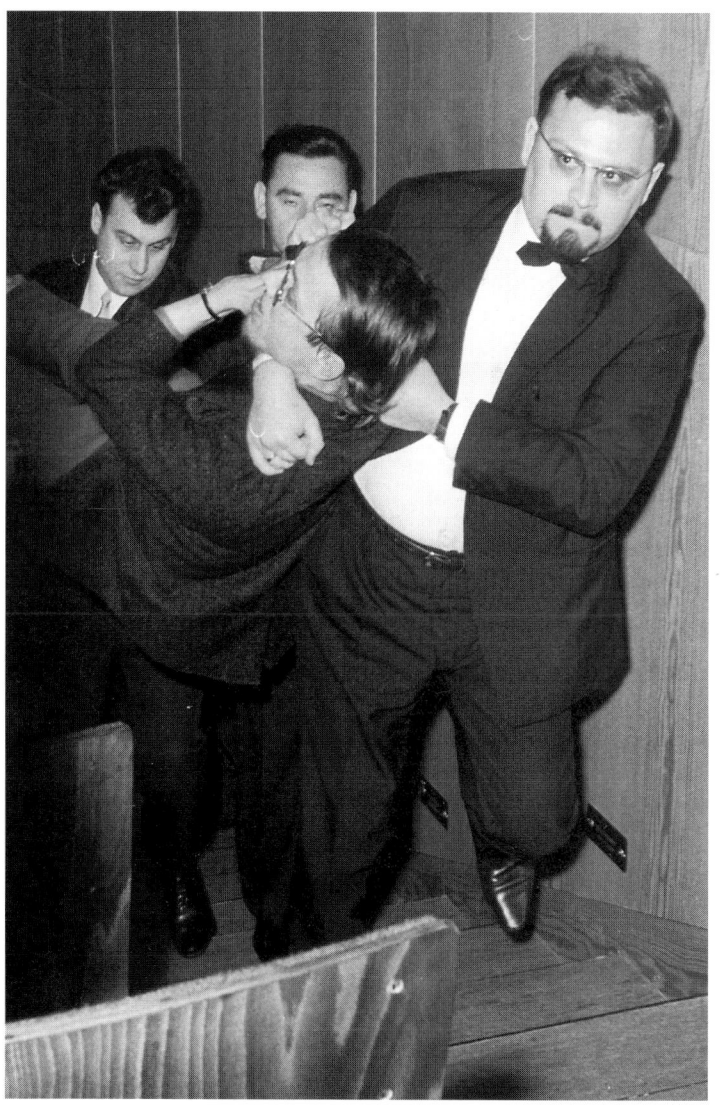

Nach größeren Störaktionen durch Vertreter des SDS beim traditionellen Rektoratsfest der Universität Erlangen-Nürnberg am 4. November 1968 werden diese von Polizisten und Universitätsangestellten aus dem Saal getragen.

Bei der Berufungsverhandlung in Frankfurt 1969: Der deutsch-französische Studentenführer Daniel Cohn-Bendit (23) war wegen Widerstands gegen die Staatsgewalt, versuchter Beamtennötigung, Aufruhrs und Hausfriedensbruchs zu acht Monaten Gefängnis mit Bewährung verurteilt worden.

einen enormen Mobilisierungsschub. Eine weitere Folge war die Bildung von eigenständigen Gruppierungen und Zirkeln, die sich mit allgemeinen hochschulpolitischen oder gerade aktuellen fachspezifischen Fragen und Problemen beschäftigten. Die dadurch entstehende Pluralität von Meinungen und Ansichten machte sich im Wintersemester 1966/67 augenfällig bemerkbar. Diskussionsveranstaltungen hatten als Protagonisten nicht mehr nur die Repräsentanten der Studenten auf der einen und Vertreter der Hochschullehrer oder der Universitätsspitze auf der anderen Seite, sondern ihr Verlauf wurde schon weitgehend von studentischen Gruppierungen und Einzelpersonen dominiert.

Zu einem ersten Eklat kam es am 26. November 1966 bei einer Versammlung, in der Hochschulreformprobleme mit Hans-Joachim Lieber, dem Rektor der Universität, erörtert werden sollten. Nachdem dieser zwei Stunden lang konkreten Fragen der Studenten ausgewichen war oder seine Nichtzuständigkeit erklärt hatte, sprengte eine Gruppe von Studenten die Versammlung mit einem Flugblatt, das den Titel trug »Vom diesem Gespräch haben wir nichts zu erwarten«.

»Von diesem Gespräch haben wir nichts zu erwarten.

Die Misere der Universität ist die Misere derer, die an ihr studieren müssen. Unerträglich sind die Zustände an der Freien Universität für die Studenten.

Wir müssen uns herumschlagen mit schlechten Arbeitsbedingungen, mit miserablen Vorlesungen, stumpfsinnigen Seminaren und absurden Prüfungsbestimmungen. Wenn wir uns weigern, uns von professoralen Fachidioten zu Fachidioten ausbilden zu lassen, bezahlen wir mit dem Risiko, das Studium ohne Abschluß beenden zu müssen.

Administration und Senat erklären die Misere der Universität zur Misere **einzelner** Studenten, nicht um sie zu lösen, sondern um sie los zu sein. Der gesellschaftlichen Forderung nach Mehrausstoß von anpassungswilligen Spezialisten entsprechen sie mit der Reglementierung des Studiums, verschärft durch die Drohung der Zwangsexmatrikulation. Wer in dieser Situation die Autonomie der Universität beschwört, tut das, um zu verschleiern. Die Disziplinierung der Studentenschaft vernichtet mit den Resten des liberalen Studiums auch die Illusion der Selbstverwirklichung. In der Fabrik ›Universität‹ soll der Student seine Scheine machen und am Feierabend als Privatmann der erlernten Humanität sich hingeben. Wer sich damit nicht abfinden will, für den wird das Herausfallen aus der Universität zur Gewißheit, denn der Formierungsprozeß ist offensiv, die Disziplinierung geht an den traditionellen Reservaten nicht vorbei.

Vor fünf Monaten hatten wir genug von der bornierten Arroganz, mit der Administration und Senat über unsere Schwierigkeiten hinweggehen.

Vor fünf Monaten schien es auch klar, daß die Studentenschaft eine Lösung ihrer Probleme nur mehr von sich selbst erwarten kann. Aber wir fielen hinter unsere Forderungen zurück. Die Protestaktion wurde zur Feierstunde, wir erwarteten ernsthaft, daß die konventionelle, bereits integrierte Studentenvertretung unsere Forderungen nachdrücklich vertreten, unsere Probleme praktisch lösen könnte.

Die Studentenbewegung kann nur im konzessionierten Rahmen agieren. Im Clinch mit den Autoritäten macht sie aus unseren Forderungen Konzessionen. Nach fünf Monaten Kollaboration ruft uns der AStA zu diesem Gespräch mit dem Rektor, bei dem der Mensch Lieber verständnisvoll in das Publikum horcht, während der Funktionär Lieber beschämt in der Ecke wartet.

Von diesem Gespräch haben wir nichts zu erwarten.

An unserer Lage wird sich nichts ändern, solange nicht diejenigen **sich selbst organisieren,**
    die es wirklich betrifft,
    die ausscheiden oder ausgeschieden sind,
    die die Freie Universität nicht mehr aushalten,
    die sich mit ihr nicht mehr arrangieren wollen,
    die sich bewußt verweigern.

Provisorisches Komitee zur Vorbereitung
einer studentischen Selbstorganisation
26. November 1966«

Die Verfasser dieses Flugblatts, der Gründerzirkel der späteren Kommune II, hielten den Formierungsprozeß in der Bundesrepublik für abgeschlossen und glaubten die Konsolidierung eines totalitären Regimes unmittelbar mitzuerleben. Aus dieser Vorstellung leiteten sie auch ihre Maxime ab, daß man sich mit dieser Gesellschaft nicht mehr arrangieren könne, sondern sich ihr bewußt verweigern müsse.

Der AStA distanzierte sich zwar von dem Flugblatt, erklärte dessen Inhalt aber für nachvollziehbar, da der bisherige Verlauf des Reformkonflikts die Studenten zurecht enttäuscht habe. Seiner Meinung nach hatte aber diese Art des Protestes verhindert, »daß die Diskussion mit dem Rektor der Öffentlichkeit einmal mehr das Unvermögen der Universität vor Augen geführt hätte, in ihrer jetzigen Struktur eine Selbstreform zu beginnen«.

Mit der massenhaften Beteiligung am Hochschulgeschehen traten nun auch Unterschiede zwischen den einzelnen Studenten und den zahlreichen Gruppen hervor. Nicht nur, daß es verschiedene Meinungen zu einzelnen Fragen gab sowie über die Art und Weise, wie die Ziele erreicht werden sollten. Auch die Zielvorstellungen selbst variierten. Diese Differenzen standen zwar häufig im Zentrum von Diskussionen, die aber selten zu verbindlichen Ergebnissen führten. Eine ewige Konstante blieb jedoch der gemeinsame Gegner, ob es sich nun um die Ordinarienuniversität, um die politische Exekutive oder um das beherrschende Establishment als Ganzes handelte. Diese Unterschiede traten zum ersten Mal außerhalb der universitären Öffentlichkeit am 10. Dezember 1966 bei einer Anti-Vietnam-Demonstration auf. Der Polizeipräsident hatte diese Manifestation zwar genehmigt, aber die Innenstadt zur Bannmeile erklärt. Der Demonstrationszug sollte sich in einer menschenleeren Entlastungsstraße bewegen, einerseits, um den Verkehr der City nicht zu stören und möglichst wenig öffentliche Aufmerksamkeit zu erregen, andererseits, damit die Polizei ungestörter operieren konnte. Ausbruchsversuche unter den rund 2000 demonstrierenden Studenten, die versuchten, zum Ku'damm zu gelangen, wurden von starken Polizeieinheiten mit Knüppeln verhindert. Nach Abschluß der laut Polizeibericht »ordnungsgemäß verlaufenen Kundgebung« versammelten sich rund 200 Studenten vor dem Café Kranzler auf dem Kurfürstendamm, stellten einen Weihnachtsbaum auf, drapierten ihn mit dem US-Sternenbanner und behängten ihn mit einem Plakat, auf dem geschrieben stand: »Spießer aller Länder vereinigt euch«. Diese Art Happening wurde untermalt mit Sprechchören wie »Weihnachtswünsche werden wahr, Bomben made in USA« oder »Am toten Vietnamesen soll die freie Welt genesen«. Als einige Demonstranten versuchten, Pappköpfe von US-Präsident Lyndon B. Johnson und DDR-Parteichef Walter Ulbricht in Brand zu setzen, rückte die Polizei mit Gummiknüppeln vor. Die Prügelei traf ziemlich wahllos Studenten und Passanten; zahlreiche Personen wurden festgenommen.

Die Proteste des AStA gegen das gewalttätige Vorgehen der Polizei erregten einen hysterischen Aufschrei der öffentlichen Meinung, die dieses Mal nicht nur von Springer angeführt wurde, sondern auch die Unterstützung der Unternehmerverbände fand. Der SDS reagierte mit einer »Spaziergangs-Demonstration«, genau eine Woche später, ebenfalls an einem verkaufsoffenen Samstag. Es handelte sich dabei um keine Veranstaltung, die als Demonstration genehmigt werden mußte, sondern um ein Spiel, das schon in Amsterdam erfolgreich bei Kundgebungsverboten erprobt worden war. Als Ort hatten die rund 200 für diese Aktion mobilisierten Studenten wiederum den Ku'damm gewählt, weil er im Weihnachtsgeschäft voll von Passanten war. Die Aktion sollte eine Antwort auf das polizeiliche Vorgehen eine Woche zuvor sein und ein Signal setzen, daß man sich keineswegs mit physischer Gewalt kleinkriegen lassen würde. Ziel der Veranstaltung war einerseits, es der Polizei weitgehend unmöglich zu machen, brutal vorzugehen, und andererseits, den anwesenden Bürgern klarzumachen, daß man nur friedliche Zwecke verfolge, die Ordnungsmacht jedoch gewaltsam reagiere.

Auf ein entsprechendes Signal aus einer Kindertrompete bildeten Gruppen von Studenten einen (normalen) Demonstrationszug, skandierten »Keine Keilerei mit der Polizei« und verteilten an die Passanten Flugblätter, in denen es unter anderem hieß: »Um uns nicht zusammenschlagen zu lassen, um nicht die hilflosen Objekte der Aggressivität junger Leute in Polizeiuniform zu sein, demonstrieren wir nicht in der alten Form, sondern in Gruppen als Spaziergänger. Wir treffen uns an vorher bestimmten Punkten, um uns bei Nahen der Freunde von der Polizei zu zerstreuen und an einem anderen Ort wieder aufzutauchen.«

Sobald die Polizei in Erscheinung trat, löste sich der Zug blitzschnell auf und verschwand in der Masse der Weihnachtseinkäufer. Diese Aktion wiederholte sich zahlreiche Male und dazu wurde die Parole ausgegeben: »Kommt die Polizei vorbei / gehen wir an ihr vorbei / an der nächsten Ecke dann / fängt das Spiel von vorne an.«

Wie zu erwarten war, reagierten die Ordnungskräfte desorientiert, hysterisch und gereizt. Was am nächsten Tag in der Presse als Entlastung oder Entschuldigung für die Polizei vorgebracht wurde, klang eher wie das Eingeständnis einer Niederlage. Da »es mitunter schwer war, harmlose Passanten und SDS-Demonstranten auseinanderzuhalten«, so schrieben die Gazetten, hatte man an diesem Nachmittag tatsächlich rund 80 Personen verhaftet, unter denen sich aber nur vier Mitglieder des SDS befanden. Einer von ihnen war Rudi Dutschke mit einem Weihnachtspaket unter dem Arm, den sich vier Polizeibeamte in Zivil nach einer längeren Jagd im Getümmel geschnappt hatten. Die Nacht auf der Wache verbrachte der Student Dutschke damit, mit mehreren Polizeioffizieren zu diskutieren. Einige von ihnen hatten übrigens einen Schulungskurs über »Sowjetmarxismus« absolviert, den der Rektor der FU, der Politologieprofessor Hans-Joachim Lieber, bei der Polizei abgehalten hatte.

Die Demonstrationen vom 10. und 17. Dezember vermittelten zwar den Eindruck von Spontaneität, waren aber sorgfältig entwickelt worden. B. Rabehl, einer derjenigen, die für die strategische Planung mit verantwortlich gezeichnet hatten, stellte die Konzeption folgendermaßen dar:

»Die Ereignisse vom 10. Dezember 1966 schienen diese Einschätzung (daß sich in der Bundesrepublik ein ›totalitäres Regime‹ entwickele, Anm. d. Verf.) zu bestätigen. Die Polizei eskalierte den Umfang der Anordnungen gegen die Demonstration; die Auflagen für die Demonstration, die die Demokratie nur nach den Gesichtspunkten der Straßenverkehrsordnung behandelten, was sie für ein Polizeigehirn vielleicht auch ist, mußte politische Demonstrationen zur Farce machen, ließen sich die Demonstranten darauf ein. Durch menschenleere Straßen an der Peripherie der City sollte man sich in Art eines Prozessionszuges bewegen, schweigend, die Parolen auf den bemalten Papptafeln den kahlen Häuserwänden oder Grünanlagen entgegenhaltend. Die Demonstration verlor jeglichen Sinn. Sie wäre höchstens Alibi einer totalitären Gesellschaft, die nur noch in ihrer Firmenbezeichnung etwas mit Demokratie zu tun hat. ...

Die Flüsterpropaganda am 10. Dezember 1966 für das Abweichen von der polizeilich genehmigten Route wurde begeistert aufgenommen, und zum verabredeten Zeitpunkt setzte sich der Zug in entgegengesetzte Richtung in Lauf. Der Polizei gelang es, einen Großteil der ›Ausbrecher‹ aufzuhalten, weil diese keine Ausweichmanöver durchführten und an die Polizei fixiert waren, indem sich große Demonstrantenklumpen vor der brutal prügelnden Polizei bildeten. Ein Polizist brauchte sich nur einen Demonstranten herauszugreifen und auf ihn einzuprügeln, und er konnte gewiß sein, daß sich viele Demonstranten ohnmächtig-wütend schreiend um ihn scharten und so den werten Kollegen die Chance gaben, die Demonstranten zu Hunderten einzufangen und abzudrängen. Nur wenige begriffen an diesem Tage schon, daß man die zahlenmäßige Überlegenheit der Demonstranten gegenüber den Polizisten ausnützen konnte, indem sich die Demonstranten beim Angriff der Polizei zerstreuten und dadurch verhinderten, daß ein Polizist gleich an 25 Demonstranten die Ordnungsaufgaben versehen kann; zwang man aber einen Polizisten, sich nur einem Demonstranten zu widmen, während zehn andere sich grinsend an ihm vorbeidrückten, dabei vielleicht sogar das Zeichen seiner polizeilichen Autorität, seine Mütze, ihm vom Kopf stießen, so verlor dieser Polizist seine Fassung und wurde unfähig, selbst dem einen die polizeilichen Freundschafts- und Helferdienste angedeihen zu lassen. ... Die Hilflosigkeit des einzelnen Polizeibeamten angesichts dieser Taktik war nur ein Zeichen für die strategische Fixiertheit der Polizei insgesamt: Sie war in unzähligen Manövern auf Bürgerkrieg trainiert, gedrillt auf das Zerschlagen von Arbeiterdemonstrationen und wilden Streiks, also fixiert auf Situationen, in denen ›der Feind‹ formiert auftritt und nicht vorbereitet auf Protestdemonstrationen von Schülern und Studenten, die beim Angriff der Polizei ihre Formation auflösen und im Großstadtverkehr als ›Einzelkämpfer‹ untertauchen konnten, um sich dann beim Abzug der Polizei wieder zu sammeln. Diese neue Taktik, deren Effektivität sich am 10. Dezember in Einzelfällen erwiesen hatte, sollte am 17. Dezember 1966 systematisch, in einem Demonstrantenmanöver, erprobt werden. Die Aufregung der Polizei über dieses Unternehmen war verständlich. Die Polizeistrategen beschlossen, die Zahl ihrer zivilen Agenten unter den Demonstranten erheblich zu erhöhen und ihnen die Aufgabe zu geben, jeweils die Festnahme der ›Hauptstörer‹ einzuleiten, bis uniformierte Beamte eingreifen konnten. Diese zivilen Greiftrupps, die als **special forces** im feindlichen Gebiet vereinzelt operierten, beschworen notwendig für sich ständig die Gefahrensituation herauf, in der ein halbes Jahr später der Polizist Kurras die Nerven verlor und, kaum von Uniformierten befreit, die erlittene Angst mit dem Griff zur Dienstpistole in Aggression zurücktransformierte. Das gutgeölte Polizeigehirn konnte nicht begreifen, daß die neue Demonstrationstaktik Ausdruck der bewußten Selbständigkeit jedes einzelnen Demonstranten war; Massenaktionen, in Analogie zur Organisation des eigenen Apparats, immer als das Werk subversiver und manipulierender Drahtzieher ansehend, konnte für die Polizei die neue Demonstrationstaktik nur Ausdruck sublimerer und raffinierterer Agententätigkeit sein und verlangte also, mit sublimeren und raffinierteren polizeilichen Instrumenten ›die Agenten‹ aufzuspüren und unschädlich zu machen. Durch den Einsatz von Greiftrupps war die Polizei um keinen Deut von ihrer verfestigten Bürgerkriegsstrategie abgewichen; im Gegenteil, diese war nur um eine Variante verfeinert worden, indem nun die Geheimpolizei bei der ›Straßenschlacht‹ eine aktive Rolle übernahm.

Die militärisch gut trainierte Truppe der Polizei mit ihrem selbstherrlichen Offizierskorps, das sich zum Teil aus ehemaligen Angehörigen der nazistischen deutschen Wehrmacht und der Waffen-SS zusammensetzte, war eingeschworen auf eine eindeutige Freund-Feind-Situation und realisierte öffentliche Kritik an den bestehenden Verhältnissen nur als subversive Aufruhr, der nach ihrem Verständnis immer durch kommunistische Rädelsführer inszeniert sein mußte. Diese Bürgerkriegsarmee gefiel sich darin, zu jeder Gelegenheit den Aufstand zu proben; das Sandkastenspielchen, Demonstrationen auseinanderzuschlagen, Widerstandsnester auszuheben und Agenten aufzufinden, begeisterte die Strategen immer wieder aufs neue, und in Ermangelung eines ›echten‹ Krieges, in dem man sich als Held und Mann beweisen könnte, wurden diese strategischen Übungen zum

unter Wiederholungszwang stehenden Lebens-
element.«[1]

Im neuen Jahr, 1967, verschärfte sich die Situation nahezu von Woche zu Woche, um dann, sechs Monate
später, in den dramatischen Ereignissen vom 2. Juni mit
der Ermordung von Benno Ohnesorg ihren ersten tragi-
schen Höhepunkt zu erreichen. Der Konflikt hatte sich
ausgeweitet und beschränkte sich nun nicht mehr auf die
Universität, sondern war für die Studenten zu einem
»Mehrfrontenkrieg« geworden. Überall – in den Parteien,
in der Regierung, in der Presse, in weiten Teilen der Bevölkerung, in der Kirche, in der Universitätsleitung und in
den von Professoren beherrschten akademischen Gremi-
en – vertrat man die Meinung, daß mit dem Aufbegehren der Studenten nun endlich Schluß sein müsse. Das
Mittel zur Wiederherstellung eines ordentlich funktionie-
renden Studienbetriebs – schließlich sollte der Output
an Akademikern ja erhöht und nicht durch Studenten-
streiks beziehungsweise »Lahmlegung der Universitäten«
vermindert werden – sah man auf allen Seiten nur in der
Repression, Disziplinierung oder Unterdrückung. Ein ko-
ordiniertes Vorgehen aller beteiligten Stellen sollte die
Erreichung dieses Zieles sichern. Ansatzpunkt für eine geeignete Strategie schien der Polizei und dem politischen
wie akademischen Senat in Berlin zu sein, die Studenten
auseinanderzudividieren, die ja tatsächlich oft ganz un-

---

[1] Bernd Rabehl. In: Stefan Leibfried (Hrsg.): Rebellion der Studenten. A. a. O.

terschiedliche Meinungen und Interessen vertraten. Dazu wollte man den Druck auf Teile der Studentenschaft erhöhen, Rädelsführer herausgreifen, exponierte Studentenvertreter mit Disziplinarmaßnahmen bedrohen, dem gewählten und satzungsmäßig verankerten Repräsentationsorgan, dem AStA, nach und nach die finanziellen Mittel entziehen, die Gebühren für das Studium erhöhen (wovon vor allem die weniger bemittelten Studenten betroffen waren) und die hochschul- wie allgemeinpolitische Tätigkeit beschränken.

Auch die Töne in der Auseinandersetzung wurden zunehmend schärfer und gelangten nicht selten – vor allem auf seiten der Presse, der Parteiabgeordneten und der Regierung – an den Rand der Verleumdung. Auf Ironie, Persiflage, bissigen Humor oder Glossen reagierte die politische Führung bierernst und autoritär. Eine Kritik seitens der Studenten an den Polizeimethoden beantwortete beispielsweise der nach Willy Brandts Abgangs in die Große Koalition neu gewählte Bürgermeister, der evangelische Pastor Heinrich Albertz, mit einer rechtlich zweifelhaften Kürzung der Zuschüsse an den AStA. Seine Begründung: »Der staatliche Geldhahn, mit dessen Hilfe sie ihre politische Bierzeitung basteln, wird ihnen zugedreht werden.«[2]

Doch wie sich zeigen sollte, bewirkte die Strategie der Disziplinierung genau das Gegenteil: Die Solidarität unter den Studenten nahm immer weiter zu. Je mehr der Druck von außen wuchs, um so mehr entwickelte sich

---

[2] Zit. in: Bild, Berlin 13.1.1967.

ein Wir-Gefühl. Die Vereinzelung und Anonymität, unter der nicht wenige Studenten gelitten hatten, wurde durch die gemeinsamen Erfahrungen langsam aufgehoben. In den Sog des Wahlspruchs »Gemeinsam sind wir stark« gerieten nach und nach auch jene, die völlig unpolitisch gewesen waren und nur schnell ihr Studium hatten absolvieren wollen. Ein neues Selbstbewußtsein begann sich unter den Studenten breitzumachen: Je mehr die Professoren sich in der Öffentlichkeit bloßstellten, um so mehr verloren sie auch ihren Nimbus als wissenschaftliche Autoritäten. Dadurch verringerte sich zum einen die Prüfungsangst; zum anderen machte nun auch das von den bewußteren 68ern propagierte eigenständige und selbstbestimmte Studieren Spaß. Das wissenschaftliche Arbeiten und Forschen bekam eine neue Dimension, begann als »Anhäufung persönlichen Reichtums« begriffen zu werden. Der enge Rahmen der Fachdisziplinen wurde gesprengt, und sei es auch nur in Gesprächen auf Demonstrationen, Sit-ins oder Vollversammlungen: Denn dort kamen sich häufig zum ersten Mal Mediziner, Germanisten, Wirtschaftler und Naturwissenschaftler näher.

Am 26. Januar 1967 griff die politische Polizei in den Konflikt ein. Die Büroräume des SDS wurden von 15 Beamten zeitweilig besetzt und durchsucht. Ihr Ziel war die Beschlagnahmung der Mitgliederkartei. Den Anlaß zur Durchsuchung hatten ihnen einige FU-Professoren geliefert, die Strafanzeigen gegen Studenten (vermeintlich Mitglieder des SDS) gestellt hatten. Dieser Übergriff löste bei Bekanntwerden eine spontane Welle der Empörung aus. Schon am nächsten Morgen wurde die Universität von mehr als 3000 demonstrierenden Studenten überschwemmt; zwei Tage später solidarisierte sich auf einer Demonstration selbst der Studentenverband der CDU mit den Protestierenden. Auf der Abschlußkundgebung an der Gedächtniskirche sprachen unter anderen die Schriftsteller Günter Grass und Hans Magnus Enzensberger. Der politische Senat verfügte danach zwar die Rückgabe der Mitgliederkartei des SDS und bedauerte auch die Strafanzeigen der Professoren. Dies war jedoch nur ein taktischer Rückzug, der geboten schien, um die unerwartete Protestwelle auch außerhalb der Studentenkreise abebben zu lassen: Schließlich war sogar die amerikanische Öffentlichkeit durch Berichte in der dortigen Presse auf die Vorfälle aufmerksam geworden.

Ein geeigneter Anlaß, um die »tatsächlichen Verhältnisse in Berlin« in den Augen der Amerikaner wieder richtigzustellen, bot sich für die Autoritäten, als der US-Vizepräsident Hubert H. Humphrey am 6. April 1967 die Stadt besuchte. Der AStA rief in einem Flugblatt dazu auf, »dem Repräsentanten der Macht, die die Freiheit Berlins in Vietnam und anderen Ländern so eindrucksvoll und wirksam verteidigt, die gebührenden Ovationen« zu entbieten. Doch dies wußte die politische Polizei zu verhindern: Seit längerem war ihr bereits durch Spitzel bekannt, daß die Kommune I ein Happening während des Staatsbesuchs zu veranstalten gedachte. Mit Mehl, Schokoladenpuddingpulver und Rauchkerzen wollte sie ein »Bombenspektakel« inszenieren. Die Polizei paßte sie ab, als sie gerade vorbereitend die Zutaten in Plastikbeutel verpackten, und verhaftete elf Personen mit der Begrün-

dung, »unter verschwörerischen Umständen zusammen-
gekommen« zu sein sowie einen »Anschlag gegen das
Leben oder die Gesundheit des amerikanischen Vizepräsidenten Hubert H. Humphrey mittels Bomben geplant zu haben«. Die Polizeipressestelle gab wenig später die Stichworte für die Schlagzeilen, die am nächsten
Tag in den Medien erschienen: »Geplant: Bombenanschlag auf Vizepräsidenten«; »Studenten planten Attentat auf Humphrey«; »Attentat auf Humphrey von Kripo
vereitelt«; »Maos Botschaft in Ostberlin lieferte die Bomben gegen Vizepräsident Humphrey«.

So ließ sich ganz elegant die Scharte vom Januar aus-
wetzen, der »Ausrutscher« mit der beschlagnahmten Mitgliederkartei, die man als »undemokratische Maßnahme«
hätte auslegen können. Der Jubel der Westberliner Bevölkerung für den Repräsentanten der größten Schutzmacht ihrer Stadt verlief ungestört. Die »um demokratische Rechte kämpfenden Studenten« (so frühere Stimmen in der amerikanischen Presse) konnten nun auch der
US-Öffentlichkeit vorgeführt werden als das, was sie angeblich waren, nämlich »potentielle Terroristen« (die »Attentäter« wurden allerdings wenige Tage später aus der
Haft entlassen). So ließ sich insgesamt der Eindruck ver-
wischen, daß es in der Bundesrepublik Widerstand gegen den Vietnamkrieg gab. Der Protest des AStA bei der
Regierung gegen die Polizei, die »die Gelegenheit benut-
ze, die Öffentlichkeit durch bewußte Irreführung gegen
die oppositionelle Minderheit der Studenten aufzuwie-
geln«, führte zu neuen Repressalien: Der regierende Bürgermeister ließ dem Universitätsrektor auf der folgenden

Kuratoriumssitzung eine Liste mit Namen von Studenten – angeblich fast ausschließlich »Rädelsführer« und »Aufwiegler« – zukommen, damit »die Disziplinargerichtsbarkeit der Universität in Gang kommen« könne.

Die Universität handelte schon ziemlich schnell als Befehlsempfänger der Politik. Am 19. April verhandelte der Akademische Senat der FU die »Schwarzen Listen«. Gleichzeitig entwickelte sich aus einer parallel dazu stattfindenden Vollversammlung der Studenten das zweite große Sit-in. Die Universitätsleitung und die Professoren reagierten diesmal nicht mit der Androhung von Disziplinarmaßnahmen, sondern gleich mit dem Ruf nach der Polizei. Gegen Mitternacht rückten Polizeieinheiten an, um die friedlich Diskutierenden gewaltsam aus dem Gebäude zu drängen. In 20 Minuten gelang es der Polizei, von den rund 1000 Versammelten, die alle auf dem Boden saßen, knapp ein Zehntel hinauszutragen. Doch als die Menge nicht kleiner wurde, weil die durch die Seitenausgänge Fortgeschafften über den Haupteingang wieder hineinschlüpften, sah der Einsatzleiter die Sinnlosigkeit dieses Vorgehens ein und brach nach Rücksprache mit seinem Vorgesetzten die Aktion ab. Als die akademischen Senatoren in hektischen Telefonaten einen neuen Polizeieinsatz verlangten, wurde ihnen ziemlich unverblümt bedeutet, daß sie die Probleme in ihrem Laden selbst in den Griff bekommen sollten: Die Polizei sei nicht mehr bereit, so erklärte der Polizeipräsident, allein das Risiko für solche Maßnahmen zu tragen, während sich Universität und Senat die Möglichkeit offenhielten, sich bei scharfer Kritik der liberalen Öffentlichkeit, sei es aus dem Ausland oder aus der Bundesrepublik, aus der Affäre zu ziehen. Als ihnen eine Putzfrau mitteilte, daß die Studenten nach Abschluß der Diskussion sogar das Gebäude gereinigt hätten und erst dann abgezogen wären, kam es zu teilweise unbeherrschten Wutausbrüchen seitens der Professoren. Was sie mit Drohungen nicht erreichen konnten, hatten die Studenten aus freien Stücken geleistet. Wovor sie zurückgeschreckt waren und wovor sie gewarnt hatten, nämlich unnötig und leichtfertig die »Autonomie der Universität« aufs Spiel zu setzen, hatten die Professoren mit dem Ruf nach einem Polizeieinsatz nun selbst getan. Ihre Freiheit, ohne Einmischung von außen entscheiden zu können, hatten sie selbst untergraben. Statt die Studenten an der Autonomie teilhaben zu lassen und ihnen substantielle Mitbestimmungsrechte einzuräumen, hatten sie sich selbst entmachtet und sich an die Kultusbürokratie ausgeliefert. Daraus erklärt sich auch ihre ohnmächtige Wut in diesem Moment.

Die Konsequenzen aus diesen Ereignissen wurden aber erst nach und nach deutlich. Nur wenigen war in jenem Moment klar, daß die zukünftige Entwicklung hier schon in Ansätzen sichtbar wurde: nämlich die Unterordnung der Universität unter die vom Staat vermittelten gesellschaftlichen Interessen – mit all den negativen Folgen. Die Eingriffsmöglichkeit des Staates in die Universität hatte die CDU bereits unter Kanzler Ludwig Erhard programmatisch gefordert, und die SPD hatte sich diesem Anliegen schon vor der Großen Koalition angeschlossen. Willy Brandt: »Die Hochschulen werden nicht allein mit ihrer eigenen Reform fertig.« Nun zog auch die Professorenmehrheit von sich aus nach: Resigniert oder aufgebracht paktierte sie mit den »Befehlsstellen der sich formierenden Gesellschaft«. Sie traf ein Abkommen mit Parteien und Exekutive, in dem sie die akademische Freiheit ebenso wie die Einheit von Forschung und Lehre aufgab und dafür die Beibehaltung der hierarchisch-autoritären Strukturen erhielt. Ihre Argumentationslinie reduzierte sich auf ein einfaches Bündnisangebot. So formulierte Herbert Claas: »Angesichts der Entwicklungen in den Hochschulen ersuchen die Professoren den Staat und die gesamte ›Öffentlichkeit‹, sie in ihrem bisherigen Status gegenüber den Studenten zu stärken. Die Professoren bieten als Gegenleistung die stromlinienförmige Indienstnahme der Ausbildung und der Forschung für die Zwecke der herrschenden Kapitalinteressen. Die Kritik gilt den ›fanatischen Studenten‹ und die Partnerschaft der erwerbswirtschaftlichen Vorteilssuche. Zusammen enthalten sie das Angebot eines Kompensationsgeschäftes an die Privatwirtschaft und deren Interessenvertretung in der staatlichen Wissenschaftsadministration. In der Hoffnung auf die weitere Privilegierung der Gelehrtenrepublik im Lehrkörper der Universitäten soll der Preis des von außen reglementierten Studiums gezahlt werden.«[3] Dieser Pakt wurde einige Jahre später in den Hochschulgesetzen auch rechtstechnisch endgültig besiegelt und erhielt in den 70er Jahren sogar die höheren Weihen durch das Bundesverfassungsgericht.

---

[3] Herbert Claas: Vortrag auf dem Kongreß »Wissenschaft und Demokratie«. Wieder abgedruckt u. a. in: Jutta v. Freyberg (Hrsg.): Protokoll des Kongresses. Köln 1973.

In der immer schärfer gewordenen Konfrontation zwischen Lehrenden und Lernenden war es mit den Ereignissen vom 19. April zum endgültigen Bruch gekommen, den nun niemand mehr leugnen konnte. Die Einheit von Forschung und Lehre bestand nur noch auf dem Papier. In dieser Situation riefen Professoren und Politiker als Kronzeugen für ihre Politik die Gründungsmitglieder der FU an. Bis auf einen, Klaus Heinrich, folgten alle diesem Appell und unterstützten die eingeschlagene, verhängnisvolle Strategie. Warum er dieser Politik nicht folgen wollte und konnte, erläuterte Klaus Heinrich damals folgendermaßen:

»Universität und Stadtverwaltung haben ihren Blick verengt. Das Ideal der Kommunalpolitik, Ruhe und Ordnung in einem aufgeräumten Gemeinwesen, als das Ideal des Stadtregiments dieser Stadt, wäre nicht weniger als ein Verzicht auf diese Stadt. Ohne ein Maß an Unordnung, Beunruhigung, latente Provokation wäre eine Stadt wie diese verloren. Unruhe, die um die Chance ihrer Selbstdarstellung gebracht wird, ist gezwungen, sich in einen negativen und einen positiven Anteil zu zersetzen; der negative wandert in die Formen einer ihm verordneten Kriminalität, der positive in die großen Städte ab, die diesen Namen verdienen. Das ist nicht eine Stadtromantik, gegen die im übrigen weniger einzuwenden wäre als gegen einen allgemeinen Waschzwang, sondern die Verteidigung eines großstädtischen Substrats, ohne das wir alle heute noch in der Feudalgesellschaft leben müßten. Allerdings: Die unablässige Anstrengung der Universität, zu analysieren, hätte der Stadtverwaltung zu Hilfe zu kommen. Sie kann weder nur die Sache eines liberalen Rektors sein noch die eines sozialistischen Senators, sondern hätte in allen Wissenschaften, wenigstens in allen Geisteswissenschaften, zu geschehen. Denn – dies ist die These, die den Ordnungsrufen in Universität und Stadt entgegenzuhalten ist: Was hier beunruhigend, heute in dieser Gruppe, morgen in jener und übermorgen vielleicht in der ganzen Studentenschaft dieser Universität als Unruhe spürbar wird, ist **das Ungenügen an einer Gesellschaft, in der es weder einen inhaltlichen Begriff von Wissenschaft noch einen inhaltlichen Begriff von Demokratie mehr gibt.**

Wellen der Unruhe laufen durch die Universitäten dieser Welt. Politische ebenso wie unpolitische Ereignisse lassen sie sichtbar werden, politische ebenso wie unpolitische Gruppen schüren sie. Die Angst, abgeschnitten zu sein von der Realität; nicht zu leben, sondern zu ersticken und prämiert zu werden für das Einverständnis damit; die Angst, eingesetzt zu werden für Krieg und Unrecht oder morgen ausgelöscht zu sein, und dann Wissenschaft treiben zu sollen, deren Wissenschaftlichkeit gerade im Absehen von den möglichen Folgen, zumal diesen Folgen, besteht; die Angst, heute noch, als Mitglied einer Gesellschaft der Unter-Dreißig-Jährigen, mit einem Rest von Leben vereinigt zu sein und morgen bei lebendigem Leibe tot zu sein, weil aufgegangen in einer in ihrer eigenen cleveren Lebendigkeit erstarrten Gesellschaft; Unbedingtheit zu wollen und ständig bedingt zu sein; Undurchschaubares durchschauen zu wollen; teilzuhaben an der Realbewegung, selbst um den Preis, ausgelöscht zu werden in einer selbstverursachten realen Katastrophe; den Zufall zu provozieren, der das bürgerliche Synonym für Schicksal ist, aber nicht länger an dem wohleingeordneten gesellschaftlichen Spielbereich des Happenings ... stumm zu sein, um nicht durch Sprache verstrickt zu werden in seine Aktionen; jedes Mal zu wissen, daß dies alles ohnmächtige Aktionen sind, und trotzdem zu hoffen, daß ihre Verwandtschaft mit den mächtigen Aktionen einer etablierten Erwachsenenwelt diese als nicht weniger sinnlos entlarven wird als die vergeblichen eigenen: dies und unendlich viel mehr, teils stumm, teils lärmend, teils politischen Spielregeln sich unterwerfend, teils jede Spielregel verwerfend als Verrat an einem zuletzt doch nicht erreichbaren Ziel (aber wenigstens sollte es nicht scheinen, als mache man sich über die Erreichbarkeit noch Illusion), hat der Gegenstand wissenschaftlicher Analyse zu sein. Es ist eine Szene, würdig des absurden Theaters, wie Zehntausende von Studenten Wissenschaften betreiben, die sie auch nicht im geringsten interessieren, und wie diese Wissenschaften wiederum nicht im geringsten an dem interessiert sind, was die sie Betreibenden treibt.

Diesem Zustand ist nicht durch Aufrufe oder Proklamationen abzuhelfen, auch nicht durch Ordnungsmaßnahmen oder eine raffiniertere Organisation des Universitätsbetriebs. Vielmehr hätte die Universität sich auf ihre alte Aufgabe zurückzubesinnen, die im übrigen jedesmal eine neue Aufgabe ist: der Gesellschaft, deren Teil sie ist, das Bewußtsein ihrer selbst zu geben, das sie ihre unbewältigten Konflikte erst einmal erkennen läßt. Die Studenten erwarten das von ihr, auch wenn sie es nicht immer so formulieren werden, sondern durch ihre stummen oder lärmenden Aktionen, durch Resignation und Trotz, und es genügt nicht, daß in einzelnen, dafür reservierten Disziplinen, z. B. der Wissenschaft von der Politik, ihre Fragen gehört werden. Die Konsequenzen, die daraus zu ziehen sind, betreffen uns alle.«[4]

---

[4] Klaus Heinrich: Erinnerungen an das Problem einer freien Universität. In: Das Argument Heft 43, 1967.

9

Provokation durch flotte Parolen: die Kommunarden

Im Winter 1966 und im Frühjahr 1967 hatten sich die Formen gewandelt, in denen die Studenten ihren Protest in die Öffentlichkeit trugen. Zu den alten mehr auf Rationalität zielenden Losungen und Statements waren flotte Parolen und provozierende Sprüche hinzugekommen oder hatten sie teilweise sogar ersetzt. In die bisherigen Demonstrationen, die eher den Charakter von Massenumzügen gehabt hatten, waren Elemente eingeführt worden, die die Polizei als Ordnungsmacht reizen, herausfordern, verunsichern sollten, um – so der Gedanke – über die Konfrontation das eigentliche Anliegen zu transportieren. Diese Veränderungen ließen sich in erster Linie auf Studenten zurückführen, die sich vor allem nach den ersten Unruhen und Zusammenstößen mit Professorengremien und Universitätsleitung im SDS als Mitglieder eingeschrieben hatten. Die alten SDSler, die – manche mit, manche ohne Examen – der Hochschule schon entwachsen waren – bezeichneten die Vertreter dieser neuen Strömung bald als die Kommunarden. Es handelte sich dabei im wesentlichen um drei Gruppierungen. Aus der ersten Gruppe, der Studenten wie Rainer Langhans, Fritz Teufel und Dieter Kunzelmann angehörten, entwickelte sich die Kommune I (oder K I), die schon vor ihrer offiziellen Gründung am 1. Januar 1967 in den Berliner Boulevardblättern für Furore gesorgt hatte. Die zweite Gruppe bestand aus Leuten wie Eike Hemmer, Jan Carl Raspe und Jörg Schlotterer, die die Kommune II bildeten.

Der dritte Kreis gruppierte sich vor allem um Rudi Dutschke, der aus der evangelischen Hochschulgemeinde dazugestoßen war, und Bernd Rabehl. Während sich die Kommune I vor allem an den amerikanischen Yippies orientierte, deren Strategie sie übernahm und an die deutschen Verhältnisse anpaßte, bezog sich die Kommune II mehr auf die Tradition der »Weathermen«, die im Rahmen der Konfrontation auch Gewaltanwendung nicht ausschlossen.

Die dritte Gruppe um Dutschke und Rabehl, die aus verschiedenen Gründen nichts von kollektiven Lebensgemeinschaften in Wohnkommunen hielt, entwickelte theoretische und strategische Konzepte, die man am ehesten mit Neoanarchismus bezeichnen oder in Verbindung bringen kann.

Die K I

Das politische Programm der K I lautete: Revolutionierung des Alltags, Abschaffung des Privateigentums, Brechung des Leistungsprinzips, Proklamation des Lustprinzips und vor allem Provokation. Die Mitglieder der Kommune verstanden es hervorragend, die Spießbürger und Biedermänner zu provozieren, und zwar durch ihr Erscheinen, ihr Auftreten, ihre Lebensformen, ihre Aktionen und ihre Sprüche. Ob sie nun in ihrer Kommune die Klotüren rausrissen, weil sie ermöglichten, daß sich einer zurückzieht, ob sie sich nackt zusammen fotografieren ließen oder öffentlich über ihre sexuellen Probleme sprachen (Kunzelmann: »Was geht mich der Vietnamkrieg an, solange ich Orgasmusschwierigkeiten habe«) – alles wurde von der Presse breitgetreten und mit wohligem Schaudern kommentiert.

Einem Großteil der 68er waren sie zwar sympathisch, und nicht wenige Provokationen fanden auch ihren Beifall, aber die Kommunarden galten auch als suspekt und zu unpolitisch – vor allem dem SDS, der sie bald ausschloß. Doch von den Medien wurden sie sehr schnell zu Popstars hochstilisiert – wie zum Beispiel nach ihrer geplanten Aktion gegen den amerikanischen Vizepräsidenten Humphrey: »So ein Gesicht braucht eine Torte ins Gesicht«, sagte Kunzelmann. Die »Staatsfeinde« wurden darauf zu beliebten Interviewpartnern, und sie ließen sich ihre Statements gut bezahlen: »Erst blechen dann sprechen« hatten sie in ihrer Wohnung an die Flurwand geschrieben.

Über einige Provokationen konnten die Studenten noch lachen, über andere schon sehr viel weniger. So verteilten Mitglieder der K I nach einem Brand in einem Brüsseler Kaufhaus, bei dem 300 Menschen ums Leben gekommen waren, folgendes Flugblatt: »Unsere belgischen Freunde haben endlich den Dreh heraus, die Bevölkerung am lustigen Treiben in Vietnam zu beteiligen: Sie zünden ein Kaufhaus an, 300 saturierte Bürger beenden ihr aufregendes Leben und Brüssel wird Hanoi. Burn warehouse, burn!«

Richtiggehend zu Theatervorstellungen wurden die unzähligen Gerichtsverhandlungen gegen die Kommunarden.

Der Star – wegen seiner flotten Sprüche und seines Namens – war Fritz Teufel. Einmal wurde vorgeschlagen, den Angeklagten psychiatrisch zu überprüfen. Teufels Antwort lautete: »Einverstanden. Falls Staatsanwalt und Richter sich ebenfalls untersuchen lassen.« Ein weiterer Auszug aus diesem Theaterstück: Richter: »Haben Sie Handlungen gegen Polizisten begangen?« Angeklagter: »Als sie mich an den Haaren hochzogen, habe ich ›Aua‹ geschrien.« Richter: »Nein, ich meine: getreten? Gebissen?« Angeklagter: »Ich werde mich hüten, einen Polizisten zu beißen. Wir haben nichts gegen die Polizei: im Gegenteil. Ich glaube, ein Polizist würde viel lieber, statt Studenten zu verprügeln, seinem Vorgesetzten in den Arsch treten.«

Den absoluten Höhepunkt erreichte Kommunarde Fritz Teufel am 29. November 1967. Die ganze Welt berichtete über diesen Vorfall, die Worte des Angeklagten wurden in unzählige Sprachen übersetzt. Die Szene spielte sich im Gerichtssaal ab, wo Teufel sich der Anklage erwehren mußte, bei einer Demonstration einen Stein geworfen zu haben. Als die Richter eintraten, räkelte sich Teufel auf der Anklagebank und las demonstrativ Zeitung. Man forderte den Angeklagten auf, aufzustehen. Darauf endlich erhob sich dieser langsam und mit den Worten: »Wenn es der Wahrheitsfindung dient ...«

Die K II und der Weg in den bewaffneten Kampf

Die Mitglieder und das Umfeld der Kommune II orientierten sich schon bald an Mao Tse Tungs Revolutionstheorie, an den gewalttätigen Konzepten der amerikanischen »Weathermen« und an der damals schon grassierenden Idee vom »Guerillakampf in den Städten« (der Ersten Welt). Verbindendes Glied zwischen diesen Revolutionsstrategien war die Überzeugung, daß die Intelligenz und somit auch die Studenten begannen, sich zur revolutionären Vorhut in der hochindustrialisierten Welt zu entwickeln. Interessant sind diese revolutionären Überlegungen deshalb, weil sie einerseits die theoretische Grundlage abgaben für den ein paar Jahre später ausbrechenden Terrorismus der Rote Armee Fraktion (RAF) und anderer Gruppierungen, und andererseits, weil Personen aus der Kommune beziehungsweise der Kommunenbewegung direkt in den bewaffneten Kampf zogen, beispielsweise Jan Carl Raspe, der sich wenig später Andreas Baader, Ulrike Meinhof und Gudrun Ensslin anschloß.

Der folgende Text des »RAF-Kollektivs« – einer lockeren Gruppierung vornehmlich von Studenten um Ulrike Meinhof und Andreas Baader – zeigt, wie versucht wurde, eine theoretische Fundierung zu finden für die Strategie der gewaltsamen Auseinandersetzung. Und er macht gleichzeitig deutlich, wie man »Mitkämpfer« gewinnen wollte, indem man die Richtigkeit des eingeschlagenen Weges angeblich »bewies« und dies in einen moralischen Appell ummünzte.

»Wer mit uns darin übereinstimmt, daß die Verwirklichung der sozialistischen Gesellschaft nur möglich ist, wenn die Macht des Kapitals gebrochen wird, kann nicht mehr der Frage ausweichen, wie diese Macht konkret zerstört werden kann. Das ist die entscheidende Frage. Bleibt sie ohne Antwort, sind alle Anstrengungen vergeblich und eigentlich nur Betriebsamkeit zur Beruhigung des eigenen Gewissens. ...

Es ist nicht wahr und ein verhängnisvoller Irrtum vieler Genossen, daß die revolutionäre Theorie für die gegenwärtigen Kämpfe in der westdeutschen Gesellschaft nur von einer nach bolschewistischen Prinzipien aufgebauten Kaderorganisation des Industrieproletariats entwickelt werden könne. Als Thema mit Variationen hören wir immer wieder, daß das Proletariat nicht bevormundet werden dürfe. Das ist richtig. Aber was heißt das? Wir hören, daß die Studenten aufgrund ihrer anderen Klassenlage insbesondere wegen der (klein)bürgerlichen Einflüsse, denen sie ausgesetzt seien, die revolutionäre Avantgarde nicht seien. ...

Ist es Zufall, daß an allen Fronten junge Angehörige der Intelligenzschicht, insbesondere Studenten eine wichtige, wenn nicht die entscheidende Rolle spielen? Diese Tatsachen wollen analysiert sein. Mit einer Mystifizierung der Industriearbeiterschaft ist dem Proletariat am wenigsten geholfen. ...

Die rebellischen Studenten werden in diesem Prozeß Teil der antikapitalistischen sozialrevolutionären Bewegung der Gegenwart. Durch verschiedene Faktoren ist den sozialistischen Kadern der Studentenbewegung eine Avantgarde-Funktion im gesamtgesellschaftlichen Maßstab zugefallen. In der Studentenbewegung sind heute die Ziele und Methoden der revolutionären Bewegung theoretisch am klarsten formuliert und wissenschaftlich begründet. Nicht die Organisationen der Industriearbeiterschaft, sondern die revolutionären Teile der Studentenschaft sind heute Träger des zeitgenössischen revolutionären Bewußtseins.

Die Studenten haben vor Jahren den Kampf aufgenommen und durch ihre Aktionen jedenfalls in Westdeutschland und in den USA die revolutionär-sozialistische Bewegung erst wiederbelebt. Im Verlaufe ihres Kampfes haben sie Erfahrungen gesammelt, theoretisch untersucht und verallgemeinert. Die revolutionäre Theorie ist in diesem Prozeß um wichtige Aspekte bereichert worden, die praktisch-theoretische Auseinandersetzung mit dem Revisionismus der traditionellen kommunistischen Parteien und mit dem Sozialdemokratismus ist ein wichtiger Beitrag. Die revolutionären Studenten sind Teil der Massen, auf die sich eine revolutionäre Partei stützen muß.

Das Gebot, in allem der Massenlinie zu folgen,

heißt also auch, in die Massen der revolutionären Studenten gehen, deren Auffassungen kennenlernen, sorgfältig analysieren, zusammenfassen, verallgemeinern, falsche Ansichten kritisieren, richtige hervorheben und in verallgemeinerter Form in die Massen zurücktragen. Die Kader müssen die Auffassungen studieren, die sich aus den Erfahrungen der vergangenen drei Jahre bei den revolutionären Studenten über den Charakter der Staatsgewalt, über die Rolle der revolutionären Gegengewalt, über die Bedingtheit der Gewalttätigkeit der unterdrückten Massen, über das Kräfteverhältnis zwischen Revolution und Konterrevolution und die Bedingungen seiner Veränderung entwickelt haben. ...

Die kritische Verallgemeinerung dieser in den Massen anzutreffenden Auffassungen und Stimmungen besteht darin, die Massen in ihrer positiven Einstellung zur Gewalt als Mittel des Klassenkampfes zu bestärken, jede Abwiegelei streng zu verurteilen und gleichzeitig die Mittel und Wege aufzuzeigen, die in der unvermeidlichen gewaltsamen Auseinandersetzung zwischen Proletariat und Bourgeoisie ersterem den Sieg über das Kapital ermöglichen.

Ohne diese Perspektive ist es nicht möglich, das im Proletariat vorhandene Gewaltpotential für die Revolution zu mobilisieren. ...

Wenn wir die Rolle der studentischen Kader als

Avantgarde in den Kämpfen der vergangenen Jahre anerkennen, so bedeutet das keine moralische Überhöhung der Studenten. Es bleibt eine Tatsache, daß in der Studentenschaft (klein)bürgerliche Einflüsse in schädlicher Weise wirksam sind. Aber auch das darf kein moralisches Urteil über die Studenten sein. Kleinbürgerliche Einflüsse sind für die revolutionäre Bewegung eine Gefahr, die man stets beachten muß. Wo kleinbürgerliche Haltungen sichtbar werden, sind sie Gegenstand von Kritik und Selbstkritik. Aber hier gilt der Satz von Mao: ›Die Krankheit heilen, um den Patienten zu retten‹. ...

Die Revolutionäre, deren Pflicht es ist, die Revolution zu machen, werden nicht ›lupenrein‹ in der Retorte erzeugt; auch die proletarische Kinderstube ist diese Retorte nicht. Sie rekrutieren sich aus einer Generation, die notwendig durch den Anpassungsprozeß an die bürgerliche Gesellschaft mannigfaltig deformiert und den Einflüssen der bürgerlichen Ideologie ausgesetzt ist. Wer die Klassenanalyse bemüht, um nachzuweisen, daß die Studentenbewegung gar nicht revolutionär sei, statt endlich zu begreifen, aus welchen Gründen die junge Intelligenz die von den Arbeitern fallengelassene rote Fahne aufgenommen hat und sie heute allen voranträgt; wer die Klassenanalyse bemüht, um seine Untätigkeit oder seinen Kleinmut zu rechtfertigen und angesichts einer voranschreitenden Revolution zu behaupten, es gäbe keine revolutionäre Bewegung und keine Revolutionäre, der treibt mit dem Marxismus Schindluder. ...

So sehr wir auf die angebliche Gleichgültigkeit und Schwerfälligkeit des Proletariats in der Metropole Bundesrepublik hinweisen mögen, werden die vietnamesischen, angolanischen, mozambiquanischen, guinesischen, südafrikanischen und lateinamerikanischen Genossen zu Recht die Frage stellen: und was habt ihr getan, die ihr die Zusammenhänge durchschaut und die Notwendigkeit des bewaffneten Kampfes erkannt habt? Könnten die Tausende, würden sie kämpfen, die Logistik der imperialistischen Unterdrückungsfeldzüge nicht nachhaltig stören? Warum versteckt ihr euch hinter dem Proletariat, statt es durch eure Entschlossenheit und euer Beispiel im Kampf zu führen? Daß der Kampf für uns besonders schwer und daher nicht machbar sei, ist eine Erfindung unseres Selbsterhaltungstriebes.« (Kollektiv RAF)

Die K III und der revolutionäre Sozialismus

Der dritte Kreis der Kommune-Bewegung orientierte sich an Marx und den Klassikern des revolutionären Sozialismus. Was deren Aktualisierung für die Gegenwart betraf, bezog er sich auf die Festschreibung und Fortführung dieses Gedankenguts einerseits durch Herbert Marcuse und Frantz Fanon, andererseits durch lateinamerikanische Revolutionäre wie Che Guevara (»Schafft ein, zwei, viele Vietnams«) und Fidel Castro.

Wie Rudi Dutschke die Ereignisse analysierte, in welcher Weise er und seine Freunde die Studentenbewegung weitertreiben wollten und in welchen Zusammenhang er seine Zielvorstellungen brachte, deutet der nun folgende, von ihm verfaßte Text an:

»Gerade diese Durchbrechung des falschen Bewußtseins haben wir begonnen. Die Kontrolle und Verwaltung der Individuen durch das System wird durch unsere politische Arbeit, durch unsere Aufklärung, durch unsere Provokationen und Massenaktionen strukturell in Frage gestellt. Gerade darum beginnen auch die ›linksliberalen Kritiker‹ des Regimes vom **Spiegel** bis zur **Zeit** eine klare politische Wendung gegen uns. Sie begreifen die heraufziehende Gefahr für den Spätkapitalismus, die zur tödlichen wird, wenn es uns gelingt, die von den Parteien vernichtete Spontaneität der lohnabhängigen Massen durch eine immer effektivere Dialektik von Aufklärung und Massenaktionen zu wecken. ...

Unsere historisch richtige Beschränkung auf die Arbeit in der Universität darf nicht fetischisiert werden. Eine revolutionäre Dialektik der richtigen Übergänge muß den ›langen Marsch durch die Institutionen‹ als eine praktisch-kritische Tätigkeit in allen gesellschaftlichen Bereichen begreifen, hat die subversiv-kritische Vertiefung der Widersprüche zum Ziel, die in **allen** Institutionen, die an der Organisation des Alltagslebens beteiligt sind, möglich geworden ist. Es gibt keinen Bereich in der Gesellschaft mehr, der in der kulturrevolutionären Phase unserer Bewegung ausschließlich privilegiert wäre, die Interessen der Gesamtbewegung auszudrücken.

Die laue Oppositionsbewegung ist tot, der spontane Widerstand, oft noch in völlig unorganisierter Form, hat begonnen, ob nun in Frankfurt oder in Bremen, in Berlin oder in Hamburg, beherrschen wir, das heißt das antiautoritäre Lager, schon die für die Bewußtwerdung der Menschen entscheidenden Kettenglieder, die Aufklärungsveranstaltungen außerhalb der Universitäten, die Vollversammlungen der Studenten in den großen **Universitäten**, die Schülerversammlungen in den **Schulen**. ... Die Fülle der Schüler- und Studentenzeitungen ist ein mobilisierendes und aufklärendes Element der Gesamtbewegung. Überall bilden sich ›selbsternannte Avantgarden‹, die völlig autonom und von keiner Zentrale organisiert beziehungsweise manipuliert den von ihnen als notwendig erkannten Kampf gegen Manipulation und Unterdrückung der schöpferischen Fähigkeiten der Menschen begonnen haben. Darin liegt die Stärke der antiautoritären Bewegung, daß die praktisch-kritische Tätigkeit der Antiautoritären der reale

Ausdruck der eigenen Bedürfnisse und Interessen der Individuen ist. Das Praktisch-Werden der eigenen Bedürfnisse, Interessen und Leiden verhindert die Monopolisierung der historischen Interessen der Menschen in einer die Massen ›repräsentierenden‹ Mitgliederpartei. Wir beherrschen auch schon die Straßen der großen Städte, finden uns im ›Dickicht der Großstädte‹ (Brecht) schon ganz gut zurecht, aber die wirkliche Vermassung der Idee der sozialrevolutionären Befreiung steht noch aus. ...

Heute hält uns nicht eine abstrakte Theorie der Geschichte zusammen, sondern der existentielle Ekel vor einer Gesellschaft, die von Freiheit schwätzt und die unmittelbaren Interessen und Bedürfnisse der Individuen und der um ihre sozial-ökonomischen Emanzipation kämpfenden Völker subtil und brutal unterdrückt.

Diese radikale, weil den **ganzen Menschen** betreffende Dialektik des Sentiments und der Emotion (Marcuse), wobei die Theorie den bewußt gewordenen Ausdruck dieser Dialektik darstellt, hält uns heute stärker denn je gegen diese verstaatlichte autoritäre Gesellschaft zusammen, ermöglicht eine radikale Aktionseinheit der Antiautoritären, und zwar ohne Parteiprogramm und Monopolanspruch.

Die subtilen und brutalen Methoden und Techniken der sozialen Integration ziehen bei uns nicht mehr. Die sentimental-emotionale Verweigerung **wird im Kampf** mit den Gewaltorganisationen des Systems, mit der staatlich-gesellschaftlichen Bürokratie, mit der Polizei, mit der Justizmaschine, den industriellen Bürokratien in den Oligopolen usw. zur **organisierten Verweigerung**, zum praktisch-kritischen Wissen, zum revolutionären Willen, die verselbständigten Produktivkräfte, die unmenschlichen Maschinerien des Krieges und der Manipulation, die tagtäglich in der Welt Tod und Schrecken verbreiten, tagtäglich ein weltweites Genozid verursachen können, zu zerschlagen. ...

Geben wir uns aber keinen Illusionen hin. Das weltweite Netz der organisierten Repression, das Kontinuum der Herrschaft, läßt sich nicht leicht aufsprengen. Der ›neue Mensch des 21. Jahrhunderts‹ (Guevara, Fanon), der die Voraussetzung für die ›neue Gesellschaft‹ darstellt, ist Resultat eines langen und schmerzlichen Kampfes, kennt ein sehr schnelles Auf und Ab der Bewegung; temporäre Aufschwünge werden durch nicht zu umgehende ›Niederlagen‹ abgelöst werden. Unsere konterrevolutionäre Übergangsphase, in der Personen und Gruppen sich noch manchen Illusionen, abstrakten Vorstellungen und utopischen Projekten hingeben, ist eine Phase, in der der radikale Widerspruch zwischen Revolution und Konterrevolution, zwischen der herrschenden Klasse in ihrer neuen Form und dem Lager der Antiautoritären und Unterprivilegierten noch nicht konkret und unmittelbar sich auszutragen beginnt. Was für Amerika schon eindeutige Realität ist, hat auch schon für uns mit gewissen Modifikationen große Bedeutung: ›Es ist keine Zeit nüchterner Reflexion, sondern eine Zeit der Beschwörung. Die **Aufgabe der Intellektuellen** ist mit der des Organisators der Straße, mit der des Wehrdienstverweigerers, des **Diggers** identisch: **mit dem Volke zu sprechen und nicht über das Volk.** Die prägende Literatur jetzt ist die Underground-Literatur, sind die Reden von Malcom X, die Schriften Fanons, die Songs der Rolling Stones und von Aretha Franklin. Alles übrige klingt wie der Moynihan-Report oder ein **Time-Essay,** die alles erklären, nichts verstehen und niemanden verändern‹ (A. Kopkind). Wir haben noch keine breite kontinuierliche Untergrund-Literatur, es fehlen noch die Dialoge der Intellektuellen mit dem Volk, und zwar schon auf dem Standpunkt der wirklichen, das heißt der unmittelbaren und historischen Interessen des Volkes. Es gibt den Beginn einer Desertationskampagne in der amerikanischen Besatzungsarmee, es gibt keine organisierte Desertationskampagne in der Bundeswehr. Wir wagen es schon, den amerikanischen Imperialismus politisch anzugreifen, aber wir haben noch nicht den Willen, mit unserem eigenen Herrschaftsapparat zu brechen. ...

An jedem Ort der Bundesrepublik ist die Auseinandersetzung in radikaler Form möglich. Es hängt von unseren schöpferischen Fähigkeiten ab, kühn und entschlossen die sichtbaren Widersprüche zu vertiefen und zu politisieren, Aktionen zu wagen, kühn und allseitig die Initiative der Massen zu entfalten. Die wirkliche revolutionäre Solidarität mit der vietnamesischen Revolution besteht in der aktuellen Schwächung und der prozessualen Umwälzung der Zentren des Imperialismus. Unsere bisherige Ineffektivität und Resignation lag mit in der Theorie.

Die Revolutionierung der Revolutionäre ist so die entscheidende Voraussetzung für die Revolutionierung der Massen.«[1]

Die hier von Rudi Dutschke vorgenommene Selbsteinschätzung der Studentenbewegung als »Kulturrevolution« wurde später ziemlich unkritisch von den Massenmedien übernommen. Seine Strategie vom »langen Marsch durch die Institutionen« geriet zu einem der abgegriffensten Schlagwörter in den politischen Auseinandersetzungen der 70er Jahre.

Frantz Fanon hat wie kaum ein anderer die »revolutionären Gedanken« der 68er mitgeprägt. Er untersuchte in seinen theoretischen Schriften den Vietnamkrieg und die kubanische Revolution durch Fidel Castro und Che Guevara und stellte eine Verbindung zwischen der Stu-

---

[1] Zit. nach: Stefan Leibfried (Hrsg.): Rebellion der Studenten. A. a. O.

dentenbewegung und der Dritten Welt her. Der Schluß-
appell seines Hauptwerks »Die Verdammten dieser Erde«
enthält die Quintessenz seines revolutionären Pro-
gramms: »Entschließen wir uns, Europa nicht zu imitieren.
Spannen wir unsere Muskeln und Gehirne für einen
neuen Kurs an. Versuchen wir den totalen Menschen zu
erfinden, den zum Siege zu führen Europa unfähig war.«
Amerika bezeichnete er als ein Land, »das nicht aufhört,
vom Menschen zu reden, und ihn dabei niedermetzelt,
wo es ihn trifft«. Fanon war als armer Bauernsohn 1924
auf der Karibikinsel Martinique geboren worden. Der
Afroamerikaner studierte in Frankreich Philosophie und
Medizin, ging 1953 als Arzt nach Algerien, wurde Chef-
arzt der psychiatrischen Klinik in Blida-Joiville und schloß
sich dort der Befreiungsbewegung FNL (Front National
de Libération; deutsch: Nationale Befreiungsfront) an.
Drei Jahre später gab er seinen Beruf als Arzt auf und
widmete sich von da an ganz dem Kampf der Nationalen Befreiungsfront, zeitweise als Botschafter der provi-
sorischen algerischen Regierung in Accra. 1961 starb er
an Krebs. Am Tage seines Todes wurde sein Hauptwerk
mit einem Vorwort von Jean Paul Sartre in Paris veröffentlicht. »Die Verdammten dieser Erde« avancierte in
kürzester Zeit zum meistgelesenen Buch der Revolutionäre Afrikas und Südamerikas. Zugleich wurde es zur
Bibel der Black-Power-Bewegung in den USA. »Fanon ist
der Prophet« , sagte zum Beispiel Stokely Carmichael, neben Eldridge Cleaver und Malcolm X der bedeutendste
Repräsentant der Black Power, auf einem großen Befrei-
ungskongreß. Fanon rief die Welt der Kolonialisierten auf,

die absolute Gewalt der Kolonialherrschaft zu durchbrechen und einen neuen Menschen, den »totalen Menschen« zu schaffen. In mitreißenden Formulierungen, pathetischen Ausbrüchen, aber auch detaillierter Beschreibung gesellschaftlicher Zustände entwickelt er die Theorie der Menschwerdung durch Gewalt.

Fanon fundierte und erweiterte die Dialektik von Herr und Knecht massenpsychologisch, allerdings weniger im ökonomischen Sinne, obwohl er in seinen Grunderkenntnissen auf Marx fußte. Sein Gedankengang mündet in das Postulat von einem neuen Menschen, der sich im Prozeß der Dekolonialisation aus einem Wesen entwickele, das bis dahin kein Mensch, sondern ein Halbtier oder ein Halbmensch gewesen sei. Denn der Gegensatz zwischen Kolonisierten und Kolonialherren sei kein menschlicher, sondern ein Gegensatz wie zwischen Mensch und Unmensch. Nur die gewaltsame Revolution – so Fanon – mache den Eingeborenen wieder zum Menschen, befreie ihn von Frustration und Repression. Vor allem lenke sie seine ungerichtete, selbstzerstörerische Aggression auf das einzig sinnvolle Ziel, nämlich den Unterdrücker und Zerstörer seines Menschseins. Die zweigeteilte Welt der Kolonie sei für ihn gekennzeichnet durch nackten Terror der Polizei und der Armee: Nicht Manipulationsmechanismen, tradierte Moral oder eingespielte Verhaltensmuster hielten die Herrschaft aufrecht, sondern allein unverhüllt zur Schau gestellte Gewalt. Die Wohnplätze seien räumlich getrennt in Beton- und Asphaltstädte einerseits und ausgehungerte, unzivilisierte Negerdörfer andererseits. Keine autochthone Herrenschicht, sondern eine fremde Rasse ziehe eine genaue Grenze zwischen sich und den farbigen Unmenschen. Die Ökonomie stelle damit Unterbau und Überbau zugleich dar. Die rassische Unterteilung sei nicht zu überspringen. Bis hinein in die Sprache werde der Kolonisierte als Nichtmensch behandelt. Die Sprache sei eine zoologische, wenn sie von Kolonisierten spreche: seinen Ausdünstungen, seinem Gestank, seinen Horden, dem Gewucher und Gewimmel. Freilich erkenne der Kolonisierte dieses Mittel sprachlicher Herabminderung. »Der Kolonisierte weiß das alles und lacht, wenn er in den Worten des andern als Tier auftritt. Denn er weiß, daß er kein Tier ist. Und genau zur selben Zeit, da er seine Menschlichkeit entdeckt, beginnt er seine Waffen zu reinigen, um diese Menschlichkeit triumphieren zu lassen.«

Als Unterdrückter richte der Kolonisierte laut Fanon seine Aggressivität zunächst gegen seinesgleichen. Periodisch wiederkehrende blutige Explosionen in Stammesfehden und Schlägereien seien kollektive Formen von Ersatzhandlung. Gerade darin lebten die alten, in das kollektive Gedächtnis eingegangenen Ressentiments wieder auf. Die Racheakte innerhalb der Gesellschaft der Kolonisierten gaukelten den Betroffenen vor, daß der Kolonialismus nicht existiere, sondern die eigene Geschichte einfach fortgeführt werden könne.

In dieser Situation gäbe es nach Fanon nur ein Mittel, das wirklich helfe: den offenen, bewaffneten Kampf gegen den Kolonialherren. Nur in diesem könne der Kolonisierte sich als Mensch wiederfinden. Der Kampf gegen den Kolonialherrn sei seine Arbeit, die ihn zum Menschen mache: »Arbeiten heißt, am Tod des Kolonialherren arbeiten.« Dadurch würden die subjektiven und objektiven Möglichkeiten einer neuen Nation geschaffen. Es entstehe eine neue integrierte Gesellschaft, die den Kampf gegen Elend, Analphabetentum und Unterentwicklung ermögliche und deren einzelne Glieder ihren Minderwertigkeitskomplex und ihre kontemplative Haltung in Aktivität verwandelt hätten.

Die Kommunarden und der Anarchismus

Die drei Strömungen der »Kommune-Bewegung« waren nicht auf den SDS und nicht auf Berlin beschränkt. Es waren drei Strömungen, die sich über das ganze Gebiet der Bundesrepublik ausdehnten und deren Gedanken überall in der 68er-Bewegung virulent waren. Ihr Einfluß war in einigen Universitätsstädten so stark, daß dort die gesamte Studentenbewegung von 1968 mit ihnen gleichgesetzt wurde. Dennoch bildeten sie nur einen Teil – einen zahlenmäßig sehr kleinen Teil – der 68er.

Was den drei Strömungen gemeinsam war, war die Nähe zu den verschiedensten Spielarten des historischen Anarchismus, der seine Blüte in Rußland und den romanischen Ländern erlebt hatte. Dieses Wiederaufleben des Anarchismus in der Studentenbewegung der 60er Jahre war in der ganzen Welt zu beobachten. Seinen stärksten Niederschlag fand der Anarchismus in der Rebellion der französischen Studenten, und er wurde dort explizit von den Gebrüdern Cohn-Bendit für die Auseinandersetzung theoretisiert.

Am scharfsinnigsten hat diesen Zusammenhang der marxistische Philosoph Wolfgang Harich herausgearbeitet. Harich hatte während des Faschismus einer KP-Widerstandsgruppe in Berlin angehört, wurde später in der DDR »wegen konspirativer Tätigkeit« zu acht Jahren Zuchthaus (in Bautzen) verurteilt und lebte ab 1964 dort als »Dissident« weiter. Harich schreibt:

»Bleibt die Frage, was Gruppierungen dieser Art – und die nie zu vergessenen Einzelkämpfer – eigentlich zu erreichen hoffen. Die Antwort lautet wieder: Nicht die Eroberung politischer Macht zwecks Umgestaltung der sozialen Verhältnisse. Dies wäre eine marxistische, die Notwendigkeit der proletarischen Diktatur anerkennende Zielsetzung. Worum es Anarchisten geht, ist etwas anderes: Sie wollen ihr freiheitliches Ideal mit der Gesellschaft, die sie umgibt, kontrastieren, und zwar dadurch, daß sie es unmittelbar, hier und jetzt praktisch vorleben. Sieht man davon ab, daß das im extremen Fall mit der ganz und gar asozialen Flucht in die ›Subkultur‹ endet, wo die Beteiligten sich dann nur noch selbst oder gegenseitig die Möglichkeit eines ›Paradise Now‹, charakteristischerweise unter Zuhilfenahme von Rauschgiften, einzureden und vorzumachen suchen, so handelt es sich, näher hin zu wenigstens beabsichtigter

Weltveränderung, um eine modifizierte Neuauflage der Lieblingsidee der alten Utopisten: die Idee, für den eigenen Zukunftsentwurf am wirksamsten mit der Errichtung kleiner Musterkolonien werben zu können, die ihn modellartig vorwegnehmen. Nach eben diesem Schema streuen die Anarchisten inmitten der von autoritären Gewalten beherrschten Gegenwart bereits Keimzellen des künftigen herrschaftslosen Zustandes aus, die, durch die Kraft des Beispiels sich vermehrend, den latenten revolutionären Prozeß ins Gären bringen und beschleunigen sollen, um im Augenblick der – jederzeit zu erwartenden – Revolution explosiv eine derart massenhafte Ausbreitung zu finden, daß die gesamte ausgebeutete und unterdrückte Bevölkerung, und schließlich die Gesellschaft im ganzen, davon ergriffen wird – womit die allgemeine Anarchie schon herbeigeführt wäre. Mit anderen Worten: Es ist der Sinn der anarchistischen Gruppe sowie der Einzelkämpfer, der Anarchie als solcher zu einer inselhaften, exemplarischen und – vermeintlich – fermentös wirkenden Präexistenz in den Poren des kapitalistischen Systems zu verhelfen. Und was Gruppen wie Einzelkämpfer tun, das soll demonstrieren, wie die freien Individuen, die dereinst ohne Herrschaft und Unterordnung heranwachsen werden, sich betragen würden, wenn sie sich in den gegenwärtigen Gesellschaftszustand – für die ein Mittelalter, eine Steinzeit – zurückversetzt sähen: Sie würden die hier tonangebenden Autoritäten, die hier bestehenden repressiven Institutionen – den Staat, die Kirche, das Eigentum, das Recht, die Familie – abgrundtief verachten, würden, wann immer sie mit einer von ihnen in Berührung kommen, bald empört gegen sie aufbegehren, bald sich hemmungslos über sie lustig machen und bei alledem – was sehr wichtig ist – unbekümmert den Lebensstil fortsetzen, den sie von der herrschaftslosen Gesellschaft gewöhnt sind. Ein solches Verhalten öffentlich vorzuführen – mit ansteckender Wirkung, appellierend an dem in jedem Unterdrückten schlummernden Freiheitsdrang –, darauf zielen vielgestaltige Aktivitäten ab, und eben für sie hat der klassische Anarchismus den zusammenfassenden Begriff ›Propaganda durch die Tat‹ geprägt. Der Neoanarchismus unserer Tage meint im wesentlichen dasselbe, wenn er, unter jeweiliger Auswechslung des Fremdworts durch ein deutsches Wort und umgekehrt des deutschen durch ein Fremdwort, ›Aufklärung durch Aktion‹ sagt. Der Unterschied besteht lediglich darin, daß die Neoanarchisten zusätzlich bzw. in relativ stärkerem Maße besonderen Wert auf solche Provokationen legen, die das sich human, tolerant und demokratisch gebärdende ›Establishment‹ zur Selbstentlarvung zwingen sollen – ein Gesichtspunkt, der in der Konfrontation mit der aufrichtigeren Brutalität des Kapitalismus früherer Zeiten naturgemäß eine verhältnismäßig geringere Rolle spielte. Da diese neue Nuance das Wesen der Sache nicht tangiert, dürfen wir getrost den älteren, klassischen Ausdruck beibehalten.

Was hat es mit der ›Propaganda durch die Tat‹ des näheren auf sich? Nicht unbedingt braucht sie in Gewalttätigkeiten zu bestehen. Das kann zwar der Fall sein, sie kann aber ebenso gut auch in äußerst harmlosen, mitunter geradezu rührenden Formen auftreten. Die einschlägige bürgerliche Literatur hat ihren theoretischen Aspekt, in tendenziösen Mißdeutungen der Beziehungen zwischen Bakunin und Netschajew und vor allem unter einseitiger Hervorkehrung der berühmten Attentate Hödels, Nobilings, Ravachols, Henrys, Caserics u. a., stark übertrieben. Festzuhalten bleibt demgegenüber, daß der Hang zur Gewalt wohl in der anarchistischen Internationale verbreitet, aber kein spezifisches Kennzeichen des Anarchismus ist. Andere revolutionäre Bewegungen haben ihn in der Beziehung weit hinter sich gelassen – man denke nur an die Narodnaja Wolja im zaristischen Rußland (um von den notorisch blutrünstigen Terrorismen, denen der Reaktion, den Fememorden usw., hier ganz zu schweigen) – und zu den diversen Spielarten des Anarchismus gehört schließlich auch, wie wir sahen, der Gipfel an Friedfertigkeit: das Tolstianertum. Wirklich konstitutiv ist für das

Wesen der ›Propaganda durch Tat‹ einzig die Absicht, die Revolution, statt sie nur in Worten zu propagieren, durch Handlungen ›voranzutreiben‹, die zur Ausbreitung unautoritären und antiautoritären Verhaltens in den Massen beitragen sollen. Ob das auf gewalttätige oder friedliche Weise geschieht, ist sekundär, und wenn Gewalttaten vorkommen – und sie kommen vor –, dann zielen sie jedenfalls nicht darauf ab, die Revolutionäre an die Schalthebel der politischen Macht zu bringen, um ihnen von da her Gelegenheit zur Umwälzung der bestehenden Gesellschaftsordnung zu geben. Das gerade ist alles andere als ein Vorzug – es sei denn, man stellt sich auf den Standpunkt der Herrschenden –, es ist, im Gegenteil, das Problematischste an der Sache: daß das äußerste Mittel des revolutionären Klassenkampfes, in Verkennung der politischen Voraussetzungen, von denen die Vernichtung des kapitalistischen Systems abhängt, ohne Rücksicht darauf eingesetzt wird, ob es politisch nützt. Anarchistische Gewalt ist volkspädagogisch gemeinte, von politischen Nützlichkeitserwägungen freie, daher zweckentfremdete, verpulverte, verzettelte Gewalt. Und die Tendenz, sich sinnlos zu verzetteln, teilt sie mit den friedlichen Aktivitäten des Anarchismus, mit der Gesamtheit all der Albernheiten, von denen er meint, sie könnten ›die Institutionen verunsichern‹.

Natürlich blieb das Agieren der Anarchisten,

das so gerne aus der menschenwürdigeren Zukunft stammen möchte, unentrinnbar an die Gegenwart gekettet. Ihre Extravaganzen, gleichviel, ob gewalttätiger oder friedlicher Natur, reproduzieren immer nur systemimmanente Verhaltensweisen, geprägt durch das jeweilige Entwicklungsstadium des Kapitalismus und seines ideologischen Überbaus. Das heißt nicht, daß sie momentan sein müßten. Schon die unterschiedliche Mentalität und soziale Herkunft der einzelnen anarchistischen Wortführer und Militanten sorgt für Abwechslung. Eben dadurch entsteht jedoch ein weiteres problematisches Moment: eine unkontrollierbare Beliebigkeit, die dem Vorurteil, Anarchie sei Unordnung, sei Chaos, recht zu geben scheint. Zu ihrer Zeit, wenn alle ihre Bedingungen sein werden, wird sie es freilich nicht sein. Aber zur Unzeit vorweggenommen, von übersteigerter revolutionärer Ungeduld schon im heute und jetzt angesiedelt, ausgeliefert der Indoktrination durch die nonkonformistischen Varianten bürgerlicher Ideologie, weist sie tatsächlich chaotische Züge auf.

Man stelle sich vor: Der Aristokrat Fürst Kropotkin, im viktorianischen England lebender russischer Emigrant, einst Zögling des Pagenkorps Nikolais I., und der zu Lausbubenstreichen aufgelegte Westberliner Student Fritz Teufel, der feinnervige Ästhet, Gustáv Landauer und der ungeschliffene Plebejer Johann Most, ein wildgewordener US-Spießer wie Benjamin Tucker und ein auf die Erde verirrter Engel namens Louise Michel, sie alle bilden sich ein, zu wissen, wie die spontanen Reaktionen eingeborener Söhne und Töchter der Anarchie auf die repressiven Gesellschaftsmechanismen eines 19. oder 20. Jahrhunderts aussehen müßten, und geben entsprechende Empfehlungen bzw. leben sie vor. Daß dabei völlig disparate Dinge herauskommen müssen, die nur soviel gemeinsam haben, so oder so Produkt ihrer Zeitverhältnisse zu sein, kann nicht wundernehmen. Und dem entspricht die breite Auffächerung der blutigen oder sanften, der spießbürgerlichen und bohèmehaften, der bald ekelerregenden, bald grottesken, bald wieder rührend einfältigen Taten, die samt und sonders als ›Propaganda durch die Tat‹, als ›Aufklärung durch Aktion‹ firmieren. Angefangen von Attentaten auf Staatsoberhäupter über das Verbrennen amtlicher Akten (Bakunins Vorliebe), das Klauen in Kaufhäusern und die Einführung bizarrer Haarmoden reicht die Skala bis zur Gründung vorstandloser Kooperativen, Hausgemeinschaften und Großfamilien, ja, bis zu schlichter Caritas, die sich nur Solidarität zu nennen braucht, um sich von bürgerlicher Wohltätigkeit abzuheben. Jeder sucht sich da heraus, was ihm sowieso liegt, und kann nun das Gefühl haben, nicht nur ganz weit links zu stehen – noch viel weiter links

als die Kommunisten –, sondern das auch in sinn-
voller, nämlich weltverändernder Weise zum Ausdruck zu bringen. Die Umwelt aber, die durch all
das aufgerüttelt, zumal die proletarische, die zu
revolutionärem Handeln entflammt werden soll,
hat meist das Gefühl, es mit Verrückten zu tun zu
haben.«[2]

---

[2] Wolfgang Harich: Zur Kritik der revolutionären Ungeduld. Basel 1971.

10

Die Eskalation:
der Schahbesuch und die
Erschießung von Benno Ohnesorg

»Jetzt schreiben wir die Kreuze an die Wände
mit roter Farbe. Warum eure Wut?
Das ist doch Farbe. Aber eure Hände
sind seit Berliner Tagen voller Blut.
Zerquetschte Schädel stellt ihr zum Vergleich
geplatzten Eiern und Tomaten.
Das ist nicht neu in diesem Land! Und euch,
euch paar'n, die ihr mal anders ward, was soll man
euch noch raten?«

Franz Josef Degenhardt (aus: 2. Juni 1967)

Die Konflikte hatten seit Beginn des Sommersemesters 1967 an Schärfe zugenommen; das allgemeine Klima war seit dem Besuch des US-Vizepräsidenten zunehmend spannungsgeladener geworden. Die Äußerungen in Presse und Öffentlichkeit gegen die »Radikalen« erreichten die Dimension von Drohungen. Die Ankündigung, der Schah würde Westberlin besuchen, löste unter vielen Studenten Empörung aus. In ihren Augen demonstrierten Regierung und Parlament damit ihre positive Einstellung gegenüber einem diktatorischen Regime, das vor Folter nicht zurückschreckte und dafür sorgte, daß eine kleine Oberschicht ein ganzes Volk mit maßloser Ausbeutung in äußerster Armut hielt. Die iranisch-deutschen Studentengruppen hatten auf diese Zustände in Persien aufmerksam gemacht und ihre Anschuldigungen in Dokumentationen genauestens belegt.

Die Westberliner Regierung wollte jedoch verhindern, daß der Staatsbesuch des »orientalischen Kaiserpaares« durch Mißfallenskundgebungen seitens der deutschen und persischen Studenten getrübt wurde. Gleichzeitig betrachteten die Polizei und die politische Führung den Staatsbesuch als die ideale Gelegenheit, um an den rebellischen Studenten ein Exempel zu statuieren und ihnen zu zeigen, wo die Grenzen ihres Protestes lagen. Springers Berliner Zeitungen hatten schon 14 Tage vor dem Besuch des Schahs die Strategie festgelegt und öffentlich gemacht. So hieß es beispielsweise in der BERLINER ZEITUNG: »Der Schah kommt nun doch in unsere Stadt. Am 2. Juni trifft er zu einem 22-Stunden-Aufenthalt ein. Bis zuletzt war sein Besuch gefährdet, weil der Allgemeine Studentenausschuß der FU einen persienfeindlichen Diskussionsabend veranstalten will. Berlins Polizei hat sich bereits Wochen vorher für einen reibungslosen Ablauf des Besuchs gerüstet. Alle politischen Gegner des Schahs sind bekannt.«

Letzteres lag unter anderem daran, daß deutsche Polizei und Verfassungsschutz in Zusammenarbeit mit dem persischen Geheimdienst und der »Staatsschutzpolizei« einen ausgedehnten Informations- und Spitzeldienst unterhielten. Trotzdem kannten sie bei weitem nicht alle in Opposition zum Schah-Regime stehenden

Personen. Die Verhältnisse im Iran waren so offensichtlich übel und in ihrer diktatorischen Struktur so transparent, daß sich die Tatsachen unmöglich leugnen ließen. Es kann also nicht weiter verwundern, daß die persische Botschaft die Einladung zu der Informationsveranstaltung am Vorabend des Schahbesuchs ablehnte. Der Westberliner Senat beeilte sich, dem Studentenausschuß mitzuteilen, daß er die Diskussion als unfreundlichen Akt gegenüber einem fremden Staatsoberhaupt betrachte. Obwohl Folter und permanente Menschenrechtsverletzungen auch von internationalen Organisationen belegt waren, schrieb DIE WELT: »Der Iran tritt nur dann als gelenkter Ordnungsstaat auf, wenn es darum geht, den Weg des Landes zur Reform seiner Verhältnisse gegen Übergriffe zu schützen. Im Grund genommen gibt es keine Opposition, sondern nur eine Subversion.«

Wie die Frontlinien verliefen, wurde am nächsten Morgen klar. Vor dem Schöneberger Rathaus, dem Sitz der Exekutive und des Parlaments von Westberlin, hatten sich schaulustige Bürger und demonstrierende Studenten eingefunden. Was sich danach abspielte, schilderte Kai Hermann, damaliger Korrespondent von DIE ZEIT, folgendermaßen: »Polizei und Protokoll postierten eine ›schahfreundliche‹ Persergruppe vor den Absperrungen. Die Iraner stürzten sich plötzlich auf die dichtgedrängten Neugierigen und Demonstranten und schlugen mit Stahlruten, Totschlägern und Holzlatten auf sie ein. Die Polizei bildete für diese Aktion Spalier. Sie griff erst nach mehreren Minuten ein. Sie nahm nicht einen der Schläger fest und weigerte sich, Personalien festzustellen.«

Am Abend hatten die Studenten zusammen mit dem SDS zu einer Kundgebung vor der Oper aufgerufen, die der Schah zusammen mit seiner Frau Farah Diba und den Honoratioren der Stadt besuchen wollte. Die Polizeispitze hatte als Handlungsanweisung das sogenannte Leberwurst-Prinzip ausgegeben: man wollte in die studentische Demonstration hineinstechen »wie in eine Leberwurst, so daß sie nach beiden Seiten hin ausläuft«. Die Polizisten gehorchten ihrem Vorgesetzten, dem Polizeipräsidenten Duensing, der die politische Rückendeckung des Regierenden Bürgermeisters (»Die Geduld der Stadt ist am Ende ...«) hatte, und setzte die Strategie mustergültig in die Tat um. Noch einmal Kai Hermann: »Der Schlägertrupp, zum Teil mit Pistolen und Ausweisen des persischen Geheimdiensts ausgerüstet, wurde dann am Abend von zwei städtischen Bussen in der Kolonne der Ehrengäste zur Oper gefahren. Dort durften die Perser sich wieder vor der Absperrung formieren, konnten ungehindert Steine in die Demonstranten werfen und später an der Jagd der Polizei auf die Studenten teilnehmen. ...

Als sich die Türen der Oper geschlossen hatten, drinnen die ersten Takte von Mozarts ›Zauberflöte‹ erklangen, ... wurde draußen weisungsgemäß der Befehl ›Knüppel frei‹ gegeben. ... Es sollte ein Exempel statuiert werden. ... Offenbar um die Kampfesfreude der Beamten zu steigern, wurde zunächst als Flüsterparole, dann von einem Einsatzleiter über Lautsprecher die Nachricht verbreitet, ein Polizist sei durch Messerstiche von Demonstranten getötet worden. ... Diese Nachricht wurde noch über Lautsprecher verbreitet, als der verletzte Beamte sich längst zum Einsatz zurückgemeldet hatte.«

Die Polizisten schritten daraufhin zur Tat, schnitten den zurückweichenden Demonstranten die Fluchtmöglichkeiten ab und kesselten sie ein, um sie dann brutal niederzuknüppeln. Diejenigen Studenten, denen es gelang, die Sperren zu durchbrechen, wurden von zivilen Greiftrupps verfolgt. Um das Ergreifen nicht zu erschweren und um zu verhindern, daß die Studenten zwischen den Passanten abtauchten, gab die Polizei per Lautsprecher folgenden Aufruf durch: »Berlinerinnen und Berliner! Haltet euch von diesen Elementen fern!« Ein Student wurde auf einem Grundstück an der Krummen Straße, einem Parkhof, gestellt. Ein Augenzeuge berichtete: »Als das Grundstück geräumt wurde, schlugen zwei Polizisten mit Gummiknüppeln einen am Boden liegenden Mann, zogen ihn an den Füßen ein Stück weiter; dann ließen sie ihn laufen und rannten hinter dem Fliehenden her. Bald darauf hörte ich einen Pistolenschuß.« Der Schuß kam aus der Waffe des Polizeiobermeisters Karl-Heinz Kurras und traf den Germanistikstudenten Benno Ohnesorg. Zum Tod führte ein gezielter Kopfschuß von hinten. Die Polizei gab bekannt, »ein Aufrührer sei bei einem Fall von Notwehr ums Leben gekommen«. Ein Polizeibeamter kommentierte diese Aussage damals mit den Worten: »Als ich das hörte, mußte ich wieder an eine Bemerkung meines FPR-Instrukteurs (Freiwillige Polizei-Reserve, Anm. d. Autors) denken, die ich nicht ernst genommen hatte: ›Notwehr ist immer das Beste. Soll mal erst einer bewei-

sen, daß es nicht Notwehr war.‹[1] Das zuständige Straf-
gericht sah es später als nicht erwiesen an, daß es sich
nicht um Notwehr gehandelt habe, und sprach den »zivilen Greiftruppangehörigen« Karl-Heinz Kurras frei.

Der Regierende Bürgermeister Albertz zeigte sich
stolz auf die Taten seiner Polizei. Schließlich hatte sie seine Forderung vor dem Opernbesuch »Wenn ich heraus-
komme, ist alles sauber« erfolgreich in die Tat umgesetzt.
Unter dem Beifall der Politiker aller Fraktionen verkünde-
te er: »Ich bedaure, daß ein Gast der Bundesrepublik
Deutschland in der deutschen Hauptstadt beschimpft
und beleidigt wurde. ... Auf das Konto einiger Dutzend
Demonstranten gehen ... ein Toter sowie zahlreiche Verletzte. ... Ich sage ausdrücklich, daß ich das Verhalten
der Polizei billige, ... die sich bis zur Grenze des Zumut-
baren zurückgehalten hat.«[2] Der Springer-Presse reichte
es nicht, daß der von hinten erschossene Student Benno
Ohnesorg, der an der FU zur interessiert-kritischen, aber
nichtaktiven Mehrheit gehört hatte, »auf das Konto der
Demonstranten« (Albertz) ging. Die 80 Prozent Westberliner, die ihre Tageszeitung vom Springerkonzern
bezogen, erfuhren, daß die Tat »das Werk eines Mobs«
beziehungsweise »von unseren Krawall-Radikalen pro-
voziert« war.[3]

---

[1] Brief von Horst Wodke an das Kommando der Schutzpolizei West-Berlin. Foto-
kopie. Siehe hierzu auch: G. Bauss: Die Studentenbewegung der sechziger Jahre.
Kokel 1977.

[2] Siehe dazu: Knut Nevermann (Hrsg.): Der 2. Juni 1967. Köln 1967. Frank Deppe
(Hrsg.): Der 2. Juni 1967. Dortmund 1977.

[3] BZ vom 3.6.1967; Morgenpost vom 4.6.1967.

Doch wie reagierten die Studenten auf diese Situation? Zwei Studentenvertreter der Freien Universität, die damals in der ersten Reihe der Auseinandersetzungen standen, berichten:

Uwe Bergmann, Mitglied des SDS: »Die unfaßbare Tatsache, daß ein Demonstrant erschossen wurde, und die Art, wie sich die staatlichen und universitären Instanzen ihrer Verantwortlichkeit entzogen, wie der Regierende Bürgermeister in zynischer Weise den Tod Ohnesorgs den Demonstranten anlastete, rief bei vielen Studenten ungeheure Erschütterung und das Gefühl der Hilflosigkeit hervor. Sie mußten erkennen, daß in den nachfolgenden Untersuchungen nicht der paramilitärische, für jeden Zuschauer als geplant erkennbare Polizeieinsatz gegen eine demonstrierende Minderheit Gegenstand der Verhandlungen war, sondern ›einzelne Ausschreitungen‹ auf beiden Seiten. In der Presse und in Stellungnahmen von Politikern wurden die Studenten, die mit unaggressiven Mitteln protestiert hatten, zu Terroristen und Gewalttätigen, die die Schuld an dieser Auseinandersetzung selbst trugen. Die Studenten erfuhren, daß die akademische Verwaltung und der Rektor nicht willens waren, sie vor weiteren brutalen Handlungen zu schützen. Als am 3. Juni morgens mehrere hundert Studenten vor dem Henry-Ford-Bau zusammenkamen, fanden sie die FU-Gebäude verschlossen. Sie formierten sich zu einem Trauermarsch in der Innenstadt, wurden von Polizeikommandos eingekreist und unter Hinweis auf ein generelles Demonstrations- und Versammlungsverbot mit Gewaltandrohung gezwungen, ihren Zug aufzulösen. Auch am Nachmittag dieses Tages, als sich mehr als 6000 Studenten auf dem Campus der FU versammelten, fuhren große Polizeikräfte auf, deren Offiziere drohten, die Versammlung mit Gewalt aufzulösen. Erst der Dekan der Wirtschafts- und Sozialwissenschaftlichen Fakultät öffnete ihnen sein Gebäude und gab ihnen so Gelegenheit, in relativer Sicherheit ihre jetzige Situation zu diskutieren.«[4]

Wolfgang Lefevre, der »theoretische Kopf« der 68er-Bewegung in Berlin: »Die Kesselschlacht vor der Oper, die verfassungswidrigen Maßnahmen der Exekutive vom 3. Juni (Versammlungs- und Demonstrationsverbot), die allen Grundsätzen von Demokratie entratene Debatte des Abgeordnetenhauses vom 8. Juni (unter anderem wurden der SDS und andere linke Studentenverbände unter dem Beifall des gesamten Berliner Abgeordnetenhauses mit den Nazis gleichgestellt – die Studenten konnten diese Debatte im Radio mitverfolgen, Anm. d. Autors), die von Springer manifest-faschistisch strukturierte Öffentlichkeit, dies alles zeigte

---

[4] Zit. nach: Stefan Leibfried (Hrsg.): Rebellion der Studenten. A. a. O.

> überdeutlich, daß die Erschießung Ohnesorgs kein
> Betriebsunfall einer sonst demokratischen Gesell-
> schaft war. ... Diese klare Politik der politischen In-
> stitutionen sorgte mit großer Wirksamkeit dafür,
> daß die Studenten die Ereignisse vor der Oper
> nicht mißdeuten konnten: Weder einzelne Beamte
> noch vielleicht eine undemokratisch ausgebildete
> Polizei, noch allein eine faschistoide Presse konn-
> ten als alleinige oder auch nur wesentliche Ursa-
> che begriffen werden, sondern die demokrati-
> schen politischen Institutionen selbst decouvrier-
> ten sich den Studenten als Gewaltapparate, die
> sich so lange demokratisch geben, wie die einzel-
> nen Menschen an eigene selbständige demokrati-
> sche Betätigung nicht denken.«[5]

Die Lage der Studenten war ernst und beängstigend. Sie
fühlten sich isoliert, allein gelassen und physisch bedroht. Sicher half ihnen die Solidaritätswelle, die schon
am nächsten Tag in den Universitätsstädten der Bundesrepublik einsetzte, den ersten Schock zu überwinden.
Aber es war vor allem ihr Wille, sich nicht zu beugen, der
sie zur Reflexion und Analyse des Geschehenen be-
fähigte; und sie zogen konkrete Konsequenzen aus ihren
Erkenntnissen. Das Studentenparlament formulierte einen
Beschluß, der die Diskussion vor über 6000 Studenten
zusammenfaßte. Hierin appellierte es an die Universität,

---

[5] Zit. nach: Stefan Leibfried (Hrsg.): Rebellion der Studenten. A. a. O.

den Lehrbetrieb für eine Woche auszusetzen und Diskussionen zu folgenden Punkten zu veranstalten:

- die Ereignisse der letzten Tage;
- die Verschleierung der Tatsachen durch Politiker, Polizei und Presse und die Bedeutung dieser Manipulation des öffentlichen Bewußtseins;
- den faktischen Ausnahmezustand in Berlin, die Tendenzen einer bürokratischen Aufhebung der Demokratie und über den von legalisierten Organen der Exekutive ausgeübten Terror;
- die Möglichkeiten der Universität, aktiv politisch zu intervenieren, um die Demokratie in Berlin wiederherzustellen, zu verteidigen und weiterzuentwickeln.

Wolfgang Lefevre bewertete den Beschluß des Konvents so: »Deutlicher hätte der Konvent nicht kennzeichnen können, daß die bestehende Universität in ihrem regulären Produktionsprozeß der Zerschlagung der Demokratie ohnmächtig gegenübersteht. Die Universität verdeutlichte dies noch auf ihre Weise: In den ersten Tagen nach dem 2. Juni gab es faktisch keine universitäre Administration mehr; in der Universität geschah das, was die Studenten in Vollversammlungen beschlossen. Die einzige rektorale Maßnahme in diesen Tagen bestand darin, für die Trauerfeier im Auditorium maximum die Lorbeerbäume und das Streichquartett, was die Studenten abgeschmackt fanden, zu bestellen. Die studentische Kritik an der bestehenden Universität bestätigte sich in einer makabren Sinnlichkeit.

Die praktische Abdankung der Ordinarien – die wenigen, die man sah, arbeiteten mit den Studenten zusammen – und die unmittelbar politisch gewordenen Aufgaben der von den Studenten weitergeführten Universität waren die Ausgangspunkte der Initiative für die Kritische Universität. Die Studenten hatten es als praktisches Hemmnis erfahren, in den universitären Lehrveranstaltungen in keiner Weise für die politischen Aufgaben ausgebildet zu werden, die jetzt unabweislich von ihnen wahrgenommen werden mußten. Nicht irgendein **theoretisches** Bedürfnis, sondern die zu ihrer politischen **Praxis** drängende Vernunft verlangte nach neuen wissenschaftlichen Arbeitsformen. Von der bestehenden Universität war, auch nach dem 2. Juni, eine gründliche Umwälzung des wissenschaftlichen Produktionsprozesses, so daß er diese politische Ausbildung vollbringen könnte, nicht zu erwarten: Die Professoren hatten sich einfach verkrochen. Die Studenten hörten auf, auf die Professoren zu warten.«[6]

Die erste praktische Schlußfolgerung der Studenten bestand darin, die Rekonstruktion des Tathergangs nicht

---

[6] Zit. nach: Stefan Leibfried (Hrsg.): Rebellion der Studenten. A. a. O.

den politisch Verantwortlichen und der Polizei zu überlassen, sondern einen eigenen studentischen Ermittlungsausschuß aufzustellen, der Zeugenaussagen aufnahm, um die Ereignisse nachzuvollziehen. Das Ziel bestand darin, eine Gegenöffentlichkeit zu entwickeln und die Bevölkerung über die Wahrheit zu informieren. Die nächsten Tage und Nächte standen im Zeichen der Diskussionen mit Passanten in der Stadt, friedlichen Spaziergangsdemonstrationen und einer eiligen Flugblattproduktion.

Eine Woche lang übernahmen FU-Studenten in fast allen Fakultäten den Lehrbetrieb. Sie zeigten, daß sie nicht nur den Willen hatten, sondern auch die Fähigkeit besaßen, kritische Wissenschaft zu betreiben und die anstehenden Probleme rational zu diskutieren. Aus den zahlreichen Diskussionen in dieser Woche entstand der Plan, die Studieninhalte einer prinzipiellen Prüfung zu unterziehen und die Studienreform, zu der die Universität selbst nicht fähig war, in eigener Verantwortung zu versuchen. Die Studenten gründeten eine freie Studienorganisation, die sogenannte Kritische Universität, die im Wintersemester ihre Arbeit aufnahm. Die Professoren sprachen zwar ein Verbot dagegen aus, wagten aber nicht, Verstöße dagegen zu sanktionieren.

Die Revolte

»Was ist ein Mensch in der Revolte? Ein Mensch, der nein sagt. Aber wenn er ablehnt, verzichtet er doch nicht, er ist auch ein Mensch, der ja sagt aus erster Regung heraus.«

Albert Camus (aus: »Der Mensch in der Revolte«)

Wohl selten hat ein Ereignis in der Studentengeschichte der letzten 100 Jahre so elektrisierend und polarisierend gewirkt wie die Erschießung des Studenten Benno Ohnesorg. Sein von der Westberliner Polizei verschuldeter Tod führte zu den bis dahin größten Protestaktionen in der Geschichte der Bundesrepublik. In Göttingen zum Beispiel waren am nächsten Morgen um sechs Uhr schon die ersten Plakate und Flugblätter fertiggestellt mit der Aufschrift »Polizei schlägt Studenten tot«. Im Laufe des 3. Juni kam es zu Trauerkundgebungen, Schweigemärschen und Protestveranstaltungen in fast allen größeren und kleineren Städten mit Universitäten und Hochschulen: in Aachen, Erlangen, Darmstadt, Stuttgart, München, Gießen, Heidelberg, Hannover und vielen anderen. In Saarbrücken veranstalteten die Studenten die größte studentischen Kundgebung in der Geschichte der dortigen Universität. Es gab keine Studentenzeitung, die nicht in Sonderausgaben über den 2. Juni berichtet und die Verantwortlichen für die Geschehnisse nicht verurteilt hätte. Mainzer Studenten trugen bei ihrem Protestmarsch am 3. Juni Spruchbänder mit der Aufschrift »Bild schoß mit!«, und in Hamburg wurde am selben Tage ein »Hamburger

Extrablatt« mit der Empfehlung verkauft »Garantiert nicht von Springer!« Der Funke der Rebellion war endgültig auch auf die Studenten und Universitäten der Bundesrepublik übergesprungen. Weit mehr als 100 000 Studenten demonstrierten in der Woche vom 3. bis 9. Juni 1967 und protestierten gegen die Brutalität der Polizei und gegen die politischen Institutionen, die ihr Rückendeckung gegeben hatten. Selbst in traditionell extrem konservativen Universitäten, die vom Geist des Klerus und von Burschenschaften regiert wurden, regte sich Protest. In einigen von ihnen kam es auf den Trauerversammlungen, die von den wenigen dort studierenden SDS-Mitgliedern organisiert worden waren, zu unerwarteten Neuerungen: Nicht nur nahmen enorm viele Studenten daran teil, sondern die Menge forderte sogar in Sprechchören: »SDS ans Mikrofon.« Was die jahrelange politische Aufklärungsarbeit unter den Studierenden nicht hatte bewirken können, dafür sorgten die Ereignisse des 2. Juni: Der SDS und die Vertreter der rebellischen Studentenbewegung wurden von der Mehrheit der Studentenschaft als Sprecher anerkannt.

Am 8. Juni wurde der Sarg mit Benno Ohnesorg von Westberlin über die DDR-Autobahn in seine Heimatstadt Hannover überführt. Am Berliner Grenzübergang hielt der Theologieprofessor Helmut Gollwitzer eine Gedenkrede, in der es unter anderem hieß: »Daß die Bewegung der Unruhe, des Protestes gegen autoritäre Tendenzen, des Aufbruchs zur Verwirklichung von Demokratie nun auch diesen Teil der zurückhaltenden Studentenschaft, zu der Benno Ohnesorg gehörte, ergriffen hat, ist ein

Zeichen, wie tief sie geht, wie notwendig sie ist, wie ernst sie endlich von allen anderen genommen werden sollte.«[7] Am nächsten Tag folgten dem Sarg in einer Sternfahrt fast 10 000 Studenten. In einem Sieben-Kilometer-Schweigemarsch durch die Innenstadt von Hannover nahmen sie Abschied von ihrem Kommilitonen, viele in dunkler Kleidung, mit Trauerfahnen oder schlichten Plakaten »Wir trauern um Dich« oder »Wir trauern um Benno Ohnesorg«.

Am Abend fand in der Sporthalle von Hannover der vom Berliner SDS initiierte Kongreß »Hochschule und Demokratie« statt, an dem neben den Studentenvertretern auch Wolfgang Lefrevre, Knut Nevermann, der Politologieprofessor Wolfgang Abendroth, der Philosophieprofessor Jürgen Habermas, der Publizist Erich Kuby und andere Persönlichkeiten teilnahmen.

Diese Aktionen fanden ein sehr breites Echo in den Massenmedien, besonders die Äußerung von Jürgen Habermas: »Sollte der begründete Verdacht auf Terror, auf legalen Terror, nicht mit aller wünschenswerten Konsequenz aufgeklärt werden, sollte er, im Falle der Bestätigung, nicht unmißverständliche juristische und politische Folgen haben, dann werden wir den 2. Juni 1967 als einen Tag in der Erinnerung behalten müssen, an dem die Gefahr nicht nur einer schleichenden Austrocknung, sondern einer manifesten Erschütterung der Demokratie in unserem Lande für jeden Bürger, der lesen kann und

---

[7] Ansprache bei der Überführung des Sarges von Benno Ohnesorg am 8.6.1967. In: Autorenkollektiv (Hrsg.): Bedingungen und Organisation des Widerstands. Westberlin 1967.

nicht willentlich die Augen schließt, drastisch sichtbar geworden ist.«[8]

Am Ende des Kongresses stand eine Resolution, die in über 100 000 Exemplaren an allen Universitäten verteilt wurde:

»Die Ereignisse in Berlin haben zugleich Macht und Ohnmacht der oppositionellen Studentenbewegung in der Bundesrepublik und Westberlin demonstriert. Sie haben die Ohnmacht der Studenten gezeigt, wenn diesen die organisierte Gewalt des Systems gegenübertritt. Die politische Kraft der Studenten entstand und festigte sich erst in der Formulierung des Protestes gegen das aggressive Vorgehen der Berliner Behörden.

Der Protest muß jedoch so lange erfolglos bleiben, als es den politisch engagierten Studenten nicht gelingt, in der Reflexion der Bedingungen ihrer Niederlagen mit ihrer Kritik über den Hochschulbereich hinauszuweisen. ...

In der intellektuellen Ausbildung der Studenten, in ihrer Arbeitsweise und in ihrer Orientierung auf die formalen Prinzipien der politischen Demokratie und der Humanität liegen die ideellen Voraussetzungen dafür, daß ein beachtlicher Teil der Studenten permanent in Opposition gerät zu Erscheinungen wie dem Krieg der USA in Vietnam,

---

[8] Jürgen Habermas: Protestbewegung und Hochschulreform. Frankfurt/Main 1996.

dem Konflikt in Nahost, den Notstandsgesetzen in der BRD, der Unterstützung faschistischer Regime durch die BRD usw. Ihr politisches Engagement bringt die Studenten in dem Maße in radikalen Widerspruch zur herrschenden Gesellschaftsordnung, in dem in dieser die Stimme der Kritik schwächer wird. Damit werden sie politisch und psychologisch zum Objekt von Aggressionen breiter Bevölkerungsgruppen. Dies wird dadurch noch erleichtert, daß Studenten wegen der äußeren Form des Studiums und ihrer späteren Stellung ohnehin als Privilegierte gelten, zumal intellektuelle Leistung und Ausbildung traditionell nicht als Arbeit verstanden werden. ...

Brutal haben sich in Berlin nicht nur die Polizisten, aggressiv nicht nur jene Bürger verhalten, die verletzten Demonstranten jede Hilfeleistung verweigerten. Brutal und unmenschlich haben sich auch die verantwortlichen Politiker und Amtsträger verhalten, die am Schreibtisch noch einmal das Exempel vollzogen, das ihre Exekutivorgane gegen die oppositionellen Studenten statuierten, nachdem sie und ihre Presse schon jahrelang die wachsende Studentenopposition bekämpft und ihre Bewegungsfreiheit mit allen Mitteln beschränkt hatten. In Berlin ist tausendfach der Ruf erschollen: Wenn die Studenten nicht ruhig sein wollen, dann werft sie über die Mauer. Sie sind zu den ›Juden‹ des Antikommunismus gemacht worden. ...

In jedem demokratischen Land hätte das Aufgebot an Polizei, paramilitärischen Einheiten und Geheimdiensten den organisierten Protest und entschiedene Gegenmaßnahmen einer parlamentarischen Opposition hervorgerufen. In der Bundesrepublik wird auch noch das Opfer schlagwütiger und aufgeputschter Polizisten zu einem Mittel, künftige Demonstrationen zu verhindern, die ohnmächtige Opposition auszuschalten.

Das Recht auf freie Meinungsäußerung, die Freiheit der politischen Willensbildung nicht nur der Studenten ist in Gefahr. ...

Jetzt nimmt ein großer Teil der Öffentlichkeit von vornherein gegen den Protest Stellung, verhält sich bestenfalls neutral, und nur in ganz wenigen Fällen wird von einzelnen Journalisten, die sich selbst als Teile der Opposition verstehen, noch nach den Prinzipien bürgerlicher Journalistik informiert. Ursache dafür ist nicht allein die Andersartigkeit des Objekts der Auseinandersetzung und seine politische Lokalisierung an der Hochschule, vielmehr ist mittlerweile die Gleichschaltung der Presse so weit fortgeschritten, daß kritische politische Inhalte gleichsam von selbst durchfallen. So hat die Presse zwar die Tatsache mitgeteilt, daß die Studentenschaften von ihren Verbänden zur Trauerstille und zu Trauerfeierlichkeiten aufgerufen haben, aber nur im ganz geringen Umfange wurde die politisch entscheidende Protesterklärung referiert, mit der dieser Aufruf begründet ist.

Im Spiegelbild der Presse erscheint der Protest gegen die Brutalität der Polizei gegen das Versagen der Regierungsadministration nur noch am Rande. Die Erschießung von Benno Ohnesorg wird zum schicksalhaften Unglücksfall stilisiert, dem die private Trauer seiner Kommilitonen zuteil wird. Die WELT, das Kopfblatt des Springer-Konzerns, der wesentlich die Voraussetzungen mitgeschaffen hat, die zur Erschießung führten, macht sogar den Versuch, die wegen ihrer Breite und Popularität nicht zu unterdrückenden Trauerfeierlichkeiten durch umfangreichste Berichterstattung zur Absage der Studentenschaft gegen die politische Studentenopposition umzumünzen. ...

Der AStA der FU hat die Isolierung der Studenten durch eigene Information der Westberliner Betriebsbelegschaften und den Nachweis gemeinsamer Interessen von Studenten und Arbeitern zu durchbrechen versucht. Der Berliner DGB-Chef hat den Studenten das Recht abgesprochen, die Arbeiter und Angestellten zu informieren, gerade als ob diese eines politischen Vormundes bedürften und gerade als ob er Sorge hätte, die arbeitende Bevölkerung sei vielleicht doch ein potentieller Partner der Studenten. ...

Die Brutalität der Herrschenden und der Verlauf der Protestaktion zeigen, daß nur präzise, wis-

senschaftlich belegte Aufklärung und systematische, auf Dauer gestellte politische Aktionen die
Kraft zu schaffen vermögen, die schließlich undemokratische und unmenschliche Herrschafts- und
Besitzverhältnisse überwinden könnte.

Der Verlauf der Protestaktion zeigt darüber hinaus, daß der politische Protest mehr und mehr
darauf verwiesen ist, sich selbst die Mittel zu
schaffen, mit denen breitere Bevölkerungsgruppen informiert und aufgeklärt werden können«.

Die Revolte hatte begonnen.

»Haut dem Springer auf die Finger«

Herr Keuner begegnet Herrn Wirr,
dem Kämpfer gegen die Zeitungen.
»Ich bin ein großer Gegner der
Zeitungen«, sagte Herr Wirr,
»ich will keine Zeitungen.«
Herr Keuner sagte: »Ich bin ein
größerer Gegner der Zeitungen:
Ich will andere Zeitungen.«

Bert Brecht

Die Springer-Presse war zu jener Zeit nicht nur ein rotes
Tuch für die Studenten. Überall, wo Menschen und Organisationen versuchten, in der Bundesrepublik Refor-

men anzuschieben, trafen sie auf den geballten Widerstand der rechtskonservativen Kräfte, deren Vorstellungen über die Gazetten des damals größten europäischen Pressekonzerns verbreitet wurden. Selbst liberale Politiker wagten kaum noch, den Mund aufzumachen, wenn sie befürchten mußten, ihre Worte würden am nächsten Tag von BILD gegen sie verwendet werden. »BILD lügt« war damals ein gängiger Ausspruch, den man allenthalben auch auf den Straßen hören konnte. Doch selbst das gehörte zum Image und war im Konzern bekannt, auch wenn es nicht offiziell zugegeben wurde.

Viele Publizisten, Wissenschaftler und Intellektuelle versuchten damals in langen Abhandlungen und Aufsätzen, das Faszinosum der BILD-Zeitung zu entschlüsseln, um eine Abwehrstrategie gegen dieses »Manipulationsinstrument der Massen« entwickeln zu können. Weit aufschlußreicher als ihre Erkenntnisse war jedoch die Zielsetzung des Springerkonzerns selbst.

Die folgenden Zitate stammen alle aus einer internen Marketinganalyse, die der Springer-Konzern für die BILD-Zeitung hatte anfertigen lassen.[9] Auszüge aus dieser Analyse hingen in den Redaktionsbüros der BILD-Zeitung und waren als Arbeitsanleitung für die Redakteure gedacht. Darin hieß es beispielsweise: »Die Attraktivität der Zeitung BILD ist ungeheuer groß. Man braucht diese Zeitung, ihre Reize, ihre Anregungen, ihre Provokationen und ihren Schutz. Man wehrt sich gleichzeitig gegen die Abhängigkeit von dieser Zeitung, man kritisiert sie, man

---

[9] Alle Zitate sind auch abgedruckt in: Günter Wallraff: Der Aufmacher. Köln 1977.

verwirft sie, man lehnt sie ab. Man erliegt am Schluß doch dem ›Faszinativum BILD‹, man kann eben ohne diese Zeitung nicht auskommen – man muß BILD lesen!«

Um als Berichter und als Richter von einem Millionenpublikum akzeptiert zu werden, verordnete der Springer-Konzern folgende Strategie: »Es ist also wichtig, daß diese Instanz BILD zwei Wesenszüge vereint: männliche Autorität und Durchsetzungskraft einerseits, mütterliche Fürsorge und mütterliches Verständnis andererseits. Die Übernahme der Über-Ich-Funktionen wird hierdurch erst in vollem Umfang ermöglicht: die Zeitung übernimmt damit in gewissen Bereichen eine ›Elternrolle‹: man beugt sich nicht nur einer festen Autorität, sondern findet eine verständnisvolle Instanz, der man sich unbesorgt anvertrauen kann.«

Die Übernahme dieser »Elternrolle« brachte natürlich auch Pflichten mit sich, ohne die deren Autorität auch nicht freiwillig anerkannt wurde. Der Springer-Konzern kam dem so entgegen: »Das Verlangen vieler BILD-Leser nach einer geordneten, durchschaubaren und begreifbaren Welt – eine Welt, die man in BILD sucht und findet – beinhaltet auch Angst vor dieser ohne Hilfe zumeist nicht verstehbaren Welt. Diese Ängste der Leser fängt BILD auf verschiedene Weisen auf ... Dank ihrer Autorität nimmt die Zeitung dem Leser das Ordnen, Sichten und Bewerten der Ereignisse, welche die gegenwärtige Welt repräsentieren, ab. Indem die BILD-Zeitung eine bereits geordnete und kommentierte Sammlung dessen, was in der Welt vor sich geht, liefert – und dies in Kürze, Prägnanz, Bestimmtheit –, gibt sie die beruhigende Gewißheit, daß man dieser Welt doch begegnen und sie fassen kann.«

Damit der Kind-Leser sich auch geborgen fühlt, bedarf es eines Beschützers: »Ein Mittel, um provozierte Ängste und daraus sich ergebene Aggressionen zu verarbeiten, ist die aggressive Haltung, die BILD oft an den Tag legt. Einfluß und Macht der Zeitung, Mut und Entschlossenheit, die teilweise als rücksichtslos und brutal erlebte Härte und Durchschlagskraft, geben dem Leser die Möglichkeit, sich mit diesem überlegenen Angreifer zu identifizieren, in BILD die Realisierung dessen zu erleben, was ihm selbst immer unmöglich sein wird zu verwirklichen.«

Aus dieser fürsorglichen Haltung von Vater und Mutter BILD entwickele sich auf die Dauer eine feste Bindung und ein liebevolles Vertrauen: Daher »werden auch die Anhänglichkeit an BILD und die Bereitwilligkeit verständlich, mit der man sich von dieser Zeitung informieren und unterhalten läßt. Die Leser spüren: Hier geht es um Menschen, um menschliche Schicksale, um menschliche Probleme, hier geht es um Menschen wie du und ich. Ja, hier geht es um einen selber. Und einer Zeitung, die sich so dem Menschlichen verpflichtet zeigt, darf man unbesorgt vertrauen. Die BILD-Zeitung erweist sich so als guter Kamerad, der immer hilft, wo Not am Mann ist – allerdings ein Kamerad mit Macht und Autorität.«

BILD war nach dem Willen seines Besitzers Axel Springer »eine Zeitung, welche die Belange des Volkes wahrnimmt, welche die nationalen Interessen hochhält. Eine Zeitung, die weiß, was sie will, und das auch mit der notwendigen Härte und Aggressivität durchsetzt.«

Dieser enorme Aufwand, für den einzelnen Bundesbürger ein gutes »Elternpaar« darzustellen und gleichzeitig um das Wohl des »ganzen deutschen Volkes« umtriebig bemüht zu sein, konnte natürlich nicht nur altruistische Motive haben, denn schließlich ist auch »ein Zeitungshaus ja zunächst einmal ein Wirtschaftsunternehmen« (Axel Springer).

Aber der Unternehmer hätte auch mit Heringen in Hamburg-Altona handeln können, wenn es ihm nur ums Geldverdienen gegangen wäre. Mit der BILD-Zeitung hatte er jedoch willentlich ein anderes Ziel angesteuert: »In diesem Sinne schafft die BILD-Zeitung öffentliche Meinung, beeinflußt sie die öffentliche Meinung, liefert Stereotypen des Gesprächs und der Diskussion für Millionen von Menschen!«

Der Erfolg schien Springer recht zu geben. In den Hochzeiten von BILD las knapp die Hälfte aller Bundesbürger das Blatt.

Axel Springer wollte die öffentliche Meinung beeinflussen und die Meinung des »kleinen Mannes« formen, und das gelang ihm auch in den 60er Jahren in steigendem Maße. »Bild ist das Blechinstrument«, sagte der langjährige Vorsitzende der deutschen Journalistenunion, der Redakteur Eckhart Spoo, »mit dem das große Kapital dem kleinen Mann den Marsch bläst.«[10]

Doch wer war dieser Mann, gegen den die Studenten nach dem 2. Juni 1967 verstärkt Kampagnen veranstalteten? Wer war dieser Verleger, der den »kleinen Mann«

---

[10] Zit. nach: Günther Wallraff. A. a. O.

so lange liebte, wie dieser klein war, und für den »das Unglück der modernen Zeit« darin bestand, daß »durch die Französische Revolution neben das Ideal der Freiheit das der Gleichheit« getreten war; und für den »die Theorie von der Gleichheit das Todesurteil für echte Freiheit« war? Der Literaturprofessor und Schriftsteller Walter Jens hat anhand der Autobiographie dieses Mannes nicht nur dessen Charakter analysiert, sondern auch die Geschäftsphilosophie gleich mitgeliefert.

Walter Jens:
Axel Caesar Springer Teutonicus
Das Selbstbild eines
christlichen Monopolisten –
interpretiert von Walter Jens

»Noch wissen es erst wenige, bald aber werden es Millionen sein, denen, in einem Akt jäher Erhellung, die Erfahrung zuteil wird: In unseren Tagen wurde eine neue Bibel geschrieben. Sie heißt **Von Berlin aus gesehen** und trägt den Untertitel **Zeugnisse eines engagierten Deutschen.** Der sie geschrieben und durch Briefe, Reden und Bekenntnisse ergänzt hat, ist Axel Springer. Springer, der Prophet und Messias. Springer, der Retter aus Deutschland. Springer, ein Apostel der Freiheit. Der gute, der demütige, der fromme, der väterliche, der bescheidene Springer – ein Beauftragter

Gottes in gottferner Zeit. Erwählt unter dem Volk. Springer: der einzig Gerechte inmitten der Christen, die keine Christen mehr sind. Springer, das Symbol: Licht kämpft mit Finsternis; das Gute steht auf, um dem Bösen Paroli zu bieten; das Kind des Lichts versperrt Belzebub den Weg. ...

Axel Springer ist ein Christ. Ein deutscher Christ, der sein Vaterland liebt, weil es von Gott stammt. So hat es ihn der Mann gelehrt, aus dessen Hand er die Stafette übernommen hat: Hans Zehrer. So lehrt er es selbst – er, der **Gottsucher und Patriot** – und verkündet in seinen Blättern jenes christliche Gebot, das uns befiehlt, den Nächsten zu lieben. Den Nächsten, wie sich versteht – nicht etwa den Feind! Und auch nicht den **Nächsten,** sondern **den** Nächsten – will heißen, den Springerschen Nächsten: den Mann aus Rostock (und nicht etwa aus Leningrad), die Frau aus Ostberlin (und nicht etwa aus Moabit). Der Nächste – das ist der Deutsche, der unter der Fremdherrschaft seufzt: Ihn möchte Springer befreien. Nicht mit Gewalt natürlich: Springer verabscheut Gewalt. Gewalt üben die anderen, nicht er. Er ist Idealist (kein Pragmatiker, wie ihm zu Unrecht vorgeworfen wird) und verabscheut als solcher nicht nur die Macht, zu der er, wie er gern erläutert, **kein Verhältnis** hat, sondern auch jene Entideologisierung unseres politischen Lebens, die zu einer Verarmung geistiger Auseinandersetzung führe. So betrachtet ist Springer alles andere als ein Realpolitiker. ...

Diesem Ziel allein – der Rettung des Vaterlandes um der Rettung des göttlichen Heilsplans willen – dient das Springersche Imperium: darum das Ringen um die Genesung des deutschen Wesens, das Welt und Bild tagtäglich bezeugen; darum – und zwar **mit Gottes Hilfe** – die Gründung des Berliner Hauses: an einer Stelle, wo, getrennt durch die Mauer, Licht und Finsternis einander begegnen. So kämpft Springer, mit jeder Zeile, für Gott. Bild: ein Instrument der Theodizee! Die Welt: ein Blatt, das Seiner Rechtfertigung dient! ...

Unter solchen Aspekten wird Springer zum Sachwalter Gottes auf Erden: berufen, seinen Dienst an Heiliger Stätte zu tun – in Berlin. An einen Platz gestellt, der ihm als Inbegriff der Moralität erschien: **Berlin lebt nicht vom Brot allein.** Berlin, das andere Jerusalem: mit seiner Klagemauer im Herzen der Stadt, mit den bösen Sowjet-Arabern im Osten und den guten Deutsch-Juden im Westen! Berlin-Jerusalem, die fromme Stadt: dem Jehova des Alten Bundes so lieb wie jenem protestantischen Vater im Himmel, der nach Springer **hier den größten Anhang hat.** ›Fürchte dich nicht!‹ zitiert der Verleger den neunten und zehnten Vers des 18. Kapitels aus der Apostelgeschichte des Lukas, ›fürchte dich nicht, sondern rede, und schweige nicht, denn ich bin mit dir, und niemand soll sich unterstehen, dir zu schaden; denn ich habe ein großes Volk in dieser Stadt‹. ...

Nein, das ist nicht übertrieben: In diesem **christlichen Zeitungshaus** glaubt man noch an den Satan. Hier werden noch heute, tagtäglich, Tintenfässer nach dem altbösen Feind, dem roten Luzifer, geworfen, wenn sein Bild auf der Mauer erscheint. Hier weiß man, wer die Guten sind. Hier kennt man die Schlechten.

Die Guten: Die schweigende Mehrheit. Das Volk. Die Heimatvertriebenen. ...

Die Guten: Das sind die Journalisten, die es vor – wie sagt der Christ? – **Anfechtungen** zu schützen gilt. Die Guten: Das sind jene Durchschnitts-Abgeordneten, die sich keinem imperativen Mandat beugen wollen. ...

Die Bösen: Das sind, zusammengefaßt unter dem Oberbegriff **Totalitarismus,** die Braunen und Roten. (Inhaltliche Unterschiede tun nichts zur Sache.) Die Bösen: Das sind die Regierenden auf der anderen Seite. (Nicht das Volk, wohlgemerkt. Das Volk ist immer gut.) ...

Die Bösen: Das sind ›liberale‹ Professoren, ›sozialistische‹ ›Idealisten‹, ›progressive‹ Intellektuelle und ›fortschrittliche‹ Industrielle (**fortschrittlich** in Anführungszeichen: Gemeint sind Unternehmer, die zum Frieden mit dem Osten auffordern).

Mit einem Wort, die Bösen: Das sind die Feinde jenes Zeitungsverlegers, der, an der Spree so gut wie am Jordan, jene wahre Freiheit und jenen rechten Glauben verteidigt, die sich beide in seiner Person und seinem Werk symbolisieren. Gottlob, daß sich das Böse nicht zu tarnen versteht! Gottlob, daß es Merkmale gibt: ein Signalement, das die Widersacher entlarvt: **Frechheit, Mangel an Takt, Freude an der Entwürdigung des Gegners, methodische Geschmacklosigkeit, Penetranz, Unfähigkeit, zuzuhören...**

Fürwahr, wenn alle so dächten wie dieser eine: Es stünde besser um unser Land! Und ausgerechnet **ihm** wollen heute verblendete Menschen die Richtlinienkompetenz für seine Zeitungen nehmen: **Eine aberwitzige Vorstellung für jeden Verleger, der seine Verantwortung ernst nimmt.** Kann man sich Gott als Demokraten vorstellen? Mitbestimmung im Himmel? Das ist absurd, und darum muß auch der Verleger allein die **Entscheidung fällen und die Verantwortung tragen, denn die Folgen jener Entscheidung fallen zunächst auf ihn.** (**Bankrott:** weiß einer, was das für einen Unternehmer bedeutet? Die **Knechte** haben gut reden: Die finden schnell etwas Neues. Aber der Herr?)«[11]

---

[11] Walter Jens: Axel Caesar Springer Teutonicus. Das Selbstbild eines christlichen Monopolisten – interpretiert von Walter Jens. In: Martin Greiffenhagen (Hrsg.): Der neue Konservatismus der siebziger Jahre. Reinbek 1974.

In Anbetracht der ihnen zur Verfügung stehenden begrenzten Mittel konnten die Studenten gegen diesen Pressegiganten publizitätsmäßig nichts ausrichten. Außerdem hatten sie erkannt, daß es wenig Sinn machte, Anstrengungen darauf zu verwenden, den Arbeitern neben der Bild-Zeitung zu ihrer Frühstücksflasche Bier eine »linke« Zeitung unterjubeln zu wollen. Sie mußten sich darauf beschränken, auf ihre Weise die öffentliche Meinung zu erreichen, und sie mußten versuchten, eine begrenzte Gegenöffentlichkeit herzustellen.

Einer der 68er, Oskar Negt, heute Soziologieprofessor in Hannover, schildert die damaligen Anstrengungen und Bemühungen so:

> »Demonstrationen und Teach-ins waren im buchstäblichen Sinne Gegenöffentlichkeit. Die Springer-Blockaden und die entsprechenden Gegenpublikationen waren gerichtet auf verzerrte und unterdrückte Nachrichten in den etablierten Medien. Die Gegenöffentlichkeit hatte ihren eindeutigen Gegenstand: die politisch emotionale Verbreitung unterdrückter Nachrichten und Probleme an der Universität, bei Demonstrationen gegen die Notstandsgesetzgebung. Es gab damals außer dem Berliner **Extradienst** eine Menge von Infos oder Informationsständen, z. B. in der Vietnam-Kampagne. Diese Öffentlichkeit war eingebunden in eine aktuelle Diskussion und Manifestation, von Teach-ins. Diese Öffentlichkeit war noch nicht ein gesonder-

ter Teil einer politischen Bewegung. Infos oder auch theoretische Texte bezogen sich auf aktuelle politische Ereignisse und waren daher Bestandteil einer politischen Gegenöffentlichkeit. Ereignisse wurden dokumentiert und gebraucht. Öffentlichkeit war in der Regel nicht langfristig auf Meinungsbildung gerichtet, sondern eher kurzfristig auf Bereiche orientiert, die Wallraff als ›unterschlagene Wirklichkeit‹ beschrieben hat. Diese Phase der Alternativmedien würde ich so beschreiben: Sie war explizit ›Gegenöffentlichkeit‹, die in ihrer Struktur eine Abgrenzung gegen herrschende Medien war. Sie mußte noch nicht positiv formuliert werden, weil sie Aufmerksamkeit gegenüber Manipulation und Verfälschungen herstellte.«[12]

Den 68ern war klar, daß es auch die Meinungsbildungsprozesse, die letztendlich in Wahlen mündeten, zu ändern galt, wenn die Demokratie in der Bundesrepublik verstärkt werden sollte. Der Philosoph Jürgen Habermas, der durch seine Arbeit »Strukturwandel der Öffentlichkeit« die Studenten stark beeinflußt hatte, schrieb dazu: »Der hergestellte Konsensus hat natürlich mit öffentlicher Meinung, mit der ... Einstimmigkeit eines langwierigen Prozesses wechselseitiger Aufklärung im Ernst nicht viel gemeinsam; denn das ›allgemeine Interesse‹, auf dessen

---

[12] Oskar Negt: Gegenöffentlichkeit und Erfahrung. In: Rudolf Maresch: Medien und Öffentlichkeit. O. O. 1996.

Basis allein eine rationale Übereinstimmung öffentlich konkurrierender Meinungen zwanglos sich einspielen konnte, ist genau in dem Maße geschwunden, in dem die publizistischen Selbstdarstellungen privilegierter Privatinteressen es für sich adoptieren. ... Von einer Refeudalisierung der Öffentlichkeit muß noch in einem anderen, genaueren Sinne die Rede sein. Jene Integration von Massenunterhaltung und Werbung, die in Gestalt der public relations bereits ›politischen‹ Charakter annimmt, unterwirft ihrem Kodex nämlich auch noch den Staat selber. Weil die privaten Unternehmen ihren Kunden bei Verbraucherentscheidungen das Bewußtsein von Staatsbürgern suggerieren, muß der Staat seine Bürger wie Verbraucher ansprechen. So wirbt auch die öffentliche Gewalt um publicity.«[13]

Vielfältige Gründe veranlaßten die 68er dazu, ihre Stimme gegen den Pressezaren zu erheben. Im wesentlichen ging es um sechs Komplexe: Erstens diffamierte die Springer-Presse die Studenten und hetzte die Bevölkerung gegen sie auf. Nicht ein einziges Mal während der jahrelangen Studentenbewegung hatte es dieser Pressekonzern für nötig erachtet, in sachlicher Form die Ziele und Anliegen der Studenten darzustellen, um danach dem Leser auseinanderzusetzen, warum nach Meinung des Konzerns diese Vorstellungen als falsch, unangebracht oder sonst in irgendeiner Weise negativ beurteilt werden mußten. Eine solche oppositionelle Vorgehensweise hätte dem Leser wenigstens erlaubt, sich eine ei-

---

[13] Jürgen Habermas: Strukturwandel der Öffentlichkeit. Frankfurt/Main 1962.

gene Meinung zu bilden. Zweitens verstand sich der Springer-Konzern als Sprachrohr konservativer Politik in der Bundesrepublik. Drittens transportierte er täglich ein antidemokratisches Verständnis von Öffentlichkeit und von Gesellschaft zu Millionen von Lesern, indem er den Bürgern einredete, eine Volksgemeinschaft entspräche einer großen Familie. Die Basis eines pluralistischen Gemeinwesens, in dem die Interessen der verschiedensten Gruppierungen immer wieder aufeinanderprallen und zu einem Konsens zusammengeführt werden müssen, wurde so negiert. Viertens galt der Springer-Konzern als der Prototyp eines Zeitungsimperiums, das die Pressefreiheit nicht als ein besonderes Gut in einer Demokratie betrachtete, sondern für das Pressefreiheit in erster Linie Gewerbefreiheit bedeutete. Fünftens konnte der Springer-Konzern ohne große Schwierigkeiten als Symbol zur Einschränkung der Pressefreiheit verstanden werden, und zwar in doppelter Weise. Einmal förderte dieses Unternehmen in rücksichtsloser frühkapitalistischer Weise und mit allen Mitteln die Pressekonzentration. Mit ruinösem Wettbewerb beschleunigte es das Pressesterben, so daß selbst das Bundesverfassungsgericht erklären mußte, ein Teil dieser Praktiken sei nicht mehr mit wettbewerbswirtschaftlichen Methoden vereinbar und somit verfassungswidrig. Zum anderen verstand sich dieses Unternehmen als Speerspitze im Kampf um die Verhinderung der »inneren Pressefreiheit«. Mit den Konzernherren an der Spitze drohte es sogar Regierungen zu stürzen, sollten Vorstöße zur gesetzlichen Regelung der »inneren Pressefreiheit« ernsthaft in Erwägung gezogen werden.

Sechstens galt der Springer-Konzern als stärkstes Bollwerk und ärgster Widersacher gegen demokratische Öffentlichkeit, und er mußte den Studenten auch so erscheinen. Die im Grundgesetz angelegte Aufgabe, eine demokratisch verfaßte Öffentlichkeit zu realisieren, unter anderem durch Zuhilfenahme der Presse und anderer Massenmedien, hatte die bundesrepublikanische Gesellschaft bis dato nur äußerst unvollkommen erledigt. Die Entwicklung in der BRD war statt dessen in die entgegengesetzte Richtung verlaufen: statt zunehmender Vielfalt im Meinungswettstreit verarmte die Medienlandschaft zugunsten einiger großer Konzerne.

Gab es gegen diese beängstigende Manipulation des bundesdeutschen Pressewesens durch den Springer-Konzern keine Handhabe? Stand die Verfassung seinen Bestrebungen, durch wirtschaftliche Macht Grundrechte wie die Meinungs- und Pressefreiheit auszuhebeln, machtlos gegenüber? Einer der Väter des Grundgesetzes, Fritz Eberhard, ehemaliger Intendant des Süddeutschen Rundfunks, danach Professor für Publizistik an der FU Berlin, antwortete den Studenten damals auf einige ihrer Fragen folgendermaßen:

»Für den Zustand der Presse ist bei uns charakteristisch: Die Zeitungen sind ... im Privateigentum von Verlegern. Was heißt das? Das heißt vor allem, sie müssen rentabel wirtschaften. Nach Lage der Dinge funktioniert das nur, wenn möglichst viele Einnahmen durch den Abdruck von Anzeigen erzielt werden. Das Verhältnis von Anzeigenerlösen zum Verkaufserlös beträgt heute durchschnittlich 70 zu 30 Prozent. Dieses Verhältnis allein verdeutlicht schon, daß privatwirtschaftlich organisierte Presse nur in Abhängigkeit zur werbetreibenden Industrie betrieben werden kann, mithin das herrschende ökonomische Prinzip selbst verkörpert. Die liberale Grundannahme, das Konkurrenzprinzip bewirke Vielfalt der Aussage, steht zumindest im Zeichen der Pressekonzentration in Frage, genauer: ist Ideologie. Pressevielfalt spielt sich längst nur noch an der Oberfläche ab. Im Kern, wenn's um den Erhalt dieses ökonomischen und politischen Systems geht, das dem Presseverleger seine Privilegien ja erst ermöglicht, herrscht Konformität, reduziert sich Pluralismus auf die vielfältige Abwehr von Systemveränderern.

Dürfen wir diesen Zustand ändern? Läßt unsere Verfassung das zu? Die Zeitungsverleger beantworten diese Frage – unterstützt von gelehrigen, wiewohl einseitigen Juristen – natürlich mit ›nein‹.

Aber es ist ein von den Zeitungen selbst immer wieder verbreitetes Märchen, daß unser Grundgesetz das Privateigentum unter allen Umständen garantiert.

Dort heißt es in Art. 15:

›... Produktionsmittel können zum Zweck der Vergesellschaftlichung durch ein Gesetz, das Art und Ausmaß der Entschädigung regelt, in Gemeineigentum oder in andere Formen der Gemeinwirtschaft überführt werden ...‹

Die Verleger beziehen sich auf Art. 14. Dort heißt es:

›Das Eigentum und Erbrecht werden gewährleistet.‹

Dann folgen aber die Sätze:

›... Eigentum verpflichtet. Sein Gebrauch soll zugleich dem Wohl der Allgemeinheit dienen. Eine Enteignung ist nur zum Wohl der Allgemeinheit zulässig. Sie darf nur durch Gesetz oder auf Grund eines Gesetzes erfolgen.‹

Jeder Staatsbürger, der eine Zeitung zur Hand nimmt, sollte dabei überlegen, ob das Privateigentum des Verlegers an dieser Zeitung außer dessen Profit wirklich ›zugleich dem Wohl der Allgemeinheit‹ dient. Wir sollten bei jeder Zeitungslektüre solche Überlegungen anstellen.«[14]

Mit diesen und anderen Kenntnissen ausgerüstet, konnte die Anti-Springer-Kampagne beginnen und sogar auf die Forderung »Enteignet Springer« präzisiert werden. Diese Kampagne entwickelte eine ungeheure Breitenwirkung – nicht zuletzt, weil auch die Massenmedien ausführlich über einzelne Aktionen berichteten – und verhalf den vielen, in allen gesellschaftlichen Bereichen versprengten

---

[14] Fritz Eberhard: Pressefreiheit im Kapitalismus? In: Arbeitskreis Medienpolitik der Berliner Jungsozialisten (Hrsg.): Machtinstrument Presse. Berlin 1976.

oppositionellen Kräften, die sich nicht durch die Bundestagsparteien repräsentiert oder vertreten sahen, zu einer neuen Einheit in der Außerparlamentarischen Opposition (APO). Gemeinsam mit den Themen der Notstandsgesetze, der Entspannung und Abrüstung wurde das Problem Springer zum Band, das die APO in ihrem Inneren zusammenhielt. Die 68er bildeten zwar nicht den Kern, aber doch zumindest die stärkste Kraft in der APO. Schon ab dem Frühjahr 1967 – verstärkt nach dem 2. Juni und erneut vorangetrieben durch die Anti-Springer-Strategie – mobilisierten sich immer mehr Schüler, die sich in unabhängigen Schülergemeinschaften organisierten und sich mit dem AUSS (Aktionszentrum Unabhängiger Sozialistischer Schüler) einen Dachverband gegeben hatten. Unterstützung bekamen sie nicht selten von Studenten des SDS, vor allem bei der Verteilung von Flugblättern vor den Schulen, die die Mitglieder der jeweiligen AUSS-Gruppen nicht vornehmen konnten, da sie sonst von der Schule geflogen wären. Über die Jugendorganisationen wie beispielsweise »Die Falken« erreichte der Funken der Rebellion bald auch die arbeitende Jugend, zumindest in Form der Gewerkschaftsjugend. Lehrlinge und Jungarbeiter stießen rasch und in wachsender Anzahl zur APO und politisierten sich zusammen mit Schülern und Studenten vor allem in gemeinsamen Aktionen während der Anti-Springer-Kampagne.

Das Ziel der 68er war, eine praktisch-kritische Öffentlichkeit herzustellen; und dies sollte nicht gegen, sondern mit Unterstützung der Journalisten, Setzer, Drucker, Zeitungsboten, auch des Springer-Konzerns selbst, erreicht werden. Auch der SDS vertrat in seiner Gesamtheit diese Auffassung. Wie in allen anderen Fragen, wie bei allen anderen Problemkomplexen auch, strebten die 68er keinen revolutionären Staat à la UdSSR, China, Nord-Vietnam oder Kuba an, sondern sie drängten auf eine Entfaltung der Demokratie in Deutschland. Sie wollten keinen Umsturz – auch wenn die Springer-Presse dies der Bevölkerung erfolgreich suggerierte –, sondern eine Veränderung und Überwindung des Status quo in Richtung mehr Demokratie. In dieser verbesserten Demokratie sollte der Zusammenhang zwischen dem Ideal der Freiheit und dem der Gleichheit sichtbar sein. Das dritte Ideal der Französischen Revolution, nämlich die Brüderlichkeit beziehungsweise Solidarität, strebten die Studenten zwar auch an, allerdings war ihnen klar, daß es noch sehr viel schwieriger sein würde, dieses umzusetzen.

11

Ein Kontinent in Flammen

Die Studentenbewegung hatte sich im Herbst 1967 auf alle deutschen Universitätsstädte ausgedehnt. Überall vollzog sich eine Entwicklung, die die Freie Universität Berlin bereits in den vergangenen Jahren erlebt hatte. Das Aufbegehren der Studenten gegen die Ordinarienuniversität zeigte allerdings unterschiedliche Formen. In Frankfurt formierte sich ein massiver Widerstand, in Hamburg (»Unter den Talaren, der Muff von tausend Jahren«) hatte der Protest eher provokativen Charakter. In Frankfurt wurden nahezu jede Woche Go-ins veranstaltet, wobei dasjenige vom 20. November gegen den SPD-Bundestagsabgeordneten und Professor Carlo Schmid wegen dessen Befürwortung der Notstandsgesetze das breiteste Echo hervorrief.

Doch schon während der Buchmesse im Oktober war es in der Bankenmetropole am Main zu Protesten der Studenten gekommen – vor allem gegen Springer und den Vietnamkrieg –, die auch im Ausland registriert wurden. In München fand eine Veranstaltung gegen Pressekonzentration, in Westberlin eine für die Pressefreiheit statt, und zur gleichen Zeit organisierten die Studenten in Hannover Protestkundgebungen gegen neofaschistische Tendenzen und die NPD. Ebenfalls im November berichteten Studenten in Gießen über Anwerbungsversuche seitens des Verfassungsschutzes mit dem Ziel, den dortigen SDS zu bespitzeln. In Berlin kam es zu Studentenprotesten, als am 21. November der wegen Tötung von Benno Ohnesorg angeklagte Polizist Kurras freigesprochen wurde und kurz darauf, am 27. November, der Prozeß gegen den Kommunarden Fritz Teufel begann. Im Dezember fanden auch in Göttingen, Tübingen, Heidelberg und Bochum Auseinandersetzungen an den Universitäten und Protestveranstaltungen statt.

Vor den US-Stützpunkten wurden im Dezember Flugblätter an die Angehörigen der amerikanischen Streitkräfte verteilt, die die Aufforderung enthielten: »Get out of the army, and don't go to Vietnam« (Verlaßt die Armee und geht nicht nach Vietnam). Gegen diese Flugblätter wurde unter anderem von der Staatsanwaltschaft Mainz Klage erhoben. Eine Studentengruppe um Rudi Dutschke versuchte zu Weihnachten in der Kaiser-Wilhelm-Gedächtniskirche im Gottesdienst auf den Vietnamkrieg aufmerksam zu machen. Es kam zu tumultähnlichen Szenen und zu Handgreiflichkeiten gegen die Studenten. Daraufhin forderten unter anderen mehr als 30 Pfarrer den Gemeindekirchenrat in Berlin dazu auf, er möge sich für die Prügelszenen bei den Studenten entschuldigen.

Im neuen Jahr, 1968, nahmen die Demonstrationen, Protestveranstaltungen, Sit-ins und Go-ins überall in der Bundesrepublik an Zahl und Intensität noch weiter zu. Schüler und Lehrlinge beteiligten sich in verstärktem Maße und entwickelten eigene Protestformen in Schulen, Betrieben und Öffentlichkeit. In den ersten Monaten des

Jahres 1968 verging keine Woche, in der nicht irgendwo in der Bundesrepublik eine Protestaktion stattfand. Aber dieser Aufruhr blieb nicht auf Westdeutschland beschränkt. Überall in Westeuropa und sogar in einigen Staaten im Ostblock brodelte es. Die Jugend war – wie die Presse schrieb – rebellisch geworden. Eine kurze Chronik, die nur die wichtigsten Ereignisse umfaßt, macht das deutlich.

1968:

3. 1.	Offenbach	Kongreß und Kundgebung des Sozialistischen Zentrums
10. 1.	Heidelberg	Demonstration, Zusammenstöße mit der Polizei
12. 1.	Madrid	Die Kavallerie reitet eine Studentendemonstration nieder
18. 1.	Bremen	Protestveranstaltungen von Schülern und Studenten
Anfang Februar	Hamburg	Blockadeversuch von Studenten gegen die Springer-Presse
12. 2.	Hamburg	*Spiegel*-Umfrage mit dem Hauptergebnis: »Die Minderheit, die auf die Straße geht, hat die Sympathien der Mehrheit. Zwei von drei befragten Jugendlichen und sogar drei von vier Studenten finden es gut, daß demonstriert wird.«

	Von den Befragten erklärten sich insgesamt 58 Prozent bereit, bei gegebenem Anlaß ebenfalls protestieren zu wollen; unter den Mittel- und Oberschülern waren es 64 Prozent, die zum Protest bereit waren.
17. 2. Berlin	Internationaler Vietnam-Kongreß
18. 2. Berlin	12 000 Studenten aus ganz Europa demonstrieren gegen den Vietnamkrieg
24. 2. Italien	Im ganzen Land werden 136 Fakultäten besetzt; an 27 Universitäten finden Protestkundgebungen statt
März Polen	Studentendemonstrationen werden vom Heer unterdrückt; die Studentenführer Kuron und Modzelewskji werden verhaftet
1. 3. Rom	Die Polizei greift bei einer Demonstration der Architekturstudenten ein; es kommt zu einer regelrechten Straßenschlacht
2. 3. Japan	Initiativen gegen den Vietnam-

	krieg; Zusammenstöße mit der Polizei
4. 3. München	Studentenkongreß, auf dem unter anderem der Rücktritt von Bundespräsident Heinrich Lübke wegen seiner Nazi-Vergangenheit gefordert wird
5. 3. Italien	Studentendemonstrationen unter anderem in Genua, Lecce, Turin, Florenz, Urbino, Ancona, Cagliari, Venedig und Mailand
14. 3. Köln	Gemeinsame Demonstration von Arbeitern und Studenten gegen Kurzarbeit in den Ford-Werken
17. 3. London	Nach einer Kundgebung mit der Schauspielerin Vanessa Redgrave versuchen einige Tausend Studenten, die USA-Botschaft anzugreifen
22. 3. Nanterre	Erste Universitätsbesetzung in Frankreich
4. 4. Memphis	Ermordung von Martin Luther King; unter anderem in Chicago, New York, Washington, Detroit und Baltimore kommt es zu schweren Unruhen; der

		Präsident verhängt den Ausnahmezustand in zehn Städten
5. 4.	Genua	Die Polizei räumt die besetzte Universität
11. 4.	Berlin	Attentat auf Rudi Dutschke
13. 4. – 15. 4.		In ganz Westdeutschland (unter anderem in Hamburg, Frankfurt, Essen, Köln, München, Hannover, Düsseldorf, Münster, Göttingen, Marburg, Tübingen und Heidelberg) kommt es zu den sogenannten Osterunruhen
18. 4.	New York	Studenten besetzen die Columbia University
24. 4.	Rom	Die Polizei greift eine Schülerdemonstration an
30. 4.	New York	Schwere Zusammenstöße mit der Polizei, als diese die besetzte Columbia University räumt
31. 4. – 6. 5.	USA	Die Rebellion dehnt sich bis auf wenige Ausnahmen auf alle Universitäten in den USA aus. Auseinandersetzungen mit der Polizei
	Belgrad	Studentenkundgebungen (auch in Zagreb), die sofort

Am 11. April 1968 meldete die Deutsche Presseagentur dpa: »Gegen 16.35 wurde der Chefideologe des SDS, Rudi Dutschke, auf dem Kurfürstendamm niedergeschossen. Er schwebt in Lebensgefahr. Der Attentäter hat sich in einem Haus verbarrikadiert. Das Haus wurde von der Polizei umstellt.« Der 11. April 1968 war ein Gründonnerstag. In den darauffolgenden vier Tagen erlebte die Bundesrepublik die schwersten Unruhen und mit Sicherheit das gewalttätigste Ostern in ihrer Geschichte.

Die Nachricht vom Attentat verbreitete sich wie ein Lauffeuer sofort überall – nicht nur in Westberlin. Wer für den Schuß verantwortlich zu machen war, wußte selbst der Studentenverband der CDU: »... der Attentäter schoß für diese Gesellschaft ... Presse und Parteien wiesen die Schußrichtung.« Wie ein Großteil der Öffentlichkeit dachte, zeigten die Kommentare von Westberliner Passanten wie: »Man braucht ja nicht gleich zu schießen, aber daß der mal einen Denkzettel gekriegt hat, ist ganz gut.« Der SDS in Berlin verfaßte unmittelbar nach dem Attentat, das – wie sich wenig später herausstellte – von einem jugendlichen Hilfsarbeiter namens J. Bachman durch drei Pistolenschüsse verübt worden war, ein Flugblatt, in dem es hieß: »Ungeachtet der Frage, ob Rudi Dutschke das Opfer einer politischen Verschwörung wurde: man kann jetzt schon sagen, daß dieses Verbrechen nur die Konsequenz der systematischen Hetze ist, welche Springer-Konzern und Senat in zunehmendem Maße gegen die demokratischen Kräfte in dieser Stadt betrieben haben.«

Diese Anschuldigungen waren nicht aus der Luft gegriffen, hatte doch schon zwei Monate zuvor eine studentenfeindliche Kundgebung stattgefunden, zu der das gesamte Westberliner Establishment aufgerufen hatte – von den Gewerkschaftsspitzen über sämtliche Presseorgane und politischen Parteien bis hin zu Intellektuellen und Künstlern. Sie war unter dem Motto gestanden: »Wir wollen sagen, wofür wir sind«. Das politische Anliegen hatte sich in aggressiven Plakatsprüchen manifestiert: »Raus mit den Roten!«; »Wir fordern harten Kurs gegen den SDS«; »Dutschke Volksfeind Nummer 1«; »Dutschke raus aus Westberlin«; »Politische Feinde ins KZ«; »Bauarbeiter seid lieb und nett, jagt Dutschke und Konsorten weg!«

Am Abend des Attentats kam es zu einem spontanen Protestzug zur Kochstraße an der Berliner Mauer, wo das Springer-Hochhaus stand. Gegen 23 Uhr hatten sich dort nach und nach mehr als 5000 Demonstranten versammelt. Steine wurden gegen die Fassade geworfen, eine rote Fahne gehißt, Scheiben gingen zu Bruch, zwischen Demonstranten und dem Personal des Springer-Konzerns kam es zu Handgreiflichkeiten; die Polizei mischte sich mit Schlagstöcken und Wasserwerfern ein. Kurz nach Mitternacht begannen Zeitungswagen in Flammen aufzugehen: Ein »Agent provocateur« des Westberliner Verfassungsschutzes hatte sich zusammen mit Demonstranten zum Fuhrpark des Springer-Konzerns vorgearbeitet, die Tankverschlüsse von fünf Lieferwagen aufgeschraubt, Molotowcocktails hineingeworfen, die Autos umgekippt und dann in Brand gesteckt. Bis zum Eintreffen der Feuerwehr brannte es lichterloh, da die Polizei ihre Wasserwerfer nicht zum Löschen einsetzte, sondern nur gegen die Studenten richtete. Die Bilder von den brennenden Autos vor dem Springer-Hochhaus gingen um die Welt.

Doch es hätte ihrer nicht bedurft, um eine beispiellose Protestaktion zu entfachen: Dafür sorgte allein der Anschlag auf Rudi Dutschke.

Ohne große Absprachen kam es nicht nur in allen größeren und mittleren Städten der Bundesrepublik zu Demonstrationen gegen das Attentat, sondern überall, wo die BILD-Zeitung gedruckt und ausgeliefert wurde, wurden Blockaden organisiert. In der Nacht von Karfreitag auf Samstag gelangen den Demonstranten diese Blockaden in Hamburg, Frankfurt, Essen, Köln und München vollständig; in Esslingen wurde die Auslieferung bis zum frühen Morgen, in Hannover um einige Stunden verzögert. Wie die Atmosphäre rund um die Blockade beispielsweise in Hamburg aussah, schildert folgender Bericht, der in dem Roman »Heißer Sommer« von Uwe Timm enthalten ist.

»Der Einsatzleiter hat den gesamten Gebäudekomplex mit Absperrungen abriegeln lassen. Die Nachtausgabe von BILD soll in der kleinen, schlechtbeleuchteten Speckstraße durchgebracht werden. Mit Unterstützung des Wasserwerfers und mit Knüppeleinsatz. ...

Dem Einsatzleiter wird gemeldet, daß in der Speckstraße mit dem Bau einer Barrikade begonnen worden sei. Pflastersteine würden aus dem Straßenpflaster gebrochen, außerdem würden Bohlen, Bretter und Teerfässer von der U-Bahn-Baustelle herangeschleppt. Der Einsatzleiter bespricht sich noch einmal mit den Kommissaren der Bereitschaftspolizei. Es bleibt bei der Entscheidung, daß in der Speckstraße der Durchbruch versucht werden soll.

Zwei Hundertschaften sollen mit Schlagstöcken gegen die Demonstranten vorgehen. Zwei Zehnerschaften sollen währenddessen die Barrikade räumen.

Die Windschutzscheiben der LKWs, in denen die Zeitungen ausgeliefert werden sollen, werden mit Zeitungsbündeln abgedeckt. Dadurch sollen die Fahrer vor Steinwürfen geschützt werden. ...

Ullrich reicht den kalten Pflasterstein mit einem

kleinen Schwung und leicht gebückt seinem Vordermann zu, der jedesmal schnauft, wenn er den Stein nimmt. Ullrich denkt daran, wie er aufgesprungen war, wie er aus seinem Zimmer gelaufen war, genau wie die anderen, die in der Schlange standen und die Pflastersteine weiterreichten, bis nach vorn, kurz vor dem Abstellgitter, wo die Barrikade wächst.

Er hatte gewußt, wohin er laufen mußte. Er war schon gestern hier gewesen. Er wußte, wo der Grund lag, plötzlich kannte er ihn, den Grund für seinen Haß, für seine Einsamkeit, seine Ziellosigkeit, seine Angst, seine Lügen, seine Gehässigkeit, für sein Aufschneiden, seinen Neid und immer wieder für die Lügen.

Das war veränderbar.

Wie leicht er die schweren Steine weiterreicht. Er fühlt sich kräftiger und stärker. Wie schnell die Barrikade vorn vor dem Absperrgitter wächst. **Wachs und werde zum Wald! eine beseeltere, vollentblühende Welt!**

Ein Trupp Polizisten mit Tschakos und graugrünen Mänteln marschiert zum Absperrgitter.

Macht kaputt, was euch kaputt macht.

Mit Schwung reicht er den Stein seinem Vordermann. Er glaubt, die Wärme der Hände der anderen an dem Pflasterstein zu spüren, den ihm sein Hintermann zureicht.

Schön, sagt er, wir brauchen Musik, eine Kapelle.

Sein Vordermann lächelt. Ein dünnes Lächeln in einem angestrengten Gesicht, aber ein glückliches Lächeln. Der Stein wandert von Hand zu Hand. Vorn wird er auf die Barrikade geschichtet. Die Barrikade wächst. Stein um Stein. Vor der Barrikade die Absperrgitter und dahinter die Bereitschaftspolizei. In Zweierreihe. Dahinter, wie ein großer grauer Panzer, der Wasserwerfer. Im Hintergrund der gewaltige Gebäudekomplex der Springerdruckereien und der Redaktionen. Alle Fenster sind hell erleuchtet.

Im Hof der Druckerei formiert sich der LKW-Konvoi mit der Samstagsausgabe von **Bild**.

Die Hundertschaften marschieren zur Barrikade. Ein Lautsprecherwagen fährt vor.

Hier spricht die Polizei. Räumen Sie die Straße.

Eingehakt sitzen die Demonstranten vor der Barrikade.

Sie singen. Sie singen die Internationale. Nur wenige kennen den Text. Aber alle singen den Refrain.

An dieser Stelle kamen sie nicht durch.

Die Barrikade war schon zu hoch. Die sie verteidigten zu viele.«[1]

Während der beiden Osterfeiertage kam es überall in Deutschland zu immer größeren Demonstrationen gegen

[1] Uwe Timm: Heißer Sommer. Köln 1985.

den Springer-Konzern. Einschließlich der Ostermarschierer für Abrüstung waren daran über 300 000 Menschen in 50 Städten beteiligt. In Essen beispielsweise appellierten die Demonstranten des Ostermarsches über Megaphon immer wieder an die Ordnungskräfte: »Kollegen von der Polizei! Wir wollen keine Gewalt. Wendet auch ihr keine Gewalt an!« Auch in Düsseldorf und Münster verliefen die Kundgebungen weitgehend friedlich. Im Ruhrgebiet mündete der Protest am Ostermontag in eine Großveranstaltung in der Dortmunder Westfalenhalle, an der über 20 000 Menschen teilnahmen. In den meisten anderen Städten der Bundesrepublik und vor allem dort, wo am Ostermontag erneut der Versuch einer Blockade unternommen wurde, kam es jedoch zu heftigen und blutigen Zusammenstößen mit der Polizei.

BILD schrieb dazu: »Fröhliche Ostern waren das! Es ist Ostermontag 1968. Die Sonne scheint. Und in den Straßen beginnt wieder der Marsch mit den roten Fahnen und mit den Brandflaschen, die im letzten Krieg Molotow-Cocktails hießen. Und wir dachten, es sei Frieden, Ostern ... Zwölf Stunden soll diesmal die Blockade gegen die Pressefreiheit dauern. Eine radikale Minderheit probt den Aufstand. Eine radikale Minderheit will diktieren, welche Zeitungen die Menschen in der Bundesrepublik lesen dürfen und welche nicht. Die freie Wahl soll nicht mehr der Zeitungskäufer treffen, sondern der rote Studentenrat. Es klingt wie ein böser Witz. Aber das ist kein Kinderspiel unter roten Fahnen. Es rollt ab nach Plan. Mit Sprechfunkgeräten. Mit Kommandozentralen. Und die Internationale, die die Radikalen so gerne singen, klappt auch. – In London, in Rom wird gegen die Deutschen und gegen das private Eigentum demonstriert. Kommunistische Maßarbeit.«

Augenzeugen und Beteiligte sahen die Vorgänge anders: »An allen Orten wurden die Demonstrationen, fast immer ohne Vorwarnung, mit brachialer Knüppelgewalt im wirklichen Wortsinn zerschlagen; wurden Demonstranten in ›Fallen getrieben‹, eingekesselt und ohne Fluchtmöglichkeit verprügelt und festgenommen ...; und wurden vor allem auch einzelne, wehrlose Demonstranten, die bereits zusammengeschlagen am Boden lagen oder flüchteten, als ›Rädelsführer‹ von sogenannten Greiftrupps ausgesondert waren oder sich sogar schon in Polizeigewahrsam befanden, systematisch ›fertiggemacht‹: mit gezielten Knüppelhieben, Faustschlägen und Fußtritten auf den Kopf und alle Körperteile, speziell zwischen die Augen, auf den Kehlkopf, in den Magen und (auch bei Frauen) in die Genitalien; durch Würgen und Haarbüschelausreißen, mit Steinen, Holzlatten und Knebelketten; und nicht zuletzt etwa durch das Demolieren von Demonstranten-Autos. ... Die Massenhaftigkeit solcher Strafaktionen beweist den Plan, die demonstrierende Opposition durch physischen Terror einzuschüchtern und abzuschrecken.«[2]

Am Ostermontag waren über 45 000 Demonstranten – nicht nur Studenten, Schüler und Lehrlinge, sondern auch zahlreiche Arbeiter und Angestellte – durch 20

---

[2] Eckart Dietrich: Notstandsübung. In: Heinz Grossmann; Oskar Negt (Hrsg.): Die Auferstehung der Gewalt. Springer-Blockade und politische Reaktion in der BRD. Frankfurt/Main 1968.

Städte der Bundesrepublik gezogen. Gegen sie hatte der Staat 21 000 Polizisten eingesetzt, die vor allem gewährleisten sollten, daß die Spinger-Zeitungen pünktlich die Kioske erreichten. Die Bilanz: zwei Tote und über 400 Schwer- und Leichtverletzte, eine ungeheure, nicht näher präzisierte Anzahl von Verhaftungen und an die 1000 Ermittlungsverfahren. Wer die Verantwortung für die Toten und Verletzten trug, darüber war sich die Presse absolut klar. DER SPIEGEL schrieb: »Die zwei Toten der Ostertage gehen auf das Konto des SDS, daran gibt es keinen Zweifel.«

Selten hat man das Establishment in Politik, Wirtschaft, Justiz und Massenmedien so geeint gesehen wie während der Oster- und Maiereignisse des Jahres 1968. Aber so verhielt es sich nicht nur in der Bundesrepublik. Die Situation in den anderen westeuropäischen Staaten unterschied sich nur in Nuancen. Die einzige Differenz bestand darin, daß – wie beispielsweise in Frankreich und Italien – sich die nicht zum Establishment gehörende arbeitende Bevölkerung nach anfänglichem Zögern mit den Studenten solidarisierte und ihrerseits aktiv wurde.

Der »Französische Mai«

Der sogenannte »Französische Mai« begann am 7. Mai 1968 mit einer Demonstration, an der in Paris über 50 000 Studenten teilnahmen. Ebenso wie an den nachfolgenden Tagen kam es dabei zu Zusammenstößen mit der Polizei. Die Studenten zogen sich unter der Führung der Brüder Cohn-Bendit und anderer ins Universitätsviertel, das Quartier Latin, zurück und verbarrikadierten sich. In der Nacht vom 10. zum 11. Mai brannten die 60 Barrikaden zum ersten Mal. An den nächsten drei Tagen lieferten sich die Studenten eine erbitterte Schlacht mit der kasernierten Bereitschaftspolizei. Die Gewerkschaften standen zur Unterstützung der Studenten auf. Ab dem 20. Mai legte ein Generalstreik ganz Frankreich für mehrere Wochen lahm. Ende Mai drohten die Streitkräfte, militärisch in den Konflikt einzugreifen und auf Paris zu marschieren, um die »Ordnung wiederherzustellen«. 800 000 Vertreter der schweigenden Mehrheit zogen am 29. Mai durch die Straßen von Paris. Sie und General Massu, der Oberbefehlshaber der in Deutschland stationierten Streitkräfte, retteten Staatspräsident de Gaulle, wie die Presse später schrieb. Nach den Wahlen am 30. Juni, bei denen die Gaullisten einen klaren Sieg davontrugen, entspannte sich die Lage in Frankreich.

Die Proteste der Studenten in Rom, London, Paris, Berlin, Mailand, Hamburg, Amsterdam und Marseille hatten eine gemeinsame Grundlage und danach eine europäische Dimension. Es verhielt sich gerade nicht so, wie die BILD-Zeitung geschrieben hatte, nämlich daß in Rom und London gegen die Deutschen demonstriert wurde. Das Establishment in Deutschland wie in Italien und Frankreich versuchte der Bevölkerung vorzumachen, der Protest wäre nicht gegen die Herrschaftsmacht und die ungleichen Besitzverhältnisse gerichtet, sondern gegen sie als Angehörige einer bestimmten Nation. Es wurde versucht, die zum Teil unerbittliche Konkurrenz, die zwischen den national gebundenen Unternehmen bestand, in eine Konkurrenz zwischen den Völkern umzuinterpretieren. Die Massenmedien bedienten sich hierzu der ganzen Palette tradierter Vorurteile, die sich im Verlauf dieses Jahrhunderts zwischen Italienern, Franzosen, Engländern, Holländern, Dänen und Deutschen angesammelt hatten. Doch wenn die Studenten von der Sorbonne in Paris, der Freien Universität in Berlin oder der Sapienza in Rom etwas einte, dann war es gerade das, daß zwischen ihnen keine nationalen Vorurteile bestanden. Sie hatten einen gemeinsamen Feind, und der saß überall in Europa unterschiedslos in den Schaltstellen der Macht. Es waren die rebellierenden Studenten, die ein dichtes Netz von Verbindungen – auch von persönlichen – zwischen den Großstädten Westeuropas aufbauten und fernab von Institutionen und Bürokratien durch Reisen, Informationsaustausch und gemeinsame kulturelle Aktivitäten die Kontakte zwischen den französischen, englischen, deutschen und italienischen Europäern enger knüpften. Wenn es ein Mittel gegen Chauvinismus und Nationalismus im Einigungsprozeß der Europäischen Union gab, dann lag es damals sicherlich in den Händen der rebellischen Studenten und Jugendlichen.

12

Der Höhepunkt:
der Protest gegen die
»Notstandsgesetze«

»Nicht Lehrsätze und ›Ideen‹ seien die Regeln,
eures Seins. Der Führer selbst und allein ist
die heutige und künftige deutsche Wirklichkeit
und ihr Gesetz.«

Prof. Dr. Martin Heidegger
1933 an Freiburger Studenten

In Paris kämpften die Studenten auf den Barrikaden noch
gegen die Polizei, in Rom versuchten faschistische Schlä-
gertrupps vergeblich, die von Studenten besetzte Universität zu stürmen, als sich am 11. Mai 1968 80 000
Demonstranten aus der ganzen Bundesrepublik in Privatwagen, Bussen und Zügen zu einem Sternmarsch nach
Bonn aufmachten. Unter ihnen befanden sich 50 000
Studenten. Es war eine der größten Demonstrationen,
die die »provisorische Hauptstadt« bisher gesehen hatte.
Der Protestmarsch, der ohne Auseinandersetzungen mit
der Polizei ablief, zielte gegen die »Notstandsgesetze«,
die in den Folgetagen in zweiter Lesung verhandelt
werden sollten. Zwar war schon in den Vorverhand-
lungen klargeworden, daß alle Parteien ihre Zustimmung
geben würden – selbst die SPD, die nach Bildung der

Großen Koalition im Dezember 1966 auf Regierungskurs umgeschwenkt war. Dennoch gab es nicht wenige Gegner, die die Hoffnung hatten, man könne diese »NS-Gesetze«, wie es bei ihnen hieß, durch massive Proteste verhindern oder zumindest verzögern. Vor allem wollten sie zeigen, wie viele verschiedene geistige Strömungen sich der Notstandsgesetzgebung entgegenstellten. Auf der Abschlußkundgebung sprachen neben den Schriftstellern Heinrich Böll und Erich Fried der Vorsitzende des SDS sowie der des VDS (Verband der Deutschen Studentenschaft), ein Vorstandsmitglied der IG Metall und weitere unabhängige Persönlichkeiten. Der Professor und Strafrechtsexperte Helmut Ridder rechtfertigte die Proteste:

> »Es ist eine bare Selbstverständlichkeit, daß diese Bewegung nicht aufhört, wenn der Bundestag, wie auch immer, über die ›Notstandsverfassung‹ entschieden hat. Sie wird in neuen, der jeweiligen Situation angepaßten Formen gegen undemokratische und undemokratisch ausgeübte Staatsgewalt Widerstand leisten. ... Hier und jetzt fordern wir die Absetzung der Lesung einer ›Notstandsverfassung‹, die die Bundeswehr zur Bürgerkriegstruppe macht, die von der ohnehin bescheidenen Souveränität der Bundesrepublik nichts mehr übrigläßt, indem sie rigoroseste Eingriffe blind an die Beschlüsse der NATO-Organe bindet (...), die Putschvorhaben à la Griechenland legalisiert, die

> mit einer ehrlichen Entspannungspolitik unverein-
> bar ist, die unvereinbar ist selbst mit den von der
> SPD aufgestellten Minimalbedingungen, die durch
> und durch vom antiparlamentarischen Gift des
> Mob-Bürokratismus zerfressen ist.«[1]

Worum also ging es genau bei den Notstandsgesetzen, daß sie einen so geballten Widerstand nicht nur auf seiten der Studenten, sondern auch von Gewerkschaften und Kirchen hervorriefen? Im Prinzip handelte es sich um die Suspendierung der Demokratie im Falle eines nicht näher präzisierten »Ernstfalles«, den Regierung und/oder NATO als »Notstand« deklarieren konnten. Mittels der Notstandsgesetze ließen sich Grundrechte außer Kraft setzen, vor allem die Versammlungsfreiheit, das Recht auf freie Meinungsäußerung, das Postgeheimnis, die Freizügigkeit und die freie Berufswahl. Daneben erklärten die Gesetze den Streik praktisch für illegal und raubten so der Einheitsgewerkschaft ihre stärkste und geradezu existentielle Waffe. Außerdem hoben sie faktisch die Garantie der Offenheit des Rechtsweges auf sowie die parlamentarische Kontrolle über die Regierung beziehungsweise die gesamte Exekutive. Praktisch wurde es durch die Notstandsgesetze möglich, die Bürger am Verlassen ihres Wohnorts zu hindern, die Bundeswehr als Ordnungsmacht im Inneren einzusetzen, die Einwohner für von der Regierung festgelegte Aufgaben zu verpflich-

---

[1] Helmut Ridder. In: Blätter für deutsche und internationale Politik Heft 6, 1968.

ten, Jugendliche zur »Gefahrenabwehr« zwangszuverpflichten und zwangszukasernieren, die Wissenschaftsfreiheit aufzuheben und so weiter und so fort.

Diejenigen Studenten, die nicht zur Großkundgebung nach Bonn hatten fahren können, organisierten Vorlesungsboykotts und Streiks an ihren Hochschulen. Am Tag der zweiten Lesung, dem 15. Mai, verfolgten die Studierenden in permanenten Vollversammlungen an 25 bestreikten Universitäten die Ereignisse in Bonn – innerhalb und außerhalb des Bundestages. In Teach-ins wurde in unregelmäßigen Abständen von den Ereignissen und dem aktuellen Stand der Dinge in Paris berichtet. Zudem fanden dort Analysen der Bundestagsreden verschiedener Parlamentarier statt sowie eine Besprechung des weiteren Vorgehens. In Frankfurt/Main wurde die Goethe-Universität sogar durch Barrikaden und studentische Streikposten für zwei Tage blockiert und abgeriegelt. In Westberlin vernagelten Studenten die Eingänge der Hochschule für Bildende Kunst mit Brettern; in Heidelberg rief die Universitätsrektorin selbst zu einem Teach-in auf; in Köln erhielten die streikenden Studenten sogar eine Grußadresse der FDP – die sich während der Großen Koalition ja in der Opposition befand; in Marburg nahm der Oberbürgermeister an einer Protestveranstaltung teil; in Göttingen legten die Studenten mit einer Sitzblockade den gesamten Verkehr der Innenstadt lahm – um nur einige der vielen Veranstaltungen und Happenings zu nennen.

Bereits in der unmittelbaren Vorbereitung des Sternmarsches und der Streiks war es zur Mobilisierung der

Studenten und zu zahlreichen, von Hochschule zu Hochschule variierenden Aktionen gekommen. Eine der phantasievollsten führte der SDS Hamburg am 7. Mai in Form eines »Notstands-Happenings« durch. Es zielte vor allem gegen den Passus der Notstandsgesetze, der einen Einsatz der Bundeswehr als Ordnungsmacht im Inneren legalisierte: Während der Mittagspause stürmten rund 40 Studenten in (Phantasie-)Uniformen des sogenannten »UCS« (eines nicht existierenden »Universitäts-Schutz-Corps«) mit Gummiknüppeln aus Pappmaché die prallgefüllte Mensa. Unter der ständig wiederholten Parole »Dies ist eine Notstandsübung« befahlen sie den Studenten, ihr Essen stehenzulassen und sich sofort zum nahegelegenen Auditorium Maximum zu begeben. Dort sollten sie sich vor dem Eingang in Reih und Glied aufstellen. Die zahlreichen Kommilitonen, die sich weigerten, wurden sofort festgenommen. Zeitgleich erschienen »Angehörige des USC« in den Zimmern einiger Professoren; die sich ohne Gegenwehr für eine »Antibakteriologische Universitäts-Schutztruppe« zwangsverpflichten ließen. Außerdem kamen sie der Aufforderung nach, ihre Privatwagen für die Evakuierung des universitären Dienstpersonals zur Verfügung zu stellen. Den mittlerweile informierten und herbeigeeilten Journalisten erklärte man, die Übung erprobe, wie im Ernstfall ein Streik der vom SDS angeführten Studenten im Rücken der kämpfenden Bundeswehr zu verhindern sei.

Am 8. Mai hatten 50 Hochschullehrer im Bundeshaus öffentlich ein Hearing veranstaltet. Zum Abschluß erklärten sie: »Als Bürger, die einen Eid auf das Grundgesetz der Bundesrepublik Deutschland geleistet haben, fühlen wir uns verpflichtet, zum Widerstand gegen die beabsichtigte Verfassungsänderung aufzurufen.«

Am gleichen Tag demonstrierten auch 500 Pfarrer, die, wie einer ihrer Sprecher erklärte, »für 2743 Pfarrer und Laien« stünden, in Bonn. Auf der Abschlußkundgebung erklärte der Dortmunder Pastor W. Brehm: »Die Zeit des Argumentierens ist vorbei; die Woche des Demonstrierens hat begonnen.«

Auch die Gewerkschaften hatten überall ihre Mitglieder mobilisiert. Sie als größte gesellschaftspolitische Organisationen außerhalb der staatlichen Institutionen trafen die Notstandsgesetze – nicht zuletzt durch die Außerkraftsetzung des Streikrechts – am härtesten. Auf ihren Bundeskongressen hatten sie immer wieder ihren erbitterten Widerstand gegen die in ihren Augen demokratiefeindlichen Bestrebungen angekündigt. Vor allem in ihrer Entschließung von 1966 hatten die Gewerkschaften betont, daß die Notstandsmaßnahmen nicht mit dem Grundgesetz zu vereinbaren seien. Dabei lägen die geheimen Verordnungen teilweise bereits bei den Länder- und Gemeindebehörden unter Verschluß und warteten nur noch darauf, auf Anordnung der Bundesregierung hin schlagartig in Kraft zu treten. Gerade diese Praxis beweise, wie schädlich es sei, wenn die Exekutive über Gesetzesvollmachten verfüge, die es ihr ermöglichten, unter Umgehung der Legislative die Rechte des einzelnen oder ganzer Gruppen zu beschneiden. Die Erklärung endete mit diesem Appell: »Der 7. Bundeskongreß des DGB bekräftigt die Entschlossenheit der Gewerkschaften, die

Grundrechte und die Prinzipien des Grundgesetzes gegen jeden Angriff zu verteidigen. Er erinnert die Abgeordneten des Bundestages an ihre demokratische Verantwortung und fordert sie auf, im Bunde mit den Gewerkschaften, den Vertretern der Wissenschaft und anderen demokratischen Kräften allen weiteren Versuchen entgegenzutreten, Grundrechte im Wege der Notstands- und Notdienstgesetzgebung einzuschränken.«

Zur zweiten Lesung der Notstandsgesetze im Bundestag hatte der DGB-Bundesvorstand zu einer Großveranstaltung in Dortmund eingeladen, an der 15 000 Gewerkschaftler teilnahmen. In der abschließenden Rede hieß es: »Wir werden nicht ablassen, gegen eine Sache zu kämpfen, die wir für falsch und für gefährlich halten! Die Notstandsgesetzgebung darf nicht verabschiedet werden!«

Die Gewerkschaften hatten schon frühzeitig (schon seit den ersten Plänen im Jahre 1958) auf die Gefährlichkeit und auf beängstigende historische Parallelen hingewiesen: Auch in der Weimarer Republik habe nämlich eine ähnliche Notstandsregelung dazu beigetragen, daß das demokratische Verfassungssystems unmerklich unterwandert und in ein zunächst nur autoritäres, bald aber offen faschistisches Staatssystem verwandelt werden konnte.

Im Namen der hessischen Landesregierung hatte der damalige Ministerpräsident Georg Zinn sich sofort gegen dieses Gesetzesvorhaben gewandt und einen Gesichtspunkt besonders ins Auge gefaßt: Er führte aus, daß die Notstandsgesetze der Exekutive die Möglichkeit einräumten, etwa Konzentrationslager einzurichten, um sich politische Gegner vom Halse zu schaffen. Die Freiheitsgarantie der Verfassung wäre für die Opfer trotz der bitteren Erfahrungen der Vergangenheit außer Kraft gesetzt. Zwar könne man nach wie vor eine richterliche Überprüfung von Freiheitsentziehungen einklagen, doch ließe sich diese von Behördenseite so lange hinauszögern, daß sie quasi gegenstandslos würde.

Die Gewerkschaften und später die Studentenbewegung richteten ihre Kritik aber nicht nur gegen einzelne Regelungen der geplanten Notstandsverfassung. Sie lehnten das Gesetzesvorhaben vielmehr ganz prinzipiell ab. Das Vorstandsmitglied der IG-Metall, Georg Benz, definierte den Protest folgendermaßen:

»Unser Nein zu den Notstandsgesetzen kann nicht isoliert gesehen werden. Für uns ist dieses Nein, unser Widerstand, dieser seit 1958 andauernde Kampf gegen die geplanten Notstandsgesetze von grundsätzlicher Bedeutung für den Bestand der Demokratie. Die Gefahr, die uns droht, ist der totale Staat im Gewande der Legalität – die Diktatur hinter der Fassade formaler Demokratie. Mit großem Erfolg hat man die Mehrheit der Bevölkerung von dieser großen Gefahr im Inneren ablenken können. ...

1. Immer mehr konzentriert sich die wirtschaftliche Macht in den Händen einer immer kleiner werdenden Gruppe. ...

2. Der militärische Einfluß auf das wirtschaftliche und politische Leben bestimmt immer mehr die Haushalts- und Wirtschaftspolitik der Bundesrepublik. ...

3. Ein System der politischen Überwachung und der politischen Justiz, immer lückenloser weiterentwickelt, droht alle eigenwilligen staatsbürgerlichen Regungen zu ersticken. ...

4. Die immer tiefer dringende Irreführung und Täuschung der öffentlichen Meinung, wie sie von der modernen Bewußtseinsindustrie, mit dem Springer-Konzern an der Spitze, praktiziert wird, droht die Demokratie zu ersticken.«[2]

Die Kritik bezog sich vor allem auf den Charakter der Notstandsgesetze: Ihren Gegnern war nur allzu deutlich bewußt, daß damit ein legales Instrument geschaffen werden sollte, um die Opposition im angeblichen »Notfall« gewaltsam unterdrücken zu können. Der Kern des Notfalls betraf immer die Macht- und Besitzverhältnisse, die ab 1945 beziehungsweise 1949 nach und nach wieder so hergestellt worden waren, wie die besitzende Klasse es gewollt hatte. Die nach 1945 in allen Parteien lautgewordenen Sozialisierungsforderungen schienen samt und sonders begraben. Die CDU wollte sich nicht mehr daran erinnern, daß sie selbst nach dem Zusam-

---

[2] Georg Benz. In: Gewerkschaftsspiegel Nr. 31, 1966. Ders. In: Kongreß Notstand der Demokratie. In: Wissen und Tat Nr. 1/2, 1967.

menbruch des Faschismus zusammen mit der Mehrheit der Deutschen gefordert hatte, das kapitalistische Wirtschaftssystem zu beseitigen, weil es die entscheidende Ursache für den Nationalsozialismus und den Zweiten Weltkrieg gewesen war. Die CSU wollte ebenso nichts mehr davon hören, daß sie 1946 verlangt hatte, ein wirtschaftlicher Großbetrieb dürfe sich niemals zu einem selbstsüchtigen und kapitalistischen Profitunternehmen auswachsen.

Fest stand nur, daß sich die Bundesrepublik in eine andere Richtung entwickelt hatte und daß die sogenannten Volksparteien entscheidend daran mitgewirkt hatten. Nun hieß dies aber nicht, daß diese Entwicklung sich notwendigerweise so fortsetzen mußte. Eine Richtungsänderung – eventuell sogar hin zum ursprünglichen Ziel – schien durchaus noch möglich. Und genau dieser Gefahr waren sich das Establishment und die Wahrer des Status quo durchaus bewußt. Nicht einmal das Grundgesetz würde sie dann vor großen Veränderungen bewahren. Denn dieses hatte ausdrücklich die weitere Entwicklung in die Zukunft offengelassen und sie dem freien Spiel der Kräfte anheimgestellt. Es hatte allerdings strikt unterbunden, daß die Macht des Stärkeren die Oberhand gewinnen konnte. In Artikel 20 hatten die Väter des Grundgesetzes einen klaren Rahmen gesetzt: »Die Bundesrepublik Deutschland ist ein demokratischer und sozialer Bundesstaat.« Das »ist« muß dabei durchaus als Handlungsaufforderung gesehen werden: Die Bundesrepublik ist nämlich nicht per definitionem ein demokratischer und sozialer Bundesstaat, sondern hat sich auch in jeder Phase ihrer Existenz darum zu bemühen, es zu sein. Das Sozialstaatsprinzip ist eine grundlegende Handlungsmaxime. Daher ist es zusammen mit dem Demokratie- und dem Bundesstaatsprinzip, der Unantastbarkeit der menschlichen Würde, den Menschenrechten, dem Friedens- und Gerechtigkeitsgebot mit einer sogenannten Ewigkeitsklausel ausgestattet. Es steht also nicht im Belieben der Gesellschaftsmitglieder und vor allem nicht im Belieben von Regierung und Parlament, das Sozialstaatsprinzip zu beachten oder auch nicht. Es zählt mit einigen wenigen anderen zu den ranghöchsten Verfassungsnormen. Das heißt auch, daß selbst die Dritte Gewalt, die Justiz, bei der Rechtsprechung jegliche mit dem Sozialstaatsprinzip in Konflikt stehende oder geratene Rechts- und Verfassungsnorm (wie zum Beispiel die Eigentumsgarantie in Artikel 14 Grundgesetz) diesem unterzuordnen hat.

Dieser Zusammenhang war den Herren in Wirtschaft und Regierung während der Adenauer-Ära sehr wohl bewußt. Das zeigten allein die ständigen Bemühungen, jedes Unterlaufen dieses Prinzips sofort mit einem Mäntelchen von Barmherzigkeit und christlicher Nächstenliebe zuzudecken. In den 50er und 60er Jahren sprach man nicht mehr vom »kapitalistischen Wirtschaftssystem«, wie man es in den eigenen Parteiprogrammen noch bis 1947/49 getan hatte, sondern von der »Marktwirtschaft«, und weil auch diese nicht recht konform ging mit dem Sozialstaatsprinzip, nannte man sie »soziale Marktwirtschaft«. Man tat dadurch so, als erweise man den Bundesbürgern einen Gefallen, obwohl ihnen eigentlich von der Verfassung her ein Mehr an Sozialstaat zustand.

Vor allem wollte man breite Bevölkerungsschichten im unklaren lassen darüber, daß das Grundgesetz das Sozialstaats- und das Demokratieprinzip unabänderlich festschrieb und unlöslich miteinander verband. Dafür rückte man einen geringerwertigen Verfassungsgrundsatz in den Blickpunkt und sprach permanent vom »Rechtsstaat«. Manche Altfaschisten, wie der langjährige Bundestagspräsident Eugen Gerstenmaier (der noch in den 60er Jahren glaubhaft machen wollte, er hätte zum Widerstand gehört, obwohl er schon 1923 der SA beigetreten und bis 1945 für das Nazi-Regime aktiv gewesen war) verkündeten öffentlich, daß die Demokratie dem Rechtsstaat unterzuordnen und im Zweifelsfall ihm sogar geopfert werden müsse. Die klügeren und geschickteren Propagandisten der Restauration des kapitalistischen Wirtschaftssystems sprachen denn auch lieber vom »sozialen Rechtsstaat« oder vom »demokratischen Rechtsstaat«. Mit diesem kleinen sprachlichen Trick erklärte man das Niedere zum Höheren, indem man die Nebensache zum Substantiv machte und die eigentlich Hauptsache zum Attribut herabstufte. Diese Ideologie wurde fortan im Volk verbreitet, vor allem mit Hilfe der Medien.

Der Sozialstaatsbegriff verkam schon in den 50er Jahren, verstärkt noch während der Diskussion über die »Formierte Gesellschaft« in den 60er Jahren, zu einem beliebigen Kampf- und Verteidigungsschlagwort des politischen Alltags. Jede politische Maßnahme schien sich sozialstaatlich rechtfertigen zu lassen. Dadurch galt der

Begriff in der Bevölkerung schon bald als abgenutzte und entwertete Vokabel. Der inflationären Verwendung des Attributes »sozial« in der Tagespolitik entsprach die Vielfalt der Interpretationsansätze in der Rechts- und Politikwissenschaft. Jeder benutzte den Begriff für seine eigenen Zwecke. Dadurch diente die »blankettartige Unschärfe« des Sozialstaatspostulats letztendlich vor allem den Interessen der Herrschenden, die mit ihrer Staatsrechtslehre auch dafür gesorgt hatten, daß der Begriff so schwammig und unkonkret blieb. Auf der gesetzlichen Ebene ging die soziale Absicherung der Mehrheit der Bevölkerung nicht über das Existenzminimum (im Sinne des Bundessozialhilfegesetzes) hinaus.

Zwar deckte der Rechtsstaatsbegriff eine breite Palette juristischer Prinzipien ab, doch war damit weniger etwas über die definitorische Präzision dieses Begriffs im Grundgesetz, sondern mehr über die Klasseninteressen in der herrschenden Rechtsideologie gesagt.

Auch das Bundesverfassungsgericht arbeitete fleißig an dieser Ideologie mit. Es hatte seiner Rechtsprechung ein interessen- beziehungsweise verbandspluralistisches Gesellschaftsmodell zugrunde gelegt. Seine Staatsvorstellung ging dahin, daß der Staat das Gemeinwohl oder Gesamtwohl aller Bürger behüte, das die Interessen aller Schichten und Gruppen der Gesellschaft angemessen realisiere. Das hieß nicht, daß das Gericht den Ausgleich der sozialen Gegensätze schon für erreicht hielt. Doch setzten die Verfassungshüter bei ihrem pluralistischen Gesellschaftsmodell voraus, daß die miteinander ringenden Kräfte ungefähr gleich stark und zudem kompromißbereit seien. Würde diese Prämisse nicht gelten, könnten sich ja übermächtige Gruppen ohne Schmälerung der eigenen Macht durchsetzen. Das Gericht ging daher stillschweigend davon aus, daß der Staat als Repräsentant des Allgemeinwohls die Interessen aller Mitglieder der Gesellschaft vertrete und von keiner Gruppe beherrscht werde. Es nahm die politisch-sozialen Realitäten zwar teilweise zur Kenntnis, indem es zum Beispiel zutreffend von der Existenz sozialer Gegensätze ausging. Es fehlte aber jeder Versuch, die sozialen Differenzen näher zu beschreiben und sie auf ihre Ursachen hin zu befragen. Dies wäre dem Gericht nur möglich gewesen, wenn es eine fundierte Gesellschaftsanalyse vorgenommen hätte, um die tatsächlichen ökonomischen, politischen und sozialen Strukturen der Bundesrepublik aufzuzeigen. Ohne diese blieben die Vorstellungen über Staat und Gesellschaft weithin Fiktion. Entsprechend gelangte das Ziel der sozialen Gerechtigkeit, der ausgeglichenen Verteilung der Lasten und dem annähernd identischen Wohl aller Bürger, nicht über das Stadium eines Wunsches hinaus. In einer kapitalistisch verfaßten Gesellschaft wie der Bundesrepublik Deutschland blieb die ökonomische und soziale Gleichheit weitgehend unerreichbar.

Selten genug stellte das Verfassungsgericht die Beziehung zwischen Sozialstaatsprinzip und dem Demokratieprinzip her. Und wenn dies doch einmal geschah, so sprach es in seinen Urteilen – wenngleich in hehren Worten – lediglich davon, daß die Verfassung dem Gesetzgeber aufgab, soziale Gegensätze abzubauen und an einer gleichmäßigen Verteilung des Wohls und der Lasten auf die Bevölkerung mitzuwirken. Die realen Schranken der herrschenden sozialen Ungerechtigkeit (daß sie existierten, hatte das Bundesverfassungsgericht durch seinen Auftrag an den Staat zugegeben, »soziale Gerechtigkeit herzustellen«) kamen aber weder beim höchsten Gericht noch sonstwo in Parlament, Exekutive, Parteien oder veröffentlichter Meinung zur Diskussion. Niemand außer einigen Wissenschaftlern und den Gewerkschaften versuchte, die Ursachen dieser mangelnden sozialen Gerechtigkeit näher zu beleuchten und sie systematisch aus der bestehenden Realität zu begründen.

Erst die 68er begannen, die Sozialstaatlichkeit der Bundesrepublik vor dem Hintergrund der realen Verteilung ökonomischer und politischer Macht und gesellschaftlicher Privilegien zu sehen. Sie erst kritisierten die dauernden Eingriffe des Staates in die sozialen und wirtschaftlichen Prozesse zugunsten der Habenden und auf Kosten der Armen. Auf diese Anklagen hin brach ein Sturm der Entrüstung los. Einige Gruppen der Studentenbewegung begannen fatalerweise, diese Zusammenhänge in ein zum Teil pseudowissenschaftliches, marxistisches Vokabular zu kleiden, was der Analyse wenig nützte und das Verständnis der breiten Öffentlichkeit schlagartig reduzierte: Nun war der Ausgrenzung der Studenten als »Revolutionäre« und »Umstürzler« in der öffentlichen Meinung keine Schranken mehr gesetzt.

Im Bewußtsein der meisten Deutschen blieben die tieferen Ursachen der sozialen Ungerechtigkeit ausgeblendet. Das lag unter anderem an ihrem Staatsverständnis, demzufolge der Staat als neutraler Sachwalter des Gemeinwohls handelte und keine Partikulärinteressen vertrat. Die Regulierung der Wirtschaft und die Verteilung des gesamtgesellschaftlichen Reichtums sollte sich dagegen in erster Linie im freien Spiel der Kräfte entwickeln. Der Staat hatte dabei nur die Aufgabe, ergänzend einzugreifen. Die Sozialstaatlichkeit wurde lediglich als moderne Ergänzung des traditionellen bürgerlichen Rechtsstaats begriffen, als verrechtlichte Form der Sozialpolitik. Dies führte dazu, daß das Sozialstaatsprinzip in der Realität auf das Sozialversicherungsrecht (Kranken-, Unfall-, Renten- und Arbeitslosenversicherung) und das Sozialfürsorge- und Versorgungsrecht beschränkt wurde.

Nun war es ja nicht so – wie die Massenmedien der Bevölkerung permanent glaubhaft zu machen versuchten –, daß das Grundgesetz Sozialisierungstendenzen ausschloß, sofern sie in der Gesellschaft bestanden. Anders als die Parteien – allen voran die christlich-demokratische und christlich-soziale – unermüdlich propagierten, war in Artikel 15 auch eine mögliche Enteignung von Produktionsmitteln vorgesehen, wenngleich das Grundgesetz den produktiv tätigen Unternehmen ihr Eigentum an und für sich garantierte. Artikel 15 sah diese Maßnahme nicht nur theoretisch vor, sondern regelte zugleich, wie eine Enteignung mit der entsprechenden Entschädigung rechtlich korrekt vonstatten zu gehen habe. Insofern behaupteten also die Unternehmerverbände und die Springer-Presse zu Unrecht, jede Forderung nach Enteignung oder Sozialisierung von Eigentum an Produktionsanlagen stelle einen Angriff auf die Verfassung dar. Wie Unternehmer – ihre Verbände, Parteien und Medien – es auch drehten und wendeten, das ganze Gerede von Kommunismus, Umsturz und Verfassungsbruch entpuppte sich als eine schlecht getarnte Ideologie, als Abwehrstrategie zur Verhinderung einer anderen, eventuell gerechteren Verteilung des Volkseinkommens.

Am meisten störte die Besitzenden natürlich die Tatsache, daß das Grundgesetz nach wie vor keine Garantie der kapitalistischen Marktwirtschaft enthielt und daß es auch keine Möglichkeit gab, diese in das Grundgesetz hineinzuschmuggeln; man hätte es also ganz abschaffen müssen. Außerdem war es den Besitzenden ein Dorn im Auge, daß laut Grundgesetz diese Enteignungen oder Umverteilungen vom Parlament beschlossen werden konnten. Sie hatten deshalb in den anderthalb Jahrzehnten nach Verkündung der Verfassung und Aufnahme der parlamentarischen Arbeit alles daran gesetzt, Mehrheiten zu verhindern, die einen derartigen Angriff auf ihren Besitzstand hätten planen können. Daher vermittelten sie dem kleinen Mann von der Straße den Eindruck, entsprechende politische Forderungen zielten auf die Konfiskation seines Sparschweins, seiner sauer verdienten Eigentumswohnung oder seines angekauften Schrebergartens ab, die dann – wie »drüben« in der DDR – in Volks- oder Staatseigentum überführt würden.

Das Sozialstaatsprinzip und die zu seiner Realisierung im Grundgesetz vorgesehenen Verfahren ebenso wie die Möglichkeiten der Machtverschiebung geisterten in den 60er Jahren als Schreckgespenst durch die Bundesrepublik. Aus Angst wurde jegliche Diskussion über dieses Thema nicht nur vermieden, sondern oft genug sogar ganz offen unterdrückt. Selbst in den Universitäten, selbst in den wissenschaftlich einschlägigen Fächern – wie Volkswirtschaft oder Politologie – vermied man krampfhaft, überhaupt auf dieses Thema einzugehen. In der Ökonomie beispielsweise wurden Fragen etwa nach der Entstehung gesellschaftlichen Reichtums oder nach den Mechanismen seiner Verteilung nicht einmal mehr in das Blickfeld wissenschaftlicher Arbeiten gerückt. Die Wissenschaftler und Professoren hatten sich schlicht von dieser Materie verabschiedet und widmeten sich statt dessen mit wachsendem Eifer abstrakten Modellen: Diese boten nämlich den Vorteil, so viele Lichtjahre von der konkreten wirtschaftlichen und wirtschaftspolitischen Realität entfernt zu sein, daß für sie selbst keine Gefahr bestand, als Sachkundige etwas zur Aufhellung der konkret vor ihren Augen ablaufenden Probleme beitragen zu müssen. Mitte der 60er Jahre konnten die Studenten am eigenen Leibe erfahren, wie die Wirtschaftswissenschaften zur Rechtfertigungsideologie der herrschenden Zustände verkommen waren.

In den Rechtswissenschaften sahen die Zustände nicht anders aus. Auch hier war man ständig bemüht, das Bestehende juristisch abzusichern. Damit andere Auffassungen gar nicht erst wirksam werden konnten, ließ man erst gar keine Diskussion aufkommen. Entsprechend diktatorisch handhaben die Ordinarien die Berufungspraxis, um ja keinen Kandidaten mit ketzerischer Meinung in den Lehrkörper eindringen zu lassen.

Daß von der allgemeinen Lehre abweichende Auffassungen zu Sozialstaat, Demokratie und Rechtsstaat existieren könnten, war in der Bundesrepublik der 60er Jahre weitgehend in Vergessenheit geraten. Erst die Studentenbewegung grub die bis dahin hoffnungslos isolierten Staatsrechtler mit anderer Meinung an einigen Universitäten aus, wo sie mehr durch Versehen – und meist auf Drängen der Gewerkschaften – in irgendeiner Nische gelandet waren. Erst durch die 68er kam die Diskussion wieder in Gang. Wie eine andere als die vorherrschende Interpretation der sozialen Demokratie im Rahmen des Grundgesetzes aussehen konnte, zeigte beispielsweise der Staatsrechtler Wolfgang Abendroth, den die SPD wegen seiner Kritik am Godesberger Programm aus der Partei ausgeschlossen hatte. Abendroth zeichnete die Entstehungsgeschichte des Sozialprinzips korrekt nach und kam darüber zur Theorie der »Sozialen Demokratie«. Er stellte heraus, daß das Demokratieprinzip nicht zufällig mit dem Sozialstaatsprinzip in Artikel 20 Absatz 1 Grundgesetz stehe. Er hob ferner hervor, daß die die Verfassung bestimmenden Kräfte sich hier nicht völlig einig gewesen seien und deshalb die Struktur der Gesellschafts- und Wirtschaftsordnung offen geblieben sei. Darüber hinaus habe es einen Minimalkonsens über den Inhalt des Sozialstaatsgebots gegeben, dieser sei auch juristisch faßbar in einer Weise, daß die gesamte Staatstätigkeit programmatisch daran gebunden sei: Sozialstaatliche Eingriffe zur Umgestaltung der Wirtschafts- und Sozialordnung seien dann notwendig, wenn das menschenwürdige Dasein einer Gruppe der Gesellschaft bedroht werde. Außerdem dürfe die Abhängigkeit von der staatlichen Macht nicht allein als eine Frage der individuellen Freiheit gesehen werden. Sie sei vielmehr eine Frage der demokratischen Teilhabe und der sozial freien Selbstbestimmung in der Gesellschaft. Über dieses rechtlich verpflichtende Minimum hinaus sei das Sozialstaatsgebot ein Appell an den Gesetzgeber. Wie im übrigen die Gesellschaft sozial gestaltet werde, obliege der Entscheidung des Gesetzgebers, das heißt der Volksvertretung des Bundestags. Abendroth resümierte, daß der liberale Rechtsstaat auf der Grundvorstellung beruht habe, daß die Gestaltung der Wirtschafts- und Gesellschaftsordnung prinzipiell staatsfrei erfolgen müsse. Diese Ordnung sei in ihren Grundzügen als gegeben vorausgesetzt worden. Die liberale Illusion, daß sich im liberal-kapitalistischen freien Spiel der Kräfte Gerechtigkeit von selbst einstelle, sei zerstört. Die Einfügung des Sozialstaatspostulats habe den Glauben an die immanente Gerechtigkeit der kapitalistischen Gesellschaftsordnung aufgehoben. Der Sozialstaatsgedanke unterwerfe die Gesellschaft der Gestaltung durch den Staat und der in der Gesetzgebungsordnung repräsentierten demokratischen Selbstbestimmung des Volkes.

Die Prinzipien des Sozialstaats, der Demokratie und des Rechtsstaats in Verbindung mit dem Gleichheitssatz (Artikel 3 Grundgesetz) erforderten nicht nur eine »formale politische Rechtsstellung des Staatsbürgers«. Die Demokratie beziehe sich vielmehr auf seine gesamten Lebensverhältnisse und umschließe die soziale Ordnung, die Regelung der materiellen und kulturellen Bedürfnisse des Menschen. Damit dehnte Abendroth das Demokratieprinzip auf die gesamte Gesellschaft aus. Soziale Demokratie bedeutete demnach Demokratisierung der Betriebe, Unternehmen, Verbände, Schulen, Hochschulen usw. Dieser Umgestaltungsprozeß solle sich in freier Selbstbestimmung des parlamentarischen Gesetzgebers vollziehen.

Die Ablehnung der bestehenden Verhältnisse mit ihren ungleichen Besitzverhältnissen, ihrer sozialen Ungerechtigkeit, ihren auf Intoleranz aufgebauten Entscheidungsstrukturen und der Wille, diese zu verändern und zu überwinden, beseelte die Studentenbewegung der 60er Jahre. Nicht selten verwandelten sich diese Bestrebungen jedoch in Wut, wenn die herrschende Klasse selbstzufrieden und selbstsüchtig durchblicken ließ, daß die Armut der unteren Schichten sie anekelte. Und sie steigerten sich zum Haß, wenn dieses Establishment über seine Gazetten wie Bild heuchlerisch so tat, als würde ihm das Schicksal des kleinen Mannes am Herzen liegen. Die 68er wußten ja nicht selten durch ihre Eltern, die meist zu diesem bildungsbürgerlichen Establishment gehörten, wie man über die »Proleten« dachte, mit denen man keinen Umgang pflegte.

In den zwei Wochen zwischen der zweiten und der dritten Lesung, das heißt in den Tagen zwischen dem 15. und dem 29. Mai 1968, steuerten die Aktivitäten gegen die Notstandsgesetze ihrem Höhepunkt zu. Die APO, die Außerparlamentarische Opposition, war auf den verschiedensten Gebieten aktiv. Wissenschaftler verfaßten Aufrufe und beteiligten sich an öffentlichen Hearings. Die Gewerkschaftler mobilisierten ihre Kollegen, und in zahlreichen Betrieben von München bis Kiel kam es zu Warnstreiks. Bildende Künstler und Schriftsteller waren in der Öffentlichkeit aktiv. In vielen Theatern – beispielsweise in Bremen – unterbrachen die Schauspieler die Aufführungen, um mit dem häufig verdutzten Publikum über die Notstandsgesetze zu diskutieren. In der Frankfurter Oper verlas der Intendant Harry Buckwitz sogar persönlich eine Resolution von Ensemblemitgliedern, Technikern und Angestellten. Schülergruppen waren überall tätig. In Frankfurt stellten zum Beispiel drei Gymnasien den Unterricht für drei Tage ein. In Freiburg wurden innerhalb weniger Tage 10 000 Unterschriften gegen die Notstandsgesetze gesammelt. Bei Konstanz zogen Schüler gemeinsam mit Studenten in einem symbolischen Auswanderungsmarsch über die deutsch-schweizerische Grenze.

Was die Studenten anbetraf, so bestreikten sie fast alle Universitäten und Hochschulen, boykottierten die Vorlesungen und Seminare und nahmen den Betrieb in die eigenen Hände. Teilweise wurde die ganze Universität besetzt, etwa in Berlin und Frankfurt, teilweise einzelne Institute, wie in Göttingen und Bochum. Die Gießener Studenten benannten ihre Hochschule nach dem revolutionären Dichter in »Georg-Büchner-Universität« um, die Kölner ihre in »Rosa-Luxemburg-Universität«. Die Berliner Germanisten hatten ihr Institut ebenfalls nach der in Berlin ermordeten Revolutionärin neu getauft. In Frankfurt/Main hatten sie Johann Wolfgang von Goethe als Namensgeber durch Karl Marx ersetzt. In Marburg traten 89 Studenten für 48 Stunden in den Hungerstreik. Überall führten die Studenten in den Universitätsstädten

»Straßenagitationen« durch. Flugblätter wurden häufig mit der Hilfe von Lehrlingen zu den verschiedenen Schichten an die Werktore großer Konzerne gebracht. Aber auch in mittelständischen Unternehmen und kleineren Betrieben verteilte man sie. In einer groß angelegten Aktion forderten die Studentenverbände alle Offiziere und Soldaten der Reserve dazu auf, ihr Soldbuch zurückzuschicken. An vielen Bundeswehrstützpunkten wurden Flugblattaktionen durchgeführt. In München, Freiburg, Berlin, Frankfurt/Main und Bonn kamen über 500 Reservisten der Aufforderung nach, ihren Dienst zu quittieren – was die zuständigen Führungsstellen noch jahrelang quälen sollte.

Buchstäblich bis zur letzten Minute versuchten Studentendelegationen und vor allem auch Gewerkschaftsmitglieder den DGB zu einem generellen Proteststreik zur Verhinderung der Notstandsverfassung zu bewegen. Denn einen Generalstreik, wie ihn die Kollegen in Frankreich zur gleichen Zeit praktizierten, hatte der DGB schon nach der zweiten Lesung am 19. Mai abgelehnt. Die Begründung dazu wurde in einem offenen Brief an den DGB-Vorstand von vielen Gewerkschaftlern abgelehnt: »Es ist eine infame Verleumdung, daß Streikaktionen oder etwa ein befristeter Generalstreik den demokratischen Staat in Frage stelle. Genau das Gegenteil ist wahr: So wie der Generalstreik gegen den Kapp-Putsch einstmals die Weimarer Demokratie gerettet hat, so werden die heutigen Streiks zur Rettung der Demokratie und des Grundgesetzes geführt. Wenn die Arbeiter schon so spontan reagieren, was würde erst sein, wenn der Deutsche Gewerkschaftsbund aus Anlaß der dritten Lesung zu einem befristeten Proteststreik aufrufen würde? Zweifellos wäre einem solchen Aufruf ein voller Erfolg beschieden.«

Aber auch ein Proteststreik wurde nicht in Erwägung gezogen. Die letzten Hoffnungen lagen bei der IG-Metall, der größten und damals kampfstärksten Einzelgewerkschaft, die bis zur dritten Lesung bei ihrer strikten Ablehnung geblieben war. Doch auch sie ließ schließlich den Notstandsgesetzen ihren parlamentarischen Lauf, ohne Kampfmittel einzusetzen – abgesehen von verhaltenem Protest.

Am 30. Mai 1968 verabschiedete der Deutsche Bundestag die Notstandsgesetze, die am 28. Juni in Kraft traten. Die Enttäuschung darüber, daß trotz einer nie dagewesenen Mobilisierung der Gesellschaft in allen Bereichen und auf allen Ebenen die Verabschiedung der Notstandsverfassung nicht hatte verhindert werden können, war riesengroß. Doch überwog in der Studentenschaft bis zu den kurz danach beginnenden Sommersemesterferien noch die positive, oft sogar euphorische Stimmung, die sich im Laufe der Streikaktionen aufgebaut hatte, vor allem während der tage- und nächtelangen Besetzungen der Institute und Hochschulen. Tiefe Enttäuschung machte sich erst zu Beginn des neuen Wintersemesters breit. Die Studenten wußten nun, daß ihr Protest im Mai '68 den Gipfel erreicht hatte und daß jetzt der Abstieg vor ihnen lag.

13

Der Kreis schließt sich: vom Ende der Studentenbewegung zum »Radikalenerlaß«

»Meine Freiheit muß, um sich zu erfüllen, sich in eine offene Zukunft ergießen: Aber es sind die anderen Menschen, die mir die Zukunft eröffnen, die, indem sie die Welt von morgen aufrichten, meine Zukunft bestimmen. Wenn sie mich aber ... zwingen, meine Transzendenz zu verschwenden, ... so schneiden sie mich von der Zukunft ab und verwandeln mich in ein Ding.«

Simone de Beauvoir

Das Ende der 68er-Studentenbewegung hatte bereits begonnen, als sich in vielen Universitäten gerade die ersten Erfolge bei der Überwindung der alten Ordinarienherrschaft einstellten. Der erst langsame, dann immer schnellere Zerfall der »antiautoritären« Bewegung begann mit der sukzessiven Auflösung des SDS im Spätsommer/Frühherbst 1968 (das offizielle Ende seines Bestehens wurde allerdings erst 1970 erklärt). Die Stärke dieses linkssozialistischen Verbandes war sein innerer Pluralismus und seine Parteienungebundenheit gewesen – 1961 hatte ihn die SPD ja ausgeschlossen. Doch nun hatte er sich vom Alter her überlebt: Der Kern seiner

Mitglieder war dem Studentendasein entwachsen. Die meisten von ihnen hatten die fünf, sechs Jahre Studium mittlerweile hinter sich gebracht. Den Jüngeren blieb jedoch kaum mehr die Zeit, den Verband den neuen Gegebenheiten anzupassen, denn schon Ende 1968 begannen sich einige seiner Wortführer und Flügelgruppierungen selbständig zu machen und eigene Verbände, Gruppen oder auch Vorbereitungskomitees zur Gründung von Parteien ins Leben zu rufen.

Zwar gingen an vielen Universitäten die Proteste auch 1969 weiter, doch bestimmte nun langsam eine andere Studentengeneration die Richtung und übernahm die Organisation. Doch mit dem Zerfall des SDS fehlte auch ein einigendes Zentrum, das genug Kraft und Autorität besaß, um die divergierenden Interessen, die aufgrund unterschiedlicher Zustände an den einzelnen Hochschulen herrschten, auf ein gemeinsames Ziel, auf eine gemeinsame Aktion hin orientieren zu können.

Ein Flügel des SDS wurde im September aus dem Verband ausgeschlossen und gründete schon wenige Wochen später an einzelnen Hochschulen die »Spartakus«-Gruppen. Diese fanden darauf im »Marxistischen Studentenbund Spartakus« (MSB-Spartakus) ihren Dachverband und wurden in den 70er Jahren zur zahlenmäßig stärksten Studentenorganisation an den bundesrepublikanischen Universitäten.

Im Dezember 1968 hatte sich schon die erste von drei großen maoistischen Parteien gegründet, die KPD/ML, wobei ML für Marxisten-Leninisten stand. Später brach diese Partei mit dem Maoismus chinesischer Richtung und wandte sich dem albanischen zu. Ihren größten Erfolg feierte sie beim 6. Parteitag der »Partei der Arbeit« Albaniens, als ihr Vorsitzender Ernst Aust eine Grußadresse verlesen durfte und seine Partei als Bruderpartei angenommen wurde.

Eine andere Gruppe des SDS, die sich Mitte der 60er Jahre besonders mit Vietnam beschäftigt hatte und die chinesische Politik in diesem Konflikt der sowjetischen vorgezogen hatte, begann schon im Winter 1968 eine eigene Organisation zu planen. Diese setzte sich schließlich aus Gruppierungen der verschiedensten Universitäten der Bundesrepublik zusammen. Aus ihr ging später die KPD-AO (Kommunistische Partei Deutschland – Aufbauorganisation) hervor, die sich mit Abschluß des Parteiaufbaus 1972 nur noch KPD nannte. Diese Gruppe verfügte über einen eigenen Studentenverband, den KSV, der auf seinem Höhepunkt außer in Berlin auch an den wichtigsten Universitäten vertreten war.

Die dritte und mitgliedstärkste der K-Gruppen oder maoistischen Parteien war der KBW (Kommunistischer Bund Westdeutschland). Er war nach und nach aus verschiedenen studentischen Zirkeln hervorgegangen, wobei SDS-Mitglieder der süddeutschen Universitäten, vor allem aus Heidelberg, eine zentrale Rolle spielten.

Der zahlenmäßig größte Teil der Mitglieder des sich auflösenden SDS ging zu den Jusos, den Jungsozialisten der SPD, wo er ab 1969 die dort neu eingeschlagene Richtung und Strategie wesentlich mitbestimmte. Auf studentischer Ebene trat der Sozialdemokratische Hochschulbund (SHB), der immer im Schatten seines Vorgänger gestanden hatte, zusammen mit dem MSB-Spartakus im wesentlichen die Nachfolge des SDS an.

Die meisten führenden SDS-Mitglieder der Studentenbewegung banden sich parteipolitisch überhaupt nicht, sondern zogen sich, soweit man sie ließ, auf ihre Arbeitsgebiete und Berufe zurück. Ein wesentlicher Teil von ihnen gründete im April 1969 das »Sozialistische Büro« (SB), das nach eigener Darstellung eine »parteipolitisch nicht gebundene Gruppe westdeutscher Sozialisten« war. In seiner Gründungserklärung schrieb das SB: »Unabhängige Sozialisten arbeiten heute in lokalen Gruppen, in Clubs, in Basisgruppen an den Hochschulen und Schulen und hier und dort auch in Betrieben, in Wohngebieten, in berufsbezogenen Gruppen, innerhalb der Jugendverbände, aber auch als kritische Gruppierungen innerhalb der ›offiziellen‹ Organisationen (Kirchen, Parteien, Gewerkschaften). In dieser weitverzweigten Praxis liegt die Chance einer neuen sozialistischen Bewegung. Aber: Es fehlt an Kommunikation. ... Das Sozialistische Büro will helfen, eine bessere Kommunikation und Kooperation unter der sozialistischen Linken und ihren verschiedenen Gruppierungen zu entwickeln, um damit zur größeren Effektivität und zur Organisierung sozialistischer Arbeit beizutragen.«

Das Sozialistische Büro war eine Sammelbewegung ohne bestimmte Inhalte und Ziele. Es stellte ein Auffangbecken für alle dar, die aus dem Zerfall der studentischen Protestbewegung von 1968 hervorgegangen waren und sich vom Aufbau neuer kommunistischer Parteien oder der Gründung von Kaderorganisationen fernhalten wollten. Das SB hörte bis in die 80er Jahre nie auf, etwas wehmütig auf 1968 zurückzublicken – auf die gesellschaftliche Sensibilität der Protestbewegung, ihre spontane Selbstorganisation, ihren emphatischen Begriff von Öffentlichkeit, ihre politische Phantasie, ihre Artikulation individuell-emanzipativer Interessen, ihre Flexibilität in den Strategien und ihren Scharfblick in den Gesellschaftsanalysen.

Die Gründe für das Auseinanderbrechen des SDS schon im Jahre 1968 (und der damit verbundene Verfall der 68er-Studentenbewegung) lassen sich aber nicht nur an ideologischen Differenzen festmachen. Vielmehr lag es auch daran, daß die Kernmitglieder alle unterschiedliche Konsequenzen daraus zogen, daß der Versuch einer substanziellen Veränderung des Status quo zumindest bis Mitte/Ende 1968 gescheitert war. Ein Minderheit – die sich zudem noch einmal in unzählige Fraktionen aufsplitterte – meinte, daß sich nur zusammen mit der »Arbeiterklasse« Erfolge erzielen ließen, diese aber in das System integriert sei. Sie machte sich also daran, Basisgruppen aufzubauen, um das Bindeglied zur arbeitenden Bevölkerung herzustellen. Andere waren der Ansicht, daß die bestehenden Organisationen, wie etwa Gewerkschaften, die geeignete Plattform abgäben, um durch ein Bündnis zwischen »Intelligenz« und »Arbeit« Erfolge auf dem Weg zu einer sozial gerechteren Gesellschaft zu erzielen.

Faktisch lief es am Ende darauf hinaus, daß jeder Bereich, der während der vergangenen drei, vier Jahre der berechtigten Kritik unterzogen worden war, als dringend reformbedürftig angesehen wurde, jedoch auf keinem der Gebiete unmittelbare Veränderungen möglich erschienen. Vielmehr hielten es die Studenten für nötig, über einen langwierigen Pozeß erst einmal die praktischen und theoretischen Voraussetzungen für eine Veränderung des Status quo zu schaffen.

Von solch lebensfremder Strategie nahmen häufig diejenigen sehr schnell Abstand, die in ihrem Beruf mit der rauhen Wirklichkeit konfrontiert wurden – als Lehrer, Sozialarbeiter, Richter, Ärzte, Ingenieure, Chemiker, Banker etc. Der sich ihnen dort bietende Rahmen für Veränderungen zeigte sich meist sehr viel kleiner oder sogar häufig – vor allem in den Produktionsbetrieben – extrem eng gesteckt. Was man sich auf Teach-ins und Hearings an Möglichkeiten ausgemalt und häufig zu euphorischen Phantasien ausgesponnen hatte, fand selten seine Entsprechung in der Realität. Zwar hatte man immer wieder auf den verschiedensten Feldern die Macht- und Herrschaftsverhältnisse angeklagt, doch wußten die wenigsten, wie diese Mechanismen real funktionierten. Unter diesen Umständen ließ sich natürlich noch schwieriger eine Gegenstrategie entwickeln. Viele der 68er mußten – häufig ohne daß es ihnen wirklich zu Bewußtsein kam – lernen, daß es für sie grundsätzlich drei Wege gab. Der erste bestand in der Resignation und Anpassungsbereitschaft; der zweite in einem – durchaus beschwerlichen – konsequenten Veränderungswillen; der dritte in der Rebellion. Einen sympathischen Weg der Rebellion wählte der französische Schriftsteller Jean Genet: Er bekannte ganz freimütig, daß er im Falle einer Revolution einer ihrer Anhänger sei; es aber vorziehe, wenn diese vorerst nicht stattfände: »Mein Standpunkt ist sehr egoistisch. Ich möchte, daß die Welt sich nicht verändert, damit ich mir erlauben kann, gegen diese Welt zu sein.«[1] Erschreckenderweise sahen manche Studenten nach 1968 gar keinen Weg mehr: Für sie hatte die Rebellion in eine Sackgasse geführt. Sie landeten im Lauf der 70er Jahre in psychiatrische Anstalten, Erziehungsheimen oder im Gefängnissen, sackten ab in Drogenabhängigkeit, existentielle Perspektivenlosigkeit oder begingen Selbstmord. Eine der letzten und aussichtslosesten Varianten der Rebellion entwickelte sich Ende der 60er Jahre mit dem bewaffneten Kampf: Vertreter dieser terroristischen Bewegung waren die RAF und andere Organisationen wie die »Bewegung 2. Juni«.

Doch die Studentenbewegung von 1968 zerfiel nicht einfach wirkungslos in all die verschiedenen Bestandteile, sondern sie hatte beträchtliche Ergebnisse erzielt. Ein großer Teil der 68er widmete sich neuen Projekten und Aufgabengebieten. Am Theater – wie beispielsweise an der Berliner Schaubühne – wurden neue Formen gesucht; im Film entwickelte sich der »Neue deutsche Film«, der sich bald auch im Ausland als Autorenfilm einen Namen machte; in Pressehäusern versuchten Journalisten, die »innere Pressefreiheit« durchzusetzen; in Forschung und Wissenschaft wurden neue Gebiete eröffnet und bearbeitet sowie Ansätze zu interdisziplinärem Arbeiten

---

[1] Jean Genet im Interview mit Hubert Fichte. Zit. nach: Günther Amendt: Väter und Erben. In: Der 2. Juni 1967, Dortmund 1977.

geschaffen. So wurden die Zusammenhänge und Kreis-laufprozesse zwischen Ökonomie, Agrarwissenschaft, Biologie etc. innerhalb des neuen Bereichs Ökologie untersucht. Daraus entwickelte sich – zum Teil auch personell – die spätere ökologische Bewegung und mit ihr »Die Grünen«. Die Friedens- und Konfliktforschung wurde in der Bundesrepublik systematischem Denken zugänglich gemacht; in Erziehung und in den Schulen ging man neue didaktische Wege und reformierte die Lehrpläne; von Normen abweichendes Verhalten wurde nicht mehr automatisch mit Repressionen und Strafe geahndet, sondern man entwickelte neue Resozialisierungskonzepte; auf dem Gebiet der Sexualität (und Moral) gewann sehr schnell die Kommerzialisierung der Bedürfnisse die Oberhand: Nachdem einmal die ersten Schranken gefallen waren (wie beispielsweise durch »Oben-ohne«-Happenings von Studentinnen in Gerichtssälen), ließ sich diese Goldgrube weidlich ausbeuten. Doch auf dem schwierigsten Gebiet, dem der Demokratisierung von Staat und Wirtschaft, hat sich in den Jahren nach 1968 kaum etwas getan.

Im Gegenteil: Trotz der Ankündigung der Regierung, mehr Demokratie »wagen« zu wollen, schienen sich die Verhältnisse diesbezüglich eher zu verschlechtern. Die mit Beginn der 60er Jahre eingeschlagene Marschrichtung hin zur »Formierten Gesellschaft« wurde nach 1968 nicht nur beibehalten, sondern mit neuen Parolen wie »Globalsteuerung« und »konzertierte Aktion« ausgebaut.

Ausgerechnet der Bereich der Wissenschaft, an dessen Mißständen sich die 68er-Bewegung entzündet hatte, fiel in den Folgejahren wie eine reife Frucht in die Hände des Staates beziehungsweise der regierenden Parteien. Nicht mehr die Freiheit der Wissenschaft herrschte fortan an den Hochschulen, sondern die Parteien – mittels der Professoren.

Die einzige wirkliche Revolution, die sich – abgesehen von der ökologischen Bewegung – aus den Trümmern der Studentenbewegung zu entwickeln begann, war die feministische: Sie erlebte genau zu dem Zeitpunkt ihre Geburtsstunde, als der SDS anfing, sich aufzulösen.

Im Frühjahr 1968 gründeten sieben Studentinnen in Berlin einen Arbeitskreis. Dort diskutierten sie, wie sie an der politischen Arbeit teilnehmen konnten trotz der Doppelbelastung, der sie als Mütter unterworfen waren. Das Ergebnis formulierten sie in einem Flugblatt, das sie an der FU Berlin nur an Frauen verteilten. Es hatte den folgenden Wortlaut: »Die Repressivität der Gesamtgesellschaft entlädt sich nach wie vor auf die Frau, die ihrerseits die von der übrigen Gesellschaft empfangene Aggressivität an die Kinder weitergibt. Aus Zeitmangel ist die Frau nicht in der Lage, über ihre Situation nachzudenken und daraus Konsequenzen zu ziehen. Selbst in Organisationen, die die Mitarbeit der Frau wünschen, sind die Frauen nicht nur in der Minderzahl, ihre Teilnahme ist auch weniger produktiv als die der Männer. Es gibt ein akutes Bedürfnis nach einer Organisationsform, die den Müttern zu bestimmten Zeiten die Kinder abnimmt, um arbeiten zu können. Dieses Bedürfnis läßt sich vor allem aus zwei Gründen nicht befriedigen:
a) gibt es zu wenig Kindergärten;

b) sind die Kindergärten, die es gibt, autoritär geleitet, so daß es für die Kinder schädlich wäre, sie in eine solche Anstalt zu schicken.

Daraus folgt, es müssen schnellstens Kindergärten gegründet werden.«

Wenig später wurde von dieser Gruppe, die inzwischen auf 80 Frauen angewachsen war, während der Veranstaltungen des Vietnam-Kongresses ein provisorischer Kindergarten organisiert. Die dort herrschende Atmosphäre gibt die folgende Schilderung eines Berliner Autorenkollektivs wider: »Hier wurde es den Berliner Studenten zum Erlebnis, keine kleine radikale Minderheit zu sein, im Kampf gegen Kapitalismus, Faschismus und Polizeiterror nicht allein zu sein. Diese imposante Szenerie ist die Geburtsstunde der Berliner Kinderläden. Die Frauen der Genossen konnten und durften sich diesem Ereignis nicht verweigern. Sie hatten ihre Kinder einfach mitgebracht. In der Vorhalle des Hörsaals spielte eine Gruppe von etwa 40 Kindern. Nicht wie sonst auf Demonstrationen und Teach-ins vereinzelt und verängstigt im Gedränge verloren, hatten sie aus Stoffetzen und Stöcken Fahnen gemacht und spielten Demonstration. Die Begeisterung der Erwachsenen hatte sie mitgerissen. Mitglieder des Aktionsrats und Eltern wechselten sich in der Betreuung der Kinder ab. Spontan fanden sich andere, die mithalfen.«[2]

Während der Mai-Aktionen 1968 gab sich diese Gruppe, zu der inzwischen auch Hausfrauen, Kindergärt-

---

[2] Hille Jan Bereitemeier; Rolf Manff u. a.: Kinderläden, Revolution der Erziehung oder Erziehung zur Revolution. Reinbek 1971.

nerinnen, Krankenschwestern etc. gestoßen waren, den Namen »Aktionsrat zur Befreiung der Frau«. Die Erfahrungen, die die Frauen als Studentinnen und »Genossinnen« in dieser Zeit gemacht hatten, schilderte eine von ihnen auf dem letzten SDS-Bundeskongreß im September 1968: »Da die anfänglichen Bemühungen, die wir machten, diese (frauenspezifischen) Konflikte mit dem SDS und innerhalb des SDS anzugehen, scheiterten, haben wir uns zurückgezogen und alleine gearbeitet. Als wir vor einem halben Jahr anfingen, reagierten die meisten Genossen mit Spott. Heute nehmen sie uns übel, daß wir uns zurückgezogen haben, sie versuchen uns zu beweisen, daß wir überhaupt ganz falsche Theorien haben, sie versuchen uns unterzujubeln, daß wir behaupten, Frauen brauchten zu ihrer Emanzipation keine Männer und all den Schwachsinn, den wir nie behauptet haben. Sie pochen darauf, daß auch sie unterdrückt sind, was wir ja wissen. Wir sehen nur nicht länger ein, daß wir ihre Unterdrückung, mit der sie uns unterdrücken, weiter wehrlos hinnehmen sollen. Eben weil wir der Meinung sind, daß eine Emanzipation nur gesamtgesellschaftlich möglich ist, sind wir ja hier.«[3]

Doch die Forderung der weiblichen Mitglieder, endlich die Interessen der Frauen, besonders der Mütter, aber auch der Kinder zur Kenntnis zu nehmen, verhallte ziemlich ungehört. Ebenfalls nur Schweigen folgte auf den Vorwurf, daß der SDS als demokratischer Verband den Frauen zwar Redefreiheit zugestehe, die männlichen

---

[3] Zit. nach: Frauenjahrbuch 75. Frankfurt/Main 1975.

Mitglieder jedoch zumeist pikiert reagieren würden, wenn sich eine Frau ungeschickt oder theoretisch unbeholfen ausdrückte. Auch der Aufforderung, darüber nachzudenken, warum Frauen im SDS häufig schlicht Angst hätten, überhaupt das Wort zu ergreifen, kam niemand nach. Doch die Frauen ließen sich dieses Mal nicht so einfach abspeisen: »Wir werden versuchen, unsere Positionen zu klären; wir verlangen, daß unsere Problematik hier öffentlich diskutiert wird. Wir werden uns nicht mehr damit begnügen, daß den Frauen gestattet wird, auch mal ein Wort zu sagen, daß man sie, weil man ein Antiautoritärer ist, anhört, um dann zur Tagesordnung überzugehen.«[4]

Die Studentinnen, die weiblichen Mitglieder des SDS und die übrigen Frauen kannten ihre SDS-Männer. Auch jetzt wollten sie sich nicht auf ein Parkett begeben, auf dem sie unweigerlich ausrutschen mußten. Denn bisher hatten auch im SDS – von einigen Ausnahmen abgesehen – die Männer geredet, theoretisiert, öffentlich repräsentiert und sich selbst dargestellt, die Frauen dagegen hatten Helferdienste geleistet, zugehört, Flugblätter getippt und verteilt, Kaffee gekocht, die Kinder gehütet, in der Masse mitdemonstriert. Die männlichen Delegierten waren nicht bereit, über Fragen der geschlechterparitätischen Aufteilung der wichtigsten Funktionen und Aufgaben im Verband zu diskutieren, ebensowenig über gemeinsame Veränderungen der bisherigen Arbeitsziele

---

[4] Helke Sander auf der Delegiertenkonferenz des SDS vom 12.-16.9.1968 in Frankfurt. U. a. wieder abgedruckt in Tilman Fichter; Siegward Loennendecker: Kleine Geschichte des SDS. Berlin 1977.

und -inhalte, über die gemeinsame Führung der antiautoritären Kinderläden (die den SDS-Müttern ein vertieftes Studium und eine gleiche politische Mitarbeit erst ermöglicht hätten) und vieles andere mehr.

Es kam so, wie die Frauen es erwartet hatten: Die Männer wollten direkt zur Tagesordnung übergehen und ließen höchstens ein paar dumme Sprüche ab, wie etwa: »Revolutioniert doch erst einmal die Arbeiterinnen, die sind ja noch viel schlimmer unterdrückt als ihr im SDS.« Auf diesen Fall hatten die Frauen sich vorbereitet. Sie hatten Tomaten mitgebracht und bewarfen damit nun gezielt die eigenen »Autoritäten«.

Diese spektakuläre Aktion erregte Aufsehen. Und als die SDS-Genossinnen auch weiterhin von den Männern allein gelassen wurden, nahmen sie die Geschichte in die eigenen Hände. Sehr schnell entstanden in einigen Universitätsstädten Arbeitsgruppen und Aktionskreise von Frauen für Frauen. In Frankfurt beispielsweise entstand der »Weiberrat«, der in einem Flugblatt die lange aufgestaute Wut, die Frustrationen und Aggressionen regelrecht hinausschrie:

»Wir machen das maul nicht auf?

wenn wir es doch aufmachen, kommt nichts raus!

wenn wir es auflassen, wird es uns gestopft: mit kleinbürgerlichen schwänzen, sozialistischem bumszwang, sozialistischen kindern, liebe, sozialistischer geworfenheit, schwulst, sozialistischer po-

335

tenter geilheit, sozialistischem intellektuellem pathos, sozialistischen lebenshilfen, revolutionärem gefummel, sexualrevolutionären argumenten, gesamtgesellschaftlichem orgasmus, sozialistischem emanzipationsgeseich. GELABER!

wenn's uns mal hochkommt, folgt: sozialistisches schulterklopfen väterlicher betulichkeit: dann werden wir ernst genommen, dann sind wir wundersam, erstaunlich, wir werden gelobt, dann dürfen wir an den stammtisch, dann sind wir identisch: dann tippen wir, verteilen wir flugblätter, malen wandzeitungen, lecken briefmarken: wir werden theoretisch angeturnt!

kotzen wir's aus: wir sind penisneidisch, frustriert, hysterisch, verklemmt, asexuell, lesbisch, frigid, zukurzgekommen, irrational, penisneidisch, lustfeindlich, hart, viril, spitzig, zickig, wir kompensieren, wir überkompensieren, sind penisneidisch, penisneidisch, penisneidisch, penisneidisch, penisneidisch.

frauen sind **anders!**

BEFREIT DIE SOZIALISTISCHEN EMINENZEN VON IHREN BÜRGERLICHEN SCHWÄNZEN!«

Die neue Frauenbewegung hatte begonnen. In verhältnismäßig kurzer Zeit entwickelte sie sich von dem sprichwörtlichen Sturm im Wasserglas des SDS zu einer regelrechten Sturmflut, die zumindest in der Welt der Frauen mehr veränderte, als es die ganzen zornigen 68er in der Welt der Männer je vermocht hatten.

Die 68er-Aufstände waren zu Ende gegangen, doch die Studentenbewegung lebte weiter und erreichte in den 70er Jahren zum Teil eine enorme Breite. Diese neue Bewegung hatte weitgehend andere Ziele, andere Inhalte und andere Formen der Organisation und der Auseinandersetzung. Wenn man – bei aller gebotener Vorsicht – ihren Charakter kurz definieren will, so könnte man sagen, sie nahm »gewerkschaftliche Züge« an. Zum Teil orientierte sie sich auch expressis verbis am DGB.

Die Bewegung von 1968 hatte jedoch ein Nachspiel, und zwar ein typisch deutsches. Die bundesrepublikanische Obrigkeit zeigte sich ihrer Nationalität würdig, indem sie gründlich vorging. Es reichte ihr nicht, den Aufstand niedergeschlagen zu haben: die »Aufmüpfigen« mußten auch noch diszipliniert werden, ihre Autorität anerkennen und sich fügen – im Zweifelsfall mit zusammengebissenen Zähnen. Im Januar 1972 faßten die Ministerpräsidenten der Länder einen Beschluß, der in einer gemeinsamen Erklärung auch die Unterschrift und den Segen des Friedensnobelpreisträgers und Bundeskanzlers Willy Brandt erhielt und als »Radikalenerlaß« in die Geschichte einging.

Bis heute ist nicht zweifelsfrei geklärt, ob der SPD bewußt war, welche Mißgeburt autoritären und obrigkeitsstaatlichen Denkens sie miterzeugt hatte. Dieser Erlaß erklärte nicht nur die Überprüfung aller Personen für möglich, die sich für den öffentlichen Dienst bewarben oder schon in ihm tätig waren. Zudem stellte er es auch dem Ermessen der Exekutive und ihrer nachgeordneten Verwaltung anheim, Personen wegen ihrer politischen Einstellung und Ideen jederzeit abzulehnen. In der Folge legte sich über die gesamte Bundesrepublik ein feinmaschiges Netz von »Gesinnungsschnüffelei«, das derjenigen in der damals noch bestehenden DDR mit ihrer Stasi kaum nachstand. Und dabei gilt es den nicht unwesentlichen Unterschied zu beachten, daß in der BRD der Kreis derjenigen, die mit dem Bestehenden nicht einverstanden waren, sehr viel kleiner war.

Vordergründig ging es bei dem »Radikalenerlaß« darum, »Verfassungsfeinde« – was das auch immer bedeuten mochte – abzuwehren und sie nicht in den Staatsdienst »einsickern« zu lassen. Landauf, landab überschlugen sich Politiker, Honoratioren aus Wirtschaft und Gesellschaft, Publizisten und Massenmedien darin, zu betonen, daß die Lehrer, Richter, Professoren, Verwaltungsräte, Staatsanwälte, kurz die gesamte Staatsbeamtenschaft – ebenso wie sämtliche andere Staatsbedienstete – auf dem Boden der Verfassung stehen und jederzeit für sie eintreten müßten. Allein die Formulierung blieb so unkonkret, daß sie willkürlichem Handeln Tür und Tor öffnete. In Anlehnung an die vertraute Welt von Katechismus und Andachtsbuch wurde man nicht müde, gebetsmühlenartig zu wiederholen, daß sich die öffentlich Bediensteten jederzeit zur »freiheitlich-demokratischen Grundordnung positiv zu bekennen« und jederzeit dafür einzutreten hätten, daß sie dafür sogar jederzeit die »Gewähr zu bieten« hätten. »Begründete Zweifel« konnten die Einstellung in den öffentlichen Dienst verhindern beziehungsweise zu einer Entfernung daraus führen. Man mag es auf Dummheit, Schlamperei, Ignoranz, perfides Denken oder alles zusammen zurückführen, daß die Ministerpräsidenten mit dem Segen des Bundeskanzlers Brandt und der Regierung solche Formulierungen zu Papier brachten. Denn das so oft angeführte »jederzeit« hieß (und heißt) nicht ab und zu, sondern 24 Stunden am Tag, also auch in der Badewanne, beim Joggen, im Stadion oder in der Kirche, beim Träumen und in der Wachschlafphase. Und da das »Gewähr bieten« vollkommen vage war, konnte der Sinn dieses Erlasses nur darin bestehen, den politischen Stellen ein Instrument zur Disziplinierung in die Hand zu geben. Der Erlaß sollte Angst, Unruhe, Einschüchterung und Unterwürfigkeit hervorrufen. Darin allein konnte sein Zweck bestehen, denn zur Abwehr von Verfassungsfeinden hätte es keines Beschlusses der Regierenden in Bund oder Länder bedurft: Sie war im Grundgesetz hinreichend durch Artikel 33 in Verbindung mit anderen Artikeln geregelt.

Aber es ging ja im Grunde nicht darum, ob die Mehrheit der 68er eine »Gewähr« bot oder nicht, sich für die Erhaltung der freiheitlich-demokratischen Grundordnung einzusetzen. Sie hatte Freiheit, Demokratie und die Ordnung des Grundgesetzes mit Sicherheit nicht gefährdet, sondern im Gegenteil gerade für deren Verwirklichung den Aufstand geprobt. Wofür sie tatsächlich keine Gewähr boten, war, daß sie sich für die effektiv bestehende Ordnung, die sich im Bonner Staat in 20 Jahren herausgebildet hatte, einsetzen würden. Diese Ordnung aber erwähnte das Grundgesetz nicht einmal und schützt es im Grunde bis heute nicht. Worum es in Wahrheit ging, hat die Philosophin Margarita von Brentano damals so ausgedrückt:

»Die Funktion, die bisher die Mehrheit der Intelligenz von der Universität bis zum Kindergarten erfüllt hat, ist gefährdet. Diese Funktion war Einübung von Anpassung, Fungibilität und Rationalität in genau dem Maße, in dem sie systemnotwendig sind, Verhinderung von Vernunftsgebrauch und Handlungsfähigkeit, die darüber hinausgehen könnten; sie war außerdem: Selektion, Verteilung der Auszubildenden in die Gruppe der Handlanger, der ›Kopflanger‹ und der Führungseliten und Herstellung des richtigen Bewußtseins für die jeweilige Gruppe. Auf der höchsten Etage, der Ausbilder-Ausbildung, war sie zugleich Produktion der Legitimationstheorien für all dies.

Die Funktion der Intelligenz stand nicht im Widerspruch zur Zweckfreiheitsideologie, im Gegenteil, sie bedurfte ihrer, um sich möglichst naturwüchsig vollziehen zu können.

Die Funktion der Intelligenz in den Bereichen, um die es geht, ist gefährdet, weil es mit der Naturwüchsigkeit vorbei ist. Einige nicht nur, sondern mehrere, viele, von denen man fürchtet, daß sie die Mehrheit werden könnten, haben die Frage ›Wem dient die Wissenschaft?‹ begriffen. Sie begnügen sich nicht mit formelhaften Antworten, zum Beispiel, daß sie der Wahrheit, den Menschen oder, eben, der freiheitlich-demokratischen Ordnung dienen soll. Sie fragen weiter, wem denn die Ordnung dient, und was für eine Ordnung gemeint ist. Sie begnügen sich auch nicht mit der richtigen, aber abstrakten Antwort, daß Wissenschaft und Ordnung der Mehrheit und nicht nur wenigen dienen soll, sondern versuchen, diese Antwort in konkrete Arbeit, und zwar in ihrem Beruf, umzusetzen.

Dieser Prozeß wird offenbar als Gefahr empfunden. Gefährdet sind jedoch weder Freiheit, noch Demokratie, noch das Grundgesetz, sondern, wenn eine Ordnung, dann eine solche, die das Grundgesetz weder nennt, geschweige denn schützt.«[5]

Mit dem »Radikalenerlaß« schloß sich erneut ein Kreis in der Geschichte der deutschen Studentenbewegung. Der Beschluß knüpfte da an, wo man 1848 mit den »Karlsbader Beschlüssen« begonnen hatte.

---

[5] Margarita von Brentano: Wissenschaft, Beruf, Öffentlicher Dienst oder wem dient die Wissenschaft. Vortrag auf dem Kongreß »Wissenschaft und Demokratie« vom 1./2.7.1972 in Marburg. Wieder abgedruckt in: Jutta v. Freyberg (Hrsg.): Protokoll des Kongresses. Köln 1973.

Schlußwort

Das Schmerzlichste für einen Menschen,
der sich mit dem beschäftigt,
was auf die Menschen zukommt, ist, in vieles Einsicht,
aber über nichts Gewalt zu haben.

Persischer Spruch, 4. Jahrhundert vor Christus

Die Studentenbewegung der 60er Jahre ist kein Mythos, auch wenn viele sie aus den unterschiedlichsten Motiven dazu machen wollten und wollen. Das Aufbegehren von 1968 war real, auch wenn es in Formen stattfand und mit Mitteln ausgetragen wurde, die vorher nicht bekannt und auch später nicht mehr üblich waren.

Das Wesen des Konflikts von 1968 ist schnell zusammengefaßt: Es handelte sich darum, daß eine junge Generation die etablierte Ordnung, die sie vorfand, so nicht akzeptieren wollte und sich nicht ungefragt in sie hineinpassen oder -pressen lassen wollte. Sie beanspruchte das Recht, selbst entscheiden und soweit wie möglich sogar bestimmen zu können, was »gut« und »böse«, »richtig« und »falsch«, »erstrebens-« und »verachtenswert« ist. Diese Forderung bezog sich aber nicht nur auf ihre individuelle Lebensgestaltung, sondern – hier nahmen die 68er Demokratie und Verfassung ernst – wurde auf alle Bereiche des gesellschaftlichen Lebens erweitert. Die Studenten wollten und konnten den stummen Zwang der Verhältnisse nicht akzeptieren, demgemäß alles nun einmal so ist, wie es ist, und sich daran auch nichts ändern läßt. Sie hatten die feste Überzeugung, daß Änderungen möglich sind. So wollten sie beispielsweise nicht einfach hinnehmen, daß es nur eine Wissenschaftstheorie geben sollte, auch wenn diese faktisch in einer Art Monopolstellung an den Universitäten vorherrschte. Denn es existierten unzählige Wissenschaftstheorien und keineswegs nur die eine, die überall gelehrt wurde. Die 68er sahen darin eine moderne Form der Inquisition und fühlten sich in jeder Weise berechtigt, gegen sie zu Felde zu ziehen.

Was für die Wissenschaft im allgemeinen galt, traf auf ihre einzelnen Fachdisziplinen genauso zu; und was für die Ökonomie, die Psychiatrie und die Pädagogik galt, traf auch auf die bestehende Form des Parlamentarismus, die Verteilung von Macht und Reichtum, auf die Formen der öffentlichen Meinung und das Zusammenleben der Geschlechter zu.

Zwei Fragen zu der 68er-Bewegung werden vor allem von der heutigen Generation junger Studenten immer wieder gestellt. Sie lassen sich schnell beantworten:

1. Warum solidarisierten sich die 68er so stark mit den Völkern der Dritten Welt?

Dies kam zum einen daher, daß sie sich selbst wie Knechte im Herrenhaus fühlten und sich mit den anderen Knechten gleichsetzten, die auf den Reisfeldern von Südostasien, auf den Kaffeeplantagen Lateinamerikas oder in den Goldbergwerken Afrikas arbeiteten.

Zweitens kämpften sie dagegen, Erkenntnisse der Wissenschaft zur Vernichtung anderer Menschen und Völker zu mißbrauchen.

Drittens wollten die Studenten nicht mit der Unterstützung kriegerischer Handlungen gegen andere Menschen und Völker in Zusammenhang gebracht werden: Wenn die Regierung angeblich im Namen des deutschen Volkes sprach, dann sollte die deutsche wie auch internationale Öffentlichkeit wissen, daß nicht alle Deutschen dahinterstanden.

Viertens wollte man den Menschen und Völkern, die für ihre Unabhängigkeit und gegen die koloniale Unterdrückung Europas und der USA kämpften, verdeutlichen, daß man sich mit ihnen verbunden fühlte. Sie sollten wissen, daß es in Europa und in den USA Menschen gab, die diese Unterdrückung nicht billigten. Zudem wollten die Studenten ihnen zeigen, daß diejenigen, die sie unterdrückten, auch im eigenen Land die Herrschaft in ihren Händen hielten.

Fünftens schließlich gaben die Erfolge, die die Rebellierenden und Revolutionäre in der Dritten Welt erzielten, ihnen Mut und nährten ihre Hoffnung, man könne auch die Macht im eigenen Lande zurückdrängen.

2. Warum waren die 68er die Kinder von Marx und Coca-Cola?

Alle 68er kannten Coca-Cola, auch wenn es nicht jeder trank. Fast alle von ihnen lernten innerhalb der Bewegung auch Marx kennen, doch nur wenige von ihnen waren überzeugte Marxisten. Mit Marx öffnete sich für sie wieder die Geschichte: Das Heute wurde relativ, der Status quo wieder ein Punkt im Kontinuum zwischen dem Gestern und Morgen.

Zudem ließ sich für die Studenten durch die Begegnung mit Marx der Zusammenhang wieder herstellen zwischen Staat und Gesellschaft, Recht, Herrschaft und Macht. Auch wenn man die Ableitungen und Analysen der marxistischen Theorie nicht teilte, so regten sie doch dazu an, die Zusammenhänge zwischen Geldeigentum als in der Produktion eingesetztem Kapital und lohnabhängiger Arbeit zu sehen. Zudem erklärte Marx, wie der Besitz an Produktionsmitteln zu gesellschaftlicher Macht führt. Die Studenten hingen seiner Analyse der bestehenden Verhältnisse auch deshalb an, weil mit ihr die Hoffnung verbunden war, daß sich die Zustände durch eigene Anstrengungen verändern ließen. Außerdem galt für Marxisten die Überzeugung, daß auch der Umsturz des gesamten bestehenden Herrschaftssystems zu bewerkstelligen sei.

Ein indianisches Sprichwort sagt: »Es gibt vier Dinge im Leben, die kommen nie zurück: der abgeschossene Pfeil, die vertane Zeit, das gesprochene Wort und die verpaßte Gelegenheit.« Man kann darüber streiten, ob 1968 eine verpaßte Gelegenheit oder vertane Zeit war. Sicher ist, daß die Situation so nie wiederkehren wird. Ob von der Bewegung etwas geblieben ist, das noch Gültigkeit beanspruchen kann, darüber entscheiden die Nachgeborenen in ihrer jeweiligen Gegenwart immer neu. Ob die Anstöße auf die Entwicklung der Bundesrepublik Einfluß hatten, kann mit Recht bezweifelt werden: Wenn überhaupt, dann hatten die Effekte nur sekundäre Bedeutung.

Die bundesrepublikanische Bevölkerung der 60er Jahre wollte in eine andere Richtung gehen als die 68er. Die übergroße Mehrheit der Gesellschaft teilte die Hoffnung, daß sich mit wachsendem volkswirtschaftlichem Reichtum die Probleme lösen ließen, für die es durchaus ein Bewußtsein gab: die ungleiche Reichtumsverteilung, die enormen Machtgefälle, das Bildungsprivileg, Arbeitsplatzunsicherheit etc. Die 68er dagegen waren der Meinung, daß sich die Probleme auf diesem Weg nicht lösen ließen. Es ist müßig, darüber zu spekulieren, ob sie damit Recht hatten. Denn de facto wurde der Weg, der ihnen vorschwebte, nicht eingeschlagen.

Doch 30 Jahre später ist das Wirklichkeit geworden, was die Bundesrepublik mit ihrem 1968 eingeschlagenen Weg gerade hatte vermeiden wollen: Die Arbeitslosigkeit nimmt immer weiter zu, die soziale Absicherung wird immer unsicherer, die Armut wächst beständig, das reale Einkommensgefälle wird stetig größer, die Lücke zwischen oben und unten klafft immer weiter auseinander, während die Mitte schrumpft; der Wohlfahrtsstaat ist unwiederbringlich auf dem Rückzug und das »Recht des Stärkeren« beständig auf dem Vormarsch; die Investitionen für Wissenschaft/Bildung, Technologie und Infrastrukturen gehen stetig zurück, obwohl sie für die Zukunft entscheidend sind; der volkswirtschaftliche Reichtum wächst Jahr für Jahr, dennoch wird der Staat immer ärmer. Die Mängelliste ließe sich noch weiter fortführen. Und angesichts einer solchen Situation, die ein Umdenken ebenso nötig hätte wie neue Parteien, die mit brillanten neuen Ideen aufwarten und praktikable Lösungsversuche anbieten würden, propagieren die Parteien des rechten Spektrums die Rückkehr in eine mythische Vergangenheit, die nie möglich sein wird. Doch auch die Parteien des linken Spektrums, die sich mit ihnen hitzige Debatten liefern, verfügen ihrerseits über kein richtiges Programm.

Was ist also aus dem 1968 von Politikern gemachten Versprechen an die Bevölkerung geworden, sie in das gelobte Land zu führen? 30 Jahre folgte das Volk willig, doch wo sind die konkreten Utopien heute? Wo liegt dieses Land?

Die Wirtschaft versucht, neue High-Tech-Life-style-Wellen zu schlagen, und die Massenmedien propagieren, daß Träume in weltweit vernetzten multimedialen Cyber-Welten wahr werden; aber was macht die Politik? Gibt es außer Rechenstunden hinsichtlich Inflationsrate, Haushaltsdefizit etc. noch Diskussionen über Konzepte, die den richtigen Weg in die Zukunft beschreiben? Sind nicht auch die Wahlen 30 Jahre danach zu reinen Popularitätsumfragen abgesunken? Ist Demokratie nicht inzwischen zu einem System verkommen, in dem alle Parteien nur noch versprechen, das System in seiner gegenwärtigen Form besser zu verwalten als der politische Gegner? Doch heute, wo die großen Träume von der goldenen Zukunft und vom gelobten Land zerplatzt sind wie Seifenblasen, reicht die Verwaltung des Status quo nicht mehr aus. Man muß also wieder da beginnen, wo auch

angefangen haben: mit Fragen, dem Hinterfra-
, dem In-Frage-Stellen des Bestehenden. Und man
muß wieder nach den Ursachen forschen, nach den Zu-
sammenhängen, nach dem Warum: warum das Einzel-
schicksal mit dem Ganzen einer Gesellschaft zu tun hat
oder warum es zwischen Arbeitslosigkeit und Kriminalität – zwei der drängendsten Probleme von heute –
einen Zusammenhang gibt. Man muß also fragen, wie
das Problem gelöst werden könnte, daß technologisch
bedingte Massenentlassungen zur Entstehung einer
Schicht von Kriminellen führen, die das Überschreiten
der strafrechtlich gesetzten Grenzen als das letzte Mittel
sehen, um noch ein Stück vom kleiner werdenden ökonomischen Kuchen zu ergattern. Man muß fragen, warum
eine Demokratie ihre Probleme nicht lösen kann, wenn
sie auf die tätige Partizipation der Mitglieder der Gesellschaft verzichtet; warum es nicht ausreicht, Universitäten
zu »knowledge-factories«, zu »Wissensfabriken« umzu-
bauen und ihren Output zu erhöhen, damit innovatives
Wissen in die Gesellschaft fließt.

Die Realität von heute stellt noch viel dramatischere-
re Fragen; Fragen, vor deren Hintergrund die Zustände
der 60er Jahre sich nahezu paradiesisch ausnehmen. Ein
paar Aspekte davon beleuchtet der amerikanische Publizist J. Rifkin in seinem Buch »Das Ende der Arbeit«
näher:

»Unternehmer und Wirtschaftswissenschaftler wollen uns weismachen, daß die steigenden Arbeits-

losenzahlen nur die kurzfristige Folge einer tiefer-
greifenden ›Strukturanpassung‹ seien, die die
Weltwirtschaft im Zuge der Dritten Industriellen
Revolution durchmacht. Sie versprechen uns eine
wunderbare neue, vollautomatisierte High-Tech-
Welt, in der der Welthandel blüht und der mate-
rielle Wohlstand ungeahnte Höhen erreicht.
Millionen von Arbeitnehmern stehen solchen Vi-
sionen skeptisch gegenüber. Jede Woche gibt es
neue Entlassungen, und in den Büros und den Fabriken der ganzen Welt bangen die Menschen um
ihren Arbeitsplatz. Gleich einer unaufhaltsamen
tödlichen Epidemie breitet sich eine unheimliche
ökonomische Krankheit aus, gegen die es kein Mittel zu geben scheint. Sie zerstört das Leben un-
zähliger Menschen und bedroht ganze Gemeinschaften. ...
Täglich steigen in Nordamerika, Europa und Japan
die Arbeitslosenzahlen an. ... Die Menschen, die
bisher ihre Arbeitskraft für wenig Geld verkauften,
können mit den billiger, schneller und besser pro-
duzierenden Maschinen nicht mithalten. ... Überall
sorgen sich die Menschen um ihre Zukunft. ...
Überall macht sich ein tiefgreifender Wandel bemerkbar – ein Wandel, dessen ganzes Ausmaß wir
noch nicht einmal erahnen können und der unser
gewohntes Leben von Grund auf verändern wird.«

Klargeworden ist jedoch, daß der folgende ökonomische Lehrsatz nicht mehr stimmt: Neue Technologien steigern die Produktion, senken die Kosten, vergrößern das Angebot von billigen Waren, daraufhin wachsen Kaufkraft, Märkte und Arbeitsplätze. Dieser Gleichung ist die Wirtschaftspolitik bis heute gefolgt. Doch das Ergebnis sind steigende Arbeitslosigkeit, Rückgang der allgemeinen Kaufkraft, immense Überproduktion und drohende (Welt-)Wirtschaftskrisen. Damit die Gleichung »wachsende Automatisierung führt zu zunehmender Verelendung« in der Zukunft nicht Realität wird, bedarf es konkreter Utopien, die über den Status quo hinausreichen.

Doch alle konkreten Utopien sind an Randbedingungen geknüpft, die heute im Prinzip nicht anders aussehen als 1968. An diesen Randbedingungen entfachte sich damals der Konflikt der 68er mit der Gesellschaft, mit den staatlichen Institutionen, den wirtschaftlich Stärkeren und den Massenmedien. Der liberale amerikanische Wirtschaftswissenschaftler Lester C. Thurow, Professor an der Elite-Universität MIT (Massachusetts Intitute of Technology), beschreibt sie so:

»In der Demokratie und im Kapitalismus streben die Meinungen über die richtige Verteilung der Macht weit auseinander. Die eine Form, die Demokratie, glaubt an die politische Gleichberechtigung aller Bürger. Jeder Wähler hat eine Stimme. Die andere Form, der Kapitalismus, glaubt dagegen dar-

an, daß es die Pflicht des wirtschaftlich Stärkeren
sei, den Leistungsfähigeren in den wirtschaftlichen
Ruin zu treiben. Das Kernstück der kapitalistischen
Effektivität ist schließlich das darwinistische
›Recht des Stärkeren‹ und eine ungleiche Verteilung der Kaufkraft. Der einzelne und auch die Unternehmen werden effektiv, weil sie reich werden
wollen. Im Extrem ist der Kapitalismus auch mit der
Sklaverei vereinbar. Im amerikanischen Süden funk-
tionierte ein solches System über 200 Jahre lang.
Die Demokratie dagegen ist mit Sklaverei unvereinbar.

In einer Wirtschaft, in der die Ungleichgewichte
schnell anwachsen, ist diese unterschiedliche Auffassung zur angemessenen Verteilung der Macht
eine riesige Bruchstelle, die ein gewaltiges Erdbeben verursachen könnte. In demokratisch-kapita-
litischen Gesellschaften gibt es zwei Pole der
Macht: den Reichtum und die politische Stellung.
Während der letzten zwei Jahrhunderte gab es
zwei Faktoren, die eine Koexistenz dieser beiden
Machtsysteme ermöglichten, die auf antitheti-
schen Grundsätzen über die richtige Machtvertei-
lung beruhen. ... Die Geschichte lehrt uns auch,
daß die Versionen des Kapitalismus, die auf das
›Recht des Stärkeren‹ pochen, nicht funktionieren.
Die freien Marktwirtschaften der 20er Jahre im-
plodierten während der Großen Depression und
mußten von den jeweiligen Regierungen wieder

neu aufgebaut werden. Vielleicht kann man ja einen Kapitalismus ohne Eingriffe des Staates zum Funktionieren bringen, aber geschafft hat es bisher niemand. ... Es ist kein Zufall, daß die kapitalistischen Gesellschaften politische Systeme aufbauten, in denen wirtschaftliche Macht in politische Macht umgesetzt werden kann. ... Im Kapitalismus gibt es keine Analyse der Zukunft, es gibt kein Muß-Konzept für Investitionen in Maschinen und maschinelle Anlagen, in die Qualifizierung der Menschen, in Infrastrukturmaßnahmen, Forschung und Entwicklung oder Umweltschutz, um so wirtschaftliches Wachstum und einen steigenden Lebensstandard zu sichern. Es gibt im Kapitalismus kein gesellschaftliches ›Muß‹... Die Probleme des Kapitalismus, die schon in seinen Anfängen sichtbar waren (Instabilität, wachsende Disparitäten) warten immer noch auf eine Lösung. Genauso auf eine Lösung wartet ein Bündel neuer Probleme, die sich daraus ergeben, daß der Kapitalismus zunehmend auf Humankapital und wissensbasierte Technologien angewiesen ist. In einer Ära wissensbasierter Technologien werden diejenigen, die schließlich den Sieg davontragen, gelernt haben, ein neues Spiel mit neuen Spielregeln und neuen Spielstrategien zu spielen. Die Sieger von morgen werden ganz andere Erfolgsmerkmale aufweisen als die Sieger von heute.

Technologie und Ideologie erschüttern die Grundlagen des Kapitalismus des 21. Jahrhunderts. Aufgrund der fortgeschrittenen Technologie werden Bildung und Wissen zu den einzigen Quellen eines nachhaltigen strategischen Wettbewerbsvorteils. Ausgerechnet zu einem Zeitpunkt, an dem der Wirtschaftserfolg auf die Bereitschaft und Fähigkeit zu Langfristinvestitionen in das allgemeine Bildungswesen und in Infrastrukturmaßnamen angewiesen ist, entwickelt sich die allgemeine Ideologie – unterstützt durch die elektronischen Medien – in Richtung einer radikaleren Form kurzfristiger individueller Konsummaximierung. Wenn Technologie und Ideologie auseinanderdriften, stellt sich nur noch die Frage, wann der ›große Knall‹ kommt, wann das große Erdbeben das System insgesamt erschüttern wird.«[1]

Eines ist jetzt schon sicher: Die Wissensproduktion wird zur strategischen Quelle der nächsten Jahrhunderte. Kreativität, Phantasie, Intelligenz, Erfindungsreichtum, analytisches, funktionales, organisatorisches, flexibles Denken werden die wichtigste Rolle spielen. Doch geistige Fähigkeiten sind Humankapital, an dem man so ohne weiteres kein Eigentum erwerben kann. Diese Fähigkeiten müssen sich Individuen aneignen, und dazu brauchen sie die Wissenschaft beziehungsweise Universitäten, an denen sie vermittelt wird. Die Investitionen in Geisteskapi-

---

[1] Lester C. Thurow: Die Zukunft des Kapitalismus. Düsseldorf 1969.

tal, die zum Aufbau wissensorientierter Branchen erforderlich sind, lassen sich aber nur in einem gesellschaftlichen Rahmen tätigen.

Wenn auch nichts von der 68er-Bewegung übriggeblieben sein sollte, so bleibt den 68ern doch zumindest der Trost, daß die Realität zumindest den damals behaupteten Zusammenhang von Wissenschaft und Gesellschaft einzuholen beginnt. Ob auch die Utopie der Verknüpfung von Wissenschaft und Demokratie von der Realität eingeholt wird, dazu bedarf es wohl noch der Anstrengungen vieler.

Das Problem, das sich heute stellt, ist, ob soziale Demokratie und kapitalistische Wirtschaftsweise miteinander in Einklang zu bringen sind – und wenn ja, wie dieser Kompromiß in der Zukunft aussehen soll. Es lag nicht im Aufgabenbereich der 68er, den Nachweis zu erbringen, daß es geht, und Möglichkeiten der Umsetzung aufzuzeigen. Ebensowenig müssen es ihre Nachfolger von heute tun. Denn die Verfassung spricht weder von der kapitalistischen Wirtschaftsweise noch schützt sie sie. Der demokratische und soziale Bundesstaat ist im Grundgesetz jedoch mit einer Ewigkeitsklausel versehen.

Die Art und Weise, wie das Kapital, das die Entwicklung der letzten 30 Jahre weitgehend bestimmte, diese beiden sich beißenden Prinzipien Kapitalismus und Demokratie zusammenbinden wollte, ist vor aller Augen gescheitert. Neue Konzepte für diese Konfliktlösung sind auf konservativer Seite nirgends in Sicht. Aber auch auf der Seite derer, die sich einer sozialen Demokratie verpflichtet fühlen, sind bisher nur Ansätze und Bruchstücke einer Konzeption zu erkennen. Doch wie Hermann Hesse einmal sagte:

>»Damit das Mögliche entsteht,
muß immer wieder
das Unmögliche versucht werden«.

Literaturverzeichnis

Aache, Holger: Hochschulautonomie – Wissenschaftsfreiheit im Abseits. Darmstadt und Neuwied 1977.

Abendroth, Wolfgang: Große Koalition: Etablierung des autoritären Staates. In: Diskussion, Heft 8, 1967.

Adam, Heribert: Studentenschaft und Hochschule. Frankfurt/Main 1965.

Agnoli, Johannes/Brückner, Peter: Die Transformation der Demokratie. Frankfurt/Main 1968.

Alberts, Jürgen: Massenpresse als Ideologiefabrik. Am Beispiel ›Bild‹. Frankfurt/Main 1972.

Altmann, Rüdiger: Das Erbe Adenauers. Eine Bilanz. München 1963.

Anders, Günther: Mord im Dom. In: Das Argument, Heft 5/6, 9. Jg., Dezember 1967.

AStA der FU (Hrsg.): Kritische Universität. Freie Studentenorganisation der Studenten in den Hoch- und Fachschulen von Westberlin: Programm und Verzeichnis der Studienveranstaltungen im Wintersemester 1967/68. Westberlin o. J.

ders. (Hrsg.): Kritische Universität. Freie Studentenorganisation der Studenten in den Hoch- und Fachschulen. Provisorisches Verzeichnis der Studienveranstaltungen im Wintersemester 1967/68. Berlin o. J.

ders. (Hrsg.): Kritische Universität. Sommer '68 – Berichte und Programm. O. O. u. o. J.

ders. (Hrsg.): Kritische Universität. Von der Freien zur Kritischen Universität, Geschichte der Krise an der Freien Universität Berlin. O. O. u. o. J.

Aufermann, Jörg/Heilmann, Peter/Hüppauf, Hubertus/ Müller, C. Wolfgang/Neveling, Ulrich/Wersig, Gernot (Hrsg.): Pressekonzentration. Eine kritische Materialsichtung und -systematisierung. München-Pullach und Berlin 1970.

Autorenkollektiv (Hrsg.): Bedingungen und Organisation des Widerstandes. Der Kongreß von Hannover (Protokolle). Berlin 1962.

Autorenkollektiv: Studenten und die neue Universität. Gutachten einer Kommission des Verbandes Deutscher Studentenschaften zur Neugründung von wissenschaftlichen Hochschulen. Bonn 1966 (1. Auflage 1962).

Autorenkollektiv: Februar 1968, Tage, die Berlin erschütterten. Frankfurt/Main 1968.

Basso, Lelio: Zur Theorie des politischen Konflikts. Frankfurt/Main 1969.

Becker, Egon/Jungblut, Gerd: Strategien der Bildungsproduktion. Frankfurt/Main 1972.

Bereitemeier, Hille Jan; Manff, Rolf u. a.: Kinderläden, Revolution der Erziehung oder Erziehung zur Revolution. Reinbek 1971.

Bergmann, Uwe/Dutschke, Rudi/Lefevre, Wolfgang/Rabehl, Bernd: Rebellion der Studenten oder: Die neue Opposition. Reinbek 1968.

Bergmann, Waltraut/Dittmar, Wilfried/Müggenburg, Hardo/Neumann, Michael/Robrecht, Winfried/Strüder, Hans-Joachim/Warsewa, Günter: Soziologie im Faschismus 1933-1945. Köln 1981.

Bracht/Hülsmann/Keiner (Hrsg.): Hochschulrahmengesetz, Hochschulpolitik und Klassenauseinandersetzungen in der BRD. Köln 1977.

Brückner, Peter: »...bewahre uns Gott in Deutschland vor irgendeiner Revolution!« Berlin 1975.

Camus, Albert: Der Mensch in der Revolte. Reinbek 1953.

Che Guevara, Ernesto: Schaffen wir zwei, drei viele Vietnam. Briefe an das Exekutivsekretariat von OSPAAL (Organisation der Völker Asiens, Afrikas und Lateinamerikas). Eingeleitet und übersetzt von G. Salvatore und R. Dutschke. Westberlin 1967.

Cleaver, Eldrige: Seele auf Eis. München 1969.

Cohn-Bendit, Daniel und Gabriel: Linksradikalismus. Gewaltkur gegen die Alterskrankheit des Kommunismus. Reinbek 1968.

Cooper, David (Hrsg.): Dialektik der Befreiung. Reinbek 1969.

Dahrendorf, Rolf: Gesellschaft und Demokratie. München 1968.

Das geistige Bild der Studenten. Wirtschaft und Wissenschaft. Sonderdruck des Stifterverbandes für die deutsche Wirtschaft (Umfrage von Allenbach). Essen 1961.

Deppe, Frank (Hrsg.): 2. Juni 1967 und die Studentenbewegung heute. Dortmund 1977.

Dichgans, Hans: Erst mit dreißig im Beruf? Vorschläge zur Bildungsreform. Stuttgart 1963.

Dichter, Ernest: Strategie im Reich der Wünsche. München 1964.

Draper, Hal: Berkeley. The new student revolt. New York 1965.

Dreßen Wolfgang (Hrsg.): Intellektuelle: Konterrevolutionäre oder Proleten? Berlin 1971.

Duve, Freimut/Böll, Heinrich/Staeck, Klaus (Hrsg.): Brief zur Verteidigung der Republik. Reinbek 1977.

Eckstein, Georg Günther: USA: Die Neue Linke am Ende? München 1970.

Erhard, Ludwig: Deutsche Wirtschaftspolitik. Der Weg zur sozialen Marktwirtschaft. Frankfurt/Main 1962.

Fanon, Frantz: Die Verdammten dieser Erde. Frankfurt/Main 1966.

Fetscher, Iring/Richter, Horst E. (Hrsg.): Worte machen keine Politik. Beiträge zu einem Kampf um politische Begriffe. Reinbek 1976.

Fichter, Tilman/Loennendonker, Siegward: Kleine Geschichte des SDS. Berlin 1977.

Frank, D. Karl: Die K-Gruppen. Bonn 1976.

Fränkel, Ernst: Universität und Demokratie. Stuttgart 1967.

Freie Universität Berlin: 1948-1973: Hochschule im Umbruch. Dokumentation FU. Berlin 1973.

Freiger, Stephan/Nagel, Bernhard/Rabe, Christian (Hrsg.): Was wird aus der Studienreform? Frankfurt/Main 1974.

Freyberg, Jutta von (Hrsg.): Protokoll des Kongresses Wissenschaft und Demokratie. Köln 1973.

**Friedburg, Ludwig von/Horlemann, Jürgen/Hübner, Peter/Kadritzke, Ulf/Ritser, Jürgen/Schlumm, Wil-

helm: FU und politisches Potential der Studenten. Über die Entwicklung des Berliner Modells und den Anfang der Studentenbewegung in Deutschland. Neuwied/Berlin 1968.

Greiffenhagen, Martin (Hrsg.): Die Gegenreform. Zur Frage der Reformierbarkeit von Staat und Gesellschaft. Reinbek 1975.

ders. (Hrsg.): Der neue Konservatismus der siebziger Jahre. Reinbek 1974.

Gross, Johannes: Die Deutschen. Frankfurt/Main 1967.

Großmann, Heinz; Negt, Oskar (Hrsg.): Die Auferstehung der Gewalt. Springer-Blockade und politische Reaktion in der BRD. Frankfurt/Main 1968.

Habermas, Jürgen/Friedeburg, Ludwig von/Oehler/ Weltz: Student und Politik. Neuwied/Berlin 1967.

ders.: Technik und Wissenschaft als »Ideologie«. Frankfurt/Main 1968.

ders.: Strukturwandel der Öffentlichkeit. Frankfurt/Main 1962.

ders.: Protestbewegung und Hochschulreform. Frankfurt/Main 1969.

Halfmann, Dieter (Hrsg.): Das Konzept der deutschen Rechten. Aus Schriften des F. J. Strauß. Köln 1971.

Harich, Wolfgang: Zur Kritik der revolutionären Ungeduld. Basel 1971.

Haug, Wolfgang Fritz.: Der hilflose Antifaschismus. Köln 1977.

Hirsch, Joachim: Wissenschaftlich-technischer Fortschritt und politisches System. Frankfurt/Main 1970.

Hochschule in der Demokratie. Denkschrift des Sozialistischen deutschen Studentenbundes. Frankfurt/Main 1965 (1. Auflage 1961).

Hofmann, Werner/Maus, Heinz (Hrsg.): Notstandsverordnung und Gesellschaft in der Bundesrepublik. Hamburg 1967.

Hofmann, Werner: Universität, Ideologie, Gesellschaft. Beiträge zur Wissenschaftssoziologie. Frankfurt/Main 1968.

ders.: Abschied vom Bürgertum. Essays und Reden. Frankfurt/Main 1970.

Huffschmid, Jörg: Springer-ökonomische Macht und publizistische Gleichschaltung. Zum Problem der Demokratisierung der Presse in der Bundesrepublik. In: Blätter für deutsche und internationale Politik, Heft 10, 1967.

ders.: Die Politik des Kapitals. Konzentration und Wirtschaftspolitik in der Bundesrepublik. Frankfurt/Main 1969.

Jaeggi, Urs: Macht und Herrschaft in der Bundesrepublik. Frankfurt/Main 1969.

Jansen, Bernd/Klönne, Arno (Hrsg.): Imperium Springer – Macht und Manipulation. Köln 1968.

Kipphardt, Heinar: In der Sache J. Robert Oppenheimer. Frankfurt/Main 1966.

Kanzow, Eckhard/Roth, Karl-Heinz: Unwissen und Ohnmacht. Westberlin 1971.

Krahl, Hans-Jürgen: Konstitution und Klassenkampf. Schriften, Reden und Entwürfe aus den Jahren 1966-1970. Frankfurt/Main 1971.

Kramer, Dieter/Christina, Vanja (Hrsg.): Universität und demokratische Bewegung. Ein Lesebuch zur 450-Jahr-feier der Philipps-Universität Marburg. Marburg 1977.

Kühnl, Reinhard (Hrsg.): Der bürgerliche Staat der Ge-genwart. Formen bürgerlicher Herrschaft II. Reinbek 1972.

Kukuck, Margareth: Student und Klassenkampf. Studen-tenbewegung in der BRD seit 1967. Hamburg 1974.

Leibfried, Stefan (Hrsg.): Wider die Untertanenfabrik. Handbuch zur Demokratisierung der Hochschule. Köln 1967.

ders. (Hrsg.): Die angepaßte Universität. Zur Situation der Hochschulen in der Bundesrepublik und den USA. Frankfurt/Main 1968.

Lefevre, Wolfgang: Ursachen und Konsequenzen des 2. Juni. In: neue kritik, Heft 42/43, 1967.

Lipset, S. M. (Hrsg.): Student Politics. New York 1967.

ders./Altbach, P. (Hrsg.): Students in Revolt. Boston 1969.

Lohmar, Ulrich: Innerparteiliche Demokratie. Eine Unter-suchung der Verfassungswirklichkeit politischer Par-teien in der Bundesrepublik. Stuttgart 1963.

Mannheim, Karl: Wissenssoziologie. Neuwied/Berlin 1964.

Marcuse, Herbert: Der eindimensionale Mensch. Studien zur Ideologie der fortgeschrittenen Industriegesell-schaft. Neuwied/Berlin 1967.

ders.: Das Ende der Utopie. Westberlin 1967.

ders.: Versuch über die Befreiung. Frankfurt/Main 1969.

ders.: Triebstruktur und Gesellschaft. Frankfurt/Main 1965.

ders.: Ziele, Formen und Aussichten der Studentenop-position. In: Argument, Heft 5/6, 1967.

Maresch, Rudolf (Hrsg.): Medien und Öffentlichkeit. Positionierungen Symptome Simulationsbrüche. O. O. 1996.

Mayer, U./Stuby G. (Hrsg.): Das lädierte Grundgesetz. Beiträge und Dokumente zur Verfassungsgeschichte 1949–1976. Köln 1977.

Menschik, Jutta: Gleichberechtigung oder Emanzipation? Die Frau im Gewerbsleben der Bundesrepublik. Frankfurt/Main 1971.

Mitbestimmung in Wissenschaft und Ausbildung für Demokratie und sozialen Fortschritt. Kongreß in Bonn am 16. Dezember 1970. Bonn 1971 (Protokoll eines gemeinsamen Kongresses von VDS, BAK und GEW).

Müller, Hans Dieter: Der Springer-Konzern. Eine kritische Studie. München 1968.

Münster, Arno: Paris brennt. Die Mai-Revolution 1968. Frankfurt/Main 1968.

Negt, Oskar: Studenten und Arbeiterschaft. In: konkret, Heft 17, 1969.

ders.: Politik und Gewalt. In: neue kritik, Heft 47, Sonderdruck Studentischer Protest.

ders.: Liberalismus – ›Linksfaschismus‹. In: Kursbuch, Heft 13.

ders./Kluge, Alexander: Öffentlichkeit und Erfahrung. Zur Organisationsanalyse von bürgerlicher und proletarischer Öffentlichkeit. Frankfurt/Main 1972.

Neusüss, Arnhelm: Utopisches Bewußtsein und freischwebende Intelligenz. Zur Wissenssoziologie Karl Mannheims. Meisenheim am Glan 1968.

Nevermann, Knut: Zum Selbstverständnis der Studentenvertretung. In: Blätter für deutsche und internationale Politik, Heft 7, 1967.

ders. (Hrsg.): Der 2. Juni 1967. Studenten zwischen Notstand und Demokratie. Dokumente zu den Ereignissen anläßlich des Schahbesuchs. Köln 1967.

ders./Siepmann, Eckhard: Die Zukunft der Revolution. In: Kursbuch, Heft 14, 1968.

Nirumand, Bahman: Persien, Modell eines Entwicklungslandes oder Die Diktatur der Freien Welt. Reinbek 1967.

Nitsch, Wolfgang/Gerhardt, Uta/Offe, Claus/Preuß, Ulrich K.: Hochschule in der Demokratie. Kritische Beiträge zur Reform der Universität. Neuwied/Berlin 1965.

Obermann, Karl (Hrsg.): Flugblätter der Revolution 1848/49. München 1972.

Packard, Vance: Die geheimen Verführer. Berlin 1963.

ders.: Die große Verschwendung. Frankfurt/Main 1964.

Pöls, Werner (Hrsg.): Deutsche Sozialgeschichte 1815–1870, München 1973.

Pynchon, Thomas: Vineland. Reinbek 1996.

Rauch, Malte J./Schirmbeck, Samuel H.: Die Barrikaden von Paris. Frankfurt/Main 1960.

Reiche, Reimut: Sexualität und Klassenkampf. Frankfurt/Main 1968.

Ridder, Helmut: Grundgesetz, Notstand und politisches Strafrecht. Frankfurt/Main 1965.

ders.: Notstand '66. Köln 1966.

Riesman, David: Die einsame Masse. Reinbek 1958.

Rifkin, J.: Das Ende der Arbeit und ihre Zukunft. Frankfurt/Main 1995.

Rupp, Hans Karl: Sozialismus und demokratische Erneuerung. Die ersten Konzeptionen der Parteien in den Westzonen nach 1945. Köln 1974.

Russell, Bertrand/Sartre, Jean-Paul: Das Vietnam-Tribunal oder Amerika vor Gericht. Reinbek 1968.

Schäfer, Gert/Nedelmann, Carl (Hrsg.): Der CDU-Staat. Analysen zur Verfassungswirklichkeit in der Bundesrepublik. Frankfurt/Main 1969 (1. Auflage München 1967).

Schmierer, Joscha: Die theoretische Auseinandersetzung vorantreiben und die Reste bürgerlicher Ideologie entschieden bekämpfen – Die kritische Theorie und die Studentenbewegung. In: Rotes Forum, Heft 1, 1970.

ders.: Zur Analyse der Studentenbewegung. In: Rotes Forum, Heft 5, 1969.

SDS-Bundesvorstand (Hrsg.): Beiträge zur 20. Ordentlichen Delegiertenkonferenz des Sozialistischen Deutschen Studentenbund (SDS). o. O. u. o. J.

See, Hans: Volkspartei im Klassenstaat oder Das Dilemma der innerparteilichen Demokratie. Reinbek 1972.

Seifert, Jürgen: Gefahr im Verzuge. Frankfurt/Main 1963.

ders.: Der Notstandsausschuß. Frankfurt/Main 1968.

ders./Hartmann, Bernd: Zur Kritik der Notstandsgesetzgebung. Frankfurt/Main 1964.

Sontheimer, Kurt: Studenten auf Kollisionskurs. In: Merkur, Heft 233, August 1967.

Timm, Uwe: Heißer Sommer. Köln 1985.

Thurow, Lester C.: Die Zukunft des Kapitalismus. Düsseldorf 1969.

Vilmar, Fritz: Strategien der Demokratisierung. Band I: Theorie der Praxis. Neuwied 1973.

Wallraff, Günter: Der Aufmacher. Der Mann, der bei ›Bild‹ Hans Esser war. Köln 1977.

Wiggershaus, Renate: Geschichte der Frauen und der Frauenbewegung. Wuppertal 1979.

Wille, Gerd: Die repressive Universität. Probleme der Hochschulreform als Ausdruck der Widersprüche des organisierten Kapitalismus Westdeutschlands. Die gesamtgesellschaftlichen Aufgaben fortschrittlicher Studenten. Bonn 1968.

Winkler, Hans-Joachim: Das Establishment antwortet der APO. Dokumentation, Opladen 1968.

Bildnachweis

Bilderdienst Süddeutscher Verlag: Seite 1 (oben, unten)
dpa: Seite 2; 3 (oben, unten); 4 (oben, unten); 5 (oben,
unten); 6 (oben, unten); 7; 8

Quellenverzeichnis

Timm, Uwe: Heißer Sommer. S. 200 – 203. Copyright ©
1985 by Kiepenheuer & Witsch, Köln. Mit freundlicher
Genehmigung des Kiepenheuer & Witsch Verlags, Köln.

Pynchon, Thomas: Vineland. S. 256 – 263. Copyright ©
1990 by Rowohlt Verlag GmbH, Reinbek bei Hamburg. Mit freundlicher Genehmigung des Rowohlt Verlags, Reinbek bei Hamburg.